新 潮 文 庫

ローマ亡き後の地中海世界

海賊、そして海軍

4

塩 野 七 生 著

新　潮　文　庫

ローマ亡き後の地中海世界

海賊、そして海軍

4

塩　野　七　生　著

新　潮　社　版

10032

ローマ亡き後の地中海世界　海賊、そして海軍４＊目次

第五章　パワーゲームの世紀（承前）　9

第六章　反撃の時代　163

ローマ亡き後の地中海世界

海賊、そして海軍　4

第五章　パワーゲームの世紀（承前）

連合艦隊が集結地と決めていたコルフ島には、すでに三月にはヴェネツィア艦隊が到着していたが、法王庁海軍までが到着したのは、六月半ばになってからである。だが、七月に入っても、ドーリア率いる八十二隻《せき》のスペイン海軍はいっこうに姿を現わさない。コルフ入りしてからの三ヵ月を、ヴェネツィア海軍は空費していたのではまったくなかった。コルフを始めとする、アドリア海とイオニア海に臨むヴェネツィアの各基地の防衛強化に活用してきたからだ。しかし、それも七月に入ると、スペイン海軍を待つのも限界に達していた。船長クラスのみでなく漕《こ》ぎ手までが、スペイン人は何をしているのかと、不満を口にし始めていた。

ヴェネツィア海軍司令官のカペッロも法王庁海軍司令官のグリマーニも、偵察船をメッシーナまで送ることで一致する。ドーリア率いるスペイン海軍がコルフ島に来るには、南イタリアとシチリアを分けるメッシーナ海峡を通らねば来れなかったからだ。

だが、偵察船が持ち帰った報告は、一週間待ったが影も形もなし、であった。

この状態で七月が過ぎ、八月に入った。ヴェネツィア共和国の諜報《ちょうほう》機関は、トルコの首都コンスタンティノープルにも深く入りこんでいる。そこからもたらされた情報によって、コルフ島にいるカペッロは、赤ひげ率いるトルコ海軍がコンスタンティノープルを出港したことを知った。そして、このトルコ正規海軍では、総司令官である赤ひげにとどまらず、主戦力はすべて海賊で成っていることも、また、赤ひげは、彼門下の逸材として名をあげつつあったドラグーに先行隊の指揮を託し、そのドラグーの役割は、航行途上に位置するヴェネツィアの基地という基地に、攻撃をかけてまわっていることも知ったのである。

トルコは、行動を開始したのだ。それなのに、ドーリアはいっこうに姿を見せないのであった。

八月十日、コルフ島の南端に立つ監視塔が、西の水平線上に白地に黒鷲《くろわし》の皇帝旗をかかげてくる船を認める。ついにドーリア到着かと思った法王庁海軍司令官のグリマーニが、船を出させて自ら迎えに出た。だが、ドーリアではなかった。船に乗っていたのはシチリアの「副王《ヴィーチェ・レ》」のドン・フェランテで、同盟軍の陸上軍の指揮を託されていたウルビーノ公が重病なため、代わりに任命されたということだった。

フェランテは、北伊のマントヴァを領するゴンザーガ侯爵の三男に生れたが、カルロス下の武将として名をあげ、当時はスペイン支配下にあるシチリアの統治をまかされていたのである。カルロスは、性質は陰気で容易には胸のうちを明かさない男だったが、人材の登用にはなかなかの才を発揮した。

コルフ島の城塞《じょうさい》の一室で、いずれも厳しい表情を崩さないカペッロとグリマーニとあい対したフェランテは、カルロスからの一通の手紙を手渡した。そこには、遅かれ早かれわれわれの総司令官ドーリアも到着するであろうから、それまでは行動を起さずに待つように、とあり、ドーリアなしの軍事行動はいっさい認めない、と明記してあった。

その夜、同盟軍の陸上軍の総司令官の到着を祝って、コルフ島の総督邸で夕食会が催された。列席したのは、コルフが対トルコの前線基地であることを示して、男たちばかりだった。その席でカペッロは、まだ若いフェランテに誘導質問を試みたのである。皇帝カルロスの手紙は、どこから届いたのか、と。

フェランテの言うには、手紙はパリで書かれ、それをドーリアの部下が、シチリアのパレルモにいた自分のところに届けてきたという。そして、カペッロがたずねてもいないことまで話した。

十年間の休戦条約締結を祝って、フランソワがカルロスをパリに招いたこと。カルロスはドーリアの船でバルセロナからマルセーユに向い、そこからパリまで行き、フランス王の歓待に応えて数日を送った後に再びマルセーユまで来て、そこから船でバルセロナにもどる予定ゆえ、ドーリアはマルセーユで待機中なのだ、と。

若者らしく率直なフェランテの話は、カペッロの許《もと》にすでに届いていた、フランス王の宮廷駐在のヴェネツィア大使からの情報と、完全に一致していたのである。カペッロには、悪い予感しかなかった。

フェランテの話から疑惑を深めたのは、夕食会に同席していたグリマーニも同様だった。法王庁海軍を一任されているグリマーニは、本職はアクィレイアの司教だから聖職者だが、ジェノヴァ生れだけに海戦と聴くや胸がさわぐ。それに、同じジェノヴァ生れでも、ドーリアのように海の傭兵隊長の道は選ばなかった。

このグリマーニがカペッロを秘《ひそ》かに呼び出して、ドーリアの到着を待たないでの軍事行動の可能性について問うたのである。ヴェネツィアと法王庁を合わせれば、ガレー船の数だけでも百十八隻になる。これだけの戦力ならば、赤ひげとも充分に闘えるではないか、と。

だがカペッロは、それには同意しなかった。闘うならば大勝しなければ意味がない、というのが理由だった。

しかし、アドリア海のヴェネツィアの各基地からも、五万ものトルコ陸軍がギリシアを横断して西に向っていることを知らせる報告が入っていた。それに、赤ひげ率いるトルコ海軍が、ペロポネソス半島の南端をまわってイオニア海に入った、という知らせも届く。そのうちに、カルロスが連合艦隊の出動を来年まで延期するらしい、という噂《うわさ》も広まり始めていた。八十二隻を準備していながらコルフで待機するしかないヴェネツィア艦隊には、スペインに対する怒りが爆発寸前にまで達していたのである。

九月八日になって、ようやくドーリアがコルフ島に到着した。だが、協定によればガレー船だけでも八十二隻従えていなければならないはずが、到着したのは四十一隻である。つまり約束した数の半分しか率いてこなかったということだが、輸送用の帆船の数も約束の半分に満たなかった。

しかも、この四十一隻の内わけは、ドーリア所有の二十二隻とマルタ騎士団からの二隻の他は、スペインの支配下にある南伊やシチリアに提供させた船で、スペイン本国からの船は一隻もない。カルロスは、自国のリスクはいっさい負わない形で、対トルコのキリスト教連合艦隊に〝参加〟したのである。ヴェネツィア艦隊司令官のカペッロは、悪い予感が予感でなくなりつつあるのを感じていた。

だが、カペッロは知らなかったのだ。遅れても出発はさせたドーリアにはカルロスが、ヴェネツィアの利益につながる戦闘はしてはならぬ、と言いふくめていたことまでは知らなかったのであった。

それでも季節は、まだ九月に入ったばかりであった。それに、コルフに集結した軍事力だけでも、トルコ艦隊に一戦を挑む力は充分にあった。

ヴェネツィア　――八十二隻
法王庁　――三十六隻
スペイン　――四十一隻
ガレー船の総計――百五十九隻
船乗り、漕ぎ手、戦闘要員の総数――三万七千人

大小合わせた砲器の総数――二千五百

九月十日、コルフ島の城塞の一室で、二日前に到着したドーリアが出席しての初めての作戦会議が開かれた。

始めから、ヴェネツィア艦隊司令官のカペッロが、戦闘に撃って出ることを強く主張した。法王庁艦隊司令官のグリマーニも、完全にそれに賛成だ。シチリアの「副王」だからスペイン王カルロスの家臣だが、そのフェランテ・ゴンザーガも、赤ひげ相手に撃って出ることを主張する。だが、ドーリアは、次のように言っただけだった。

「季節は、航海に不適な秋に入っている。嵐の危険を、常に頭に入れておかねばならない季節に入ったということだ。これが現状では、大艦隊を海戦に投入するのは危険だ」

六ヵ月待たされたカペッロも、三ヵ月待ったグリマーニも、唖然《あぜん》とした表情でドーリアを見つめるしかなかった。海に出るかどうかは、それが戦闘を意味する場合、多数決で決めることではない。総司令官が決めることであるのは知っていたが、あらためて、ドーリアの立場を思い起したのである。

アンドレア・ドーリアは、スペイン王のカルロスに傭われた海将である。ゆえに、傭い主のカルロスの意向に反したことは、たとえそれがドーリアの海将としての事実認識に反していたとしても、強行することは許されない。カルロスの意向が、キリスト教世界の利益に反することであっても、ドーリアにはやれることではないのだった。ただし、たとえ傭兵隊長ではあっても、ドーリアは、意志決定に際しての影響力がまったくないというわけではなかった。海将一筋できた専門家としての立場からの、進言はできたからである。だが、この年のドーリアは、それをせず、カルロスの意向を実行する役割だけに徹していた。イタリアの海洋都市国家の中で一つだけ独立の維持に成功しており、それゆえにヨーロッパの大国の一つになっているヴェネツィアに対する、ジェノヴァ男の何とも言いようのない感情によるのかもしれなかった。

しかし、ヴェネツィアの海将であるカペッロには、「今」が重要だ。そしてヴェネツィアにとっての「今」は、トルコに対して勝つことだった。カペッロが、ドーリアの慎重論に真向から反対したのも当然である。そして、法王庁海軍を率いるグリマーニも、このまま帰ったのでは法王パオロに見せる顔がないと、カペッロに同調した。フェランテ・ゴンザーガも、「副王《ヴィーチェ・レ》」の名でシチリアの統治の責任者になってからは海賊におびえる島民を守る立場に目覚めていたので、海賊一掃の好機である「今」を逃す手はないと思っている。この三人がドーリアを、連日のように作戦会議に引き出したのである。

だがドーリアも、作戦会議のたびに新たな問題を持ち出すというやり方で抵抗した。あるときは、ヴェネツィア船には砲手の数が少ないと言い、スペイン人の砲手を乗船させることを命ずる。

これは、カペッロにも、ただちにその真意がわかった。スペイン兵を乗せることで、ヴェネツィアの船までもコントロール下に置くのがドーリアの真意であることが。カペッロは、怒りを爆発させないように自制しながら、その必要はないことを明言した。

たとえ総司令官ドーリアの命令であろうと、ヴェネツィアの艦隊はヴェネツィア本国の元老院が決定しないことには従わない、と言ったのだ。

また、砲手が足りないというのなら、ヴェネツィア領であるコルフやザキントスの島から徴集するから、心配されるには及ばない、と言明したのである。

ドーリアも、うなずくしかなかった。しかし、このように、ドーリアと他の海将たちの間は、日を追うにつれて険悪になって行ったのであった。

こうして、実のない作戦会議を重ねるうちに、二週間が空費された。そして、その間に、誰にも邪魔されずに、赤ひげ率いるトルコ艦隊は、安全なプレヴェザの湾内に入っていたのである。

この知らせは、ヴェネツィアの諜報機関を通じてコルフにもたらされた。ドーリアは、それを待っていたかのように、二日後の出港を命じたのである。ただし、その前日に開かれた作戦会議でドーリアが述べた戦略は、この海将の果敢な戦法を知っている者ならばわが耳を疑ったほどに、不可解なものであったのだった。

コルフから出た後は敵のいるプレヴェザの湾を目指すというのではなく、その前は通り過ぎてさらに南下をつづけ、プレヴェザよりは南にあるレパントの湾を目指すというのである。そしてこの戦法は、キリスト教艦隊がプレヴェザの前を通り過ぎていくのを知ったトルコ艦隊はプレヴェザを出て後を追ってくるにちがいないから、こちらは、敵が逃げこめる湾のない開けた海域に達したところで向き直り、海戦で勝負を決する、というのであった。

この時点でキリスト教側は、ヴェネツィアの諜報機関から、赤ひげ率いるトルコ艦隊の戦力の正確な数の報告を受けていた。それによれば、敵は九十四隻のガレー船に六十六隻の「フスタ」（小型ガレー船）であるという。戦力ならば、同程度になった。

戦力が同程度だから敵を誘い出して出てきたところを撃つという戦法は、追いつめたあげくに出てくるしかなくなった敵に対してならば、効果は期待できたろう。だが、この場合、ドーリアは赤ひげを追いつめようとしているわけではない。ただただ赤ひげが、自発的に安全な地を捨てて出てくるのを待つというだけなのだ。

それでもドーリアは、赤ひげならば出てくる、と確言した。そしてカペッロも、それを期待するしかない心境になっていた。季節も九月の末近く、航行に適した季節は残り少なくなる一方であったのだ。

プレヴェザの海戦

一五三八年九月二十五日の朝、ガレー船だけでも百五十隻になるキリスト教連合艦隊はコルフの港を後にした。七十隻を越える輸送船が、それにつづく。その日の夕方、パクソス島に到着した。そこから送った偵察船が、夜にはもどって来て、プレヴェザの湾内のトルコ艦隊には特別な動きがまったく無いと伝える。

ドーリアは、翌朝の出港後も予定どおり、プレヴェザの前は通り過ぎて南下すると発表したが、カペッロとグリマーニとフェランテの三人には、プレヴェザ前でちょっとした策を試みると打ち明けたのである。ただそれが、どのようなものかは、問われても答えなかった。

翌二十六日の正午近く、ヴェネツィアと法王庁の艦隊は、プレヴェザの湾前の海上で展開された、奇妙な一幕物を観戦する羽目になったのである。

ドーリアが甥《おい》のジャンネット・ドーリアに四隻のガレー船を率いさせ、プレヴェザの湾内に侵入させたのだった。だが、湾深くまでは侵入させない。早速応戦してきたトルコ側の船と数発大砲を撃ち合っただけで、湾の外に出る。それを追って出てきたトルコ船との間で、またも数発の大砲の撃ち合いがあった。トルコ船はそのまま、湾内に逃げこむ。

この応酬が、数回くり返された。それだけだった。観戦していたヴェネツィア船でも、漕ぎ手までがわかったのである。単なるデモンストレーションでしかないことが、誰にでもわかったのだった。

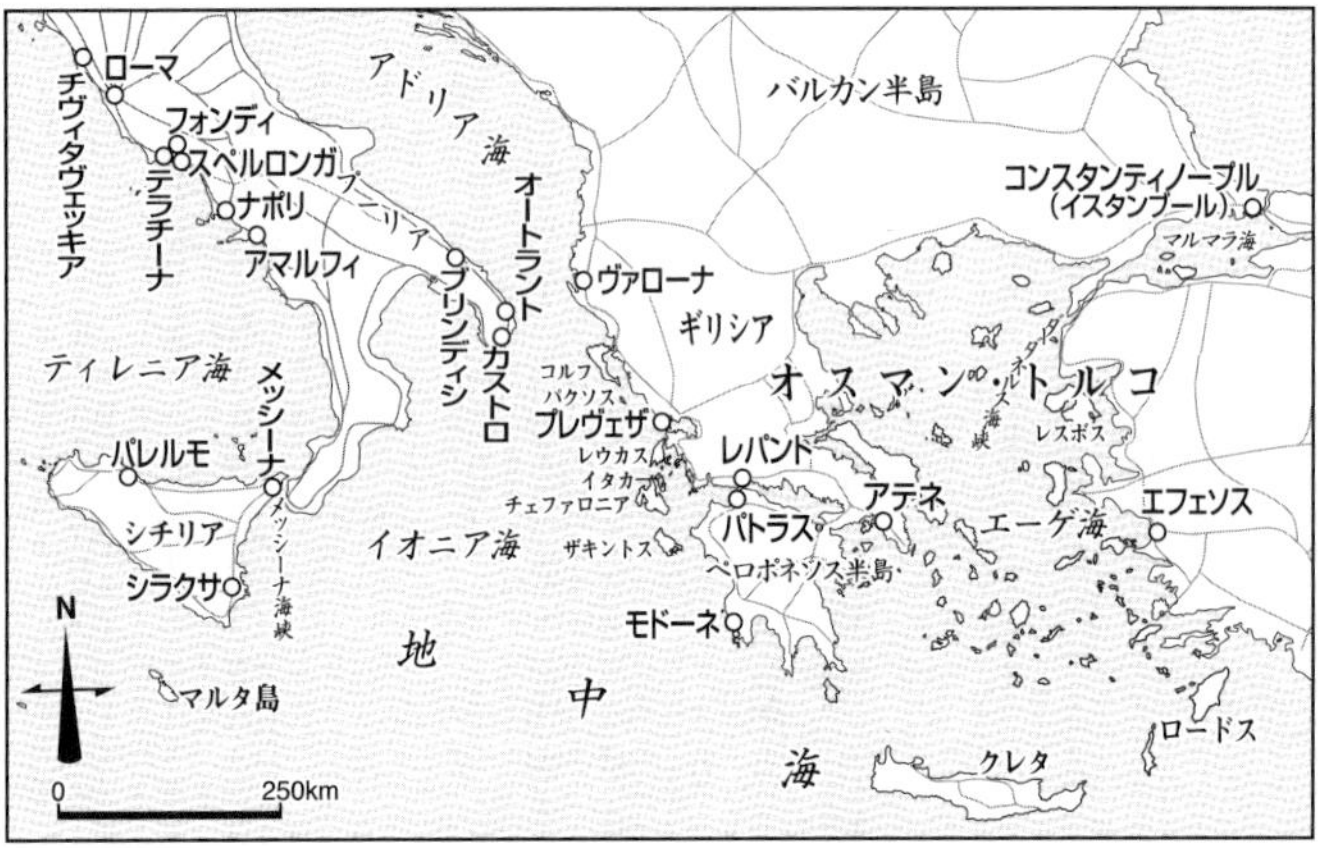

イオニア海・エーゲ海周辺

南下は、その後もつづけられた。翌二十七日の朝には、これまたヴェネツィアの基地がある、サンタ・マウラ（レウカス）の島を望む海上に達していた。

そのとき、帆柱の上の見張り台から大声が降ってきた。北の水平線上に、赤地に白の半月旗が見える、と。

ドーリアが予想したとおり、赤ひげは出てきたのである。プレヴェザを出たときから、背後から突くつもりでいたのだろう。初めから戦闘陣形をつくって、追ってきたのだった。前衛は、赤ひげの右腕と言われたドラグーが率いる。本隊は赤ひげが指揮し、後衛も、赤ひげ配下の海賊が率いている。名はトルコ艦隊だが、指揮官以下のほとんど全員が海賊だった。ということは、トルコ艦隊のガレー船の漕ぎ手たちは、これまたほとんどが、拉致されて漕ぎ手として働かされている、鎖につながれたキリスト教徒だということであった。

ドーリアが乗る旗艦上で、作戦会議が開かれた。カペッロもグリマーニも、開戦を主張する。だが、ドーリアは、今度もまた容易にはそれに同調しなかった。もしここで敗北を喫すようになった場合、誰が、地中海の沿岸に住む人々を海賊から守るのか、そのような事態になる危険がゼロではない以上、決断は慎重に成される必要がある、というのがドーリアの意見だった。

だがカペッロは、このときも引き下がらなかった。わが共和国が海軍を派遣したのは開戦すると決めたからであり、本国や海外のヴェネツィアの基地の安全対策は、元老院で決める政治の問題である。自分に課された任務は眼の前にいる敵に勝つことであり、船員も漕ぎ手も完全にその想《おも》いで一致している、と言い張ってゆずらない。グリマーニもフェランテも、そして二隻しか参加していなかったがマルタ騎士団も、ここで海賊に痛打を浴びせることこそが以後の地中海の安全につながるとする意見では、完全に一致していたのである。

海戦回避派は彼一人という状態でも、ドーリアはまだ時間稼ぎをやめなかった。作戦会議は数時間過ぎても結論に達せず、その間ずっと、キリスト教側の船はゆっくりと南下をつづける。それを追うトルコ艦隊との距離も、確実に狭《せば》まっていく。正午近くともなると両艦隊の距離は、敵船の上のトルコ兵の胴着の色がわかるくらいに縮まっていた。

ようやく、ドーリアは決めた。陣形を組むよう命ずる旗が、総司令官の旗艦上にひるがえった。カペッロとグリマーニがそれぞれの船にもどったときは、船長《カピターノ》から漕ぎ手《レマトーレ》までの全員に、ピンと張りつめた戦闘気分が充満していた。残るは、総司令官からの突撃命令を待つだけだった。

だが、このときになって、風の向きが変わったのである。それで、ドーリアが命じたように陣形を変えている途中で、風に左右されやすい帆船団が孤立してしまったのだった。

これを見たトルコ側は、手強《てごわ》いガレー船は無視して帆船の群れに襲いかかってきたのだ。ヴェネツィアの帆船は大型なものが多く、集団になって襲ってくるトルコのガレー船の襲撃にもよく耐えたが、孤立した海上で防戦する味方の船は、ガレー船の乗組員の心に火を点《つ》けた。

　カペッロもグリマーニも、ドーリアからの突撃命令がいつ発せられるかと待つが、それがいっこうに成されない。カペッロは伝令船に乗り移ってドーリアの船の真下に横づけさせ、大声で、突撃開始の命令はどうしたのか、と詰め寄る。それでもドーリアは、命令を出さなかった。

　ついに耐えきれなくなったヴェネツィアのガレー船二隻が、カペッロの命令もないのに、帆船団を襲撃中のトルコのガレー船の群れに突撃して行った。たちまち、敵のフスタ八隻を撃沈する。だがその後は、敵のガレー船に四方から囲まれて、激闘もかいなく撃沈された。

　このときになって、総司令官ドーリアの旗艦上に、指令旗がひるがえった。だが、突撃を命じたものではなく、撤退を命じた旗である。そして、ドーリア率いる本隊は、北に向けて逃げはじめた。帆船団を襲うために右にまわっていた、トルコ艦隊の横を通り抜けてである。そのすぐ近くにいた法王庁艦隊も、後につづいた。ヴェネツィア艦隊も、留まるとすれば敵に劣る戦力で、戦勝気分に駆られる敵と対さねばならない。

彼らも、逃げるしかなかった。だが、スペインの帆船五隻とヴェネツィアの帆船団が敵に追いつかれ、戦闘を交えざるをえなくなる。それでも、ヴェネツィアの帆船団とスペイン船の一隻だけは、コルフ島の港に逃れた味方に合流することができたのである。

何とも奇妙な敗戦であった。キリスト教側は、ヴェネツィアのガレー船二隻を失い、スペインの帆船四隻を捕獲された。トルコ側は、フスタと呼ばれる小型ガレー船を八隻失っている。その代わり、スペインの陸兵を満載した帆船四隻を捕獲していた。ゆえに、犠牲はゼロではなかったのである。だが、ガレー船だけでも百五十隻を投入したにしては、犠牲は実に少なかった。それでも、キリスト教側にとっては敗戦である。しかも、正規の海軍が、海賊の集団に敗れたのであった。

しかし、コルフ島にもどったカペッロには、ドーリアに責任の追及を迫る時間も与えられなかった。奇妙な敗戦を奇妙でない敗戦に変えるつもりか、コルフ島に、赤ひげの命令を受けたドラグーが攻撃をかけて来たのである。カペッロはドーリアに、敵を迎え撃つためにヴェネツィア艦隊だけの出動の許可を求めた。ドーリアも、これは認めた。

しかし、ドラグーもバカではない。カペッロが撃って出てきたと知るやコルフ攻撃からは手を引き、アドリア海のヴェネツィアの基地荒らしを始めたのである。これを撃退し、ドラグーをアドリア海から追い出したときは、すでに秋も深くになっていた。

もはや誰が言い出すということもなく、同盟軍は解散した。ドーリアはジェノヴァへ、カペッロはヴェネツィアへ、法王に報告する義務のあるグリマーニはローマへ、そしてフェランテ・ゴンザーガもシチリアへもどって行った。

その年の冬、各国の宮廷では、「プレヴェザの海戦」と呼ばれるこの奇妙な戦いの話でもちきりだった。各国ともがドーリアを非難することでは一致していたが、カルロスだけは彼を弁護した。だが、当のドーリアは、「プレヴェザ」と聴くや席を立ってしまったという。常には実年齢よりも二十歳は若いと衆目一致のドーリアだが、その年の暮だけは、七十二歳という年齢と、傭兵隊長という自らの立場をかみしめていたのかもしれない。

一方、ヴェネツィア共和国は、もはやドーリアだけでなく、カルロスも信用していなかった。こちらのほうは、当時のヴェネツィアの一外交官が言ったという、次の一句をかみしめていたのにちがいない。
「良識とは、受け身に立たされた側が口にする言葉であり、行動の主導権をにぎった側は、常に非良識的に行動するものである」

ヴェネツィア共和国にとって、現代国家の「国会」にあたる機関は、二百人前後の議員で構成されている元老院になる。だが、二百人では、決議に至るまでに長い時間を要するだけでなく、秘密を守ることが求められる問題の討議にも向いていない。それでヴェネツィアには、早急に結論を出し、しかもその進め方も極秘裡《ごくひり》に行わねばならない場合は、元老院の討議にはかけずに、「十人委員会」(Consiglio dei Dieci)にまわすことになっていた。略して「C・D・X」と呼ばれた機関だが、マキアヴェッリが、共和国政体は維持しながらも統治能力の向上を目指す国には御手本になるとして賞《ほ》めた機関だが、この機関の詳細については、『海の都の物語』にゆずるしかない。だがそれゆえに、プレヴェザ後のヴェネツィアの外交を決めるのも、この「C・D・X」に託されたのである。

翌一五三九年の春早く、「十人委員会」からの指令が、トルコの首都コンスタンティノープルに駐在しているヴェネツィア大使に、極秘裡に送られた。トルコとの間に講和を成立させ、以前のような友好的な通商上の関係を再開させる交渉が、秘かに、しかし絶対に成立させる意図で始められたのである。

この講和が成立し、調印も済んで公表されたのは、一五四〇年に入ってからである。それまで気づかなかった西欧の各国は、キリスト教世界を裏切ったとヴェネツィアを非難した。しかし、ヴェネツィアがトルコとの間で結んだのは、あくまでも講和であり通商条約であって、フランスが結んだような軍事同盟条約ではない。つまり、トルコに対して軍事行動に出るか出ないかのフリー・ハンドは、維持したうえでの条約である。

その理由の半ばは、ヴェネツィアもキリスト教国である以上、キリスト教世界の一員でありつづける必要にあった。だが、残りの半ばは、友好な経済関係をつづけていくには、軍事行動の可能性も維持しつづけるほうが、有効であることを知っていたからである。

ヴェネツィアは、国土イコール耕地であるゆえに自給自足も可能なフランスではない。交易立国であるヴェネツィアには、キリスト教国であろうとイスラム国であろうと、常に他国が必要なのである。売り手と買い手の、両方が必要なのだ。このヴェネツィア共和国に、トルコとスペインという当時の二大帝国の間をかいくぐっていく感じの、冷徹で現実的な政治が必要とされたのも当然であった。

　このヴェネツィアが見通したとおり、プレヴェザの敗北による影響は、翌一五三九年には早くも明らかになる。ローマ法王の提唱によって当時のキリスト教世界の海上戦力を総結集した正規の海軍が、トルコ海軍とはいえ実質的には海賊にすぎない集団に敗れたのだ。トルコ海軍の無敵という評判は地中海全域に広まり、イスラムの海賊たちの横暴は、歯止めもないままにエスカレートする一方になる。地中海の波が洗う地方で、海賊の襲撃を受けない岸辺は皆無、とまで言われる状態にもどってしまったのであった。

　イタリア半島、サルデーニャ、シチリアと、今でも「サラセンの塔《トッレ・サラチェーノ》」と呼ばれる監視用の塔を調べていて驚くのは、それらの塔の強化工事の時期が、十六世紀の半ばを中心にした前後の五十年間に集中していることである。トルコ海軍の名のもとに、海賊が再び猛威をふるうようになった時代と一致する。庶民にとっての防衛が、まるで中世の前期にもどりでもしたかのように、海賊と聴くや逃げる、しかなくなったことを示していた。

海上でも、「プレヴェザ」の影響は大きかった。それまでは、沿岸警備でも商船団の護衛でも、二から四隻のガレー船で充分だったのである。それが「プレヴェザ」以後は、この二倍でなくては効果なしの状態になる。それでも、海賊船とはっきりしなくてもその疑いがあるというだけで、逃げ出す船のほうが多かった。キリスト教諸国では、船乗りでさえも、劣等意識のとりこになっていたのである。

それもとくに、「プレヴェザ」の翌年の一五三九年の間は、地中海の主人といえば海賊だった。赤ひげはコンスタンティノープルにいることが多く、西地中海での海賊行為はドラグーに一任していた。赤ひげは、後進を育てることにも熱心であったようで、赤ひげ門下と呼んでよいくらいに、彼のもとからは次世代を担《にな》う優秀な海賊が輩出したのだから面白い。

それに、赤ひげ門下の英才と言われたドラグーも、師匠に似て組織づくりが巧みだった。ジブラルタル海峡近くで待ち伏せし、新大陸産出の金銀をスペインに運んでくる船を狙《ねら》い撃ちするのは、アルジェリアの港町を基地にするハッサン・アガの仕事であり、シチリアへの襲撃をもっぱらとしていたのは、チュニジア北部のボーナを基地にするマミ・ライス。そしてドラグーは、イタリア半島全域を視界に収めるティレニア海が主たる仕事場、という具合である。

一方、キリスト教側は、この一年を、音無しで過ごした。

ヴェネツィア共和国は、トルコとの間で秘かに講和の交渉中ゆえ、イスラムとの間は、たとえ海賊でも、専守防衛に徹している。

キリスト教世界を守るのが責務の神聖ローマ帝国皇帝であるカルロスは、レーゲンスブルクに行っていて、カトリックとプロテスタントの間の争いの調停中で、イスラムとの海戦は頭にも入ってこない。

ドーリアはジェノヴァにいたが、彼とてもカルロスの命令がないかぎりは動けなかった。

ローマ法王パオロ三世は、いかに対イスラムに動きたくても、七隻のガレー船しか持たない法王庁海軍では、ローマ近辺の沿岸警備が限度である。

マルタ騎士団は、カルロスからマルタ島をゆずられてまだ数年しか経《た》たず、イタリア人のエンジニアを招いての島の防衛化のほうが、対海賊よりも優先したのである。

つまり、北アフリカの港町から北上してくる海賊たちは、そこからは西に行こうが東に行こうが北に向おうが、どこでも好き勝手ができる状態にあったのだ。ドラグーが配下たちに、三十隻の「フスタ」で充分、と指示したのも、三十隻の小型ガレー船相手でも、迎え撃ってくる船がなかったからである。このままで行けば、地中海は再び、中世前期にもどってイスラムの海になりそうであった。

しかし、さすがにこの年も終わる頃になると、ドイツにいるカルロスの耳にも、海賊による被害の情報が入ってくる。その中でもとくに、新大陸からの船がつづけて捕獲されたという知らせは、カルロスの注意を引くに充分だった。ジェノヴァにいるドーリアのもとに、この現状をどうにかせよ、との命令が届いたのである。

海賊ドラグー

作戦が実行に移される翌一五四〇年には七十四歳になるドーリアだったが、傭《やと》い主カルロスの命令を受けるやただちに行動を開始した。

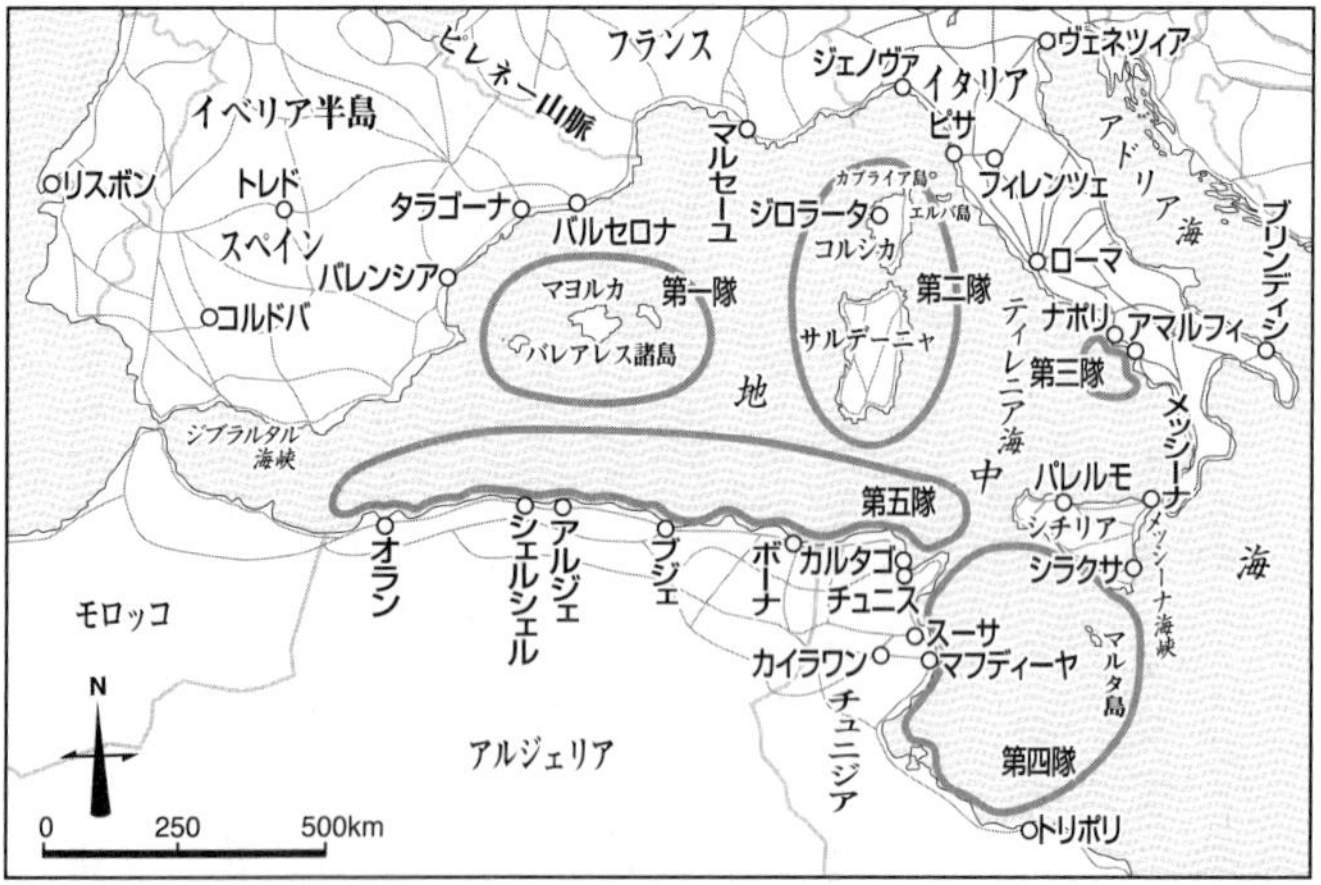

キリスト教連合五隊の配置

作戦は、二段階に分けて進められることになる。第一段階は、実動部隊である艦隊の編成。常設の海軍をもつヴェネツィアは当時ではまったくの例外で、他の国々は、トルコでもスペインでも、戦争をするたびに海軍を編成するのである。それでドーリアも、自分所有以外は他から集めるしかなかったのだが、法王庁とマルタ騎士団に参加を要請するのは、皇帝のカルロスの提唱ということで、キリスト教色の強い海軍の編成としては当然だった。この時期にはまだドーリアは、ヴェネツィアが極秘裡にトルコとの講和の話し合いを進めていることは知らない。だが、ドーリアは、ヴェネツィアの参加は期待していなかった。ヴェネツィアが

「プレヴェザ」を忘れていないことは、容易に想像がついたからである。ローマもマルタも、ドーリア指揮下での参加を伝えてきた。

これで、ドーリア所有の二十二隻《せき》にナポリ、シチリアからの船を加え、今度はカルロスも自国の船の参加にも積極的であったので、そのスペインからの船も加えると、七十隻のガレー船になる。それに法王庁の七隻とマルタからの四隻が加わって、ドーリアが使える完全武装のガレー船の数は、八十一隻になるのだった。完全武装とは、複数の大砲と、少なくとも一隻につき四十人の戦闘専門の兵士を乗せた船を指す。つまり、戦闘のみが目的の艦隊というわけだった。

作戦の第二段階である目標の設定だが、ドーリアはそれを、殺そうが捕虜にしようが関係なく、ドラグー一人と定めた。ドラグー以外の海賊たちによる被害は無視しても、ドラグー一人にしぼったのである。ゆえに、戦略戦術ともすべては、ドラグー船団の追跡に集中すると決まった。

ドーリアは、八十一隻からなるガレー船を、五つの隊に分け、それぞれを、ドラグーと出会う確率が高いと思われる海域ごとに配置する。

第一隊——十隻。ドーリア一門のエラズモ・ドーリアが指揮するこの十隻は、スペ

海賊ドラグー

インの東岸部に近い、マヨルカ島を中心にしたバレアレス諸島の近海に網を張る。

第二隊——二十一隻。アンドレア・ドーリアが自分の後を継がせるつもりでいるジャンネット・ドーリアと、ローマの貴族オルシーニの二人が率いるこの二十一隻の担当海域は、コルシカとサルデーニャの近海。

第三隊——十一隻。「副王」の格でスペイン支配下の南イタリアを統治しているトレド公は、この十一隻を率いてナポリからアマルフィまでの海域に網を張る。

第四隊——十七隻。マルタ騎士団の団長率いる十七隻は、シチリアとチュニジア、リビアの間の海を見張る。

第五隊——二十二隻。ドーリア子飼いのこの二十二隻を率いるのはアンドレア・ドーリア自身で、最も海賊に出会う率が高く、ゆえに最も危険度の高い、チュニジアとアルジェリアの近海に網を張ることが任務だった。

一五四〇年四月、八十一隻の全船は、それぞれの担当海域に向けて発《た》って行った。五月初め、ドラグーがアルジェを後にしたという情報を、まずドーリアがつかむ。だが、二十二隻とはいえ一人で広い海域を張っていたドーリアが駆けつける前に、早くもドラグーは北の水平線の彼方《かなた》に消えていた。

この知らせは、快速の伝令船によって、五隊すべてに伝えられる。各隊とも、一箇所に留まって待つのではない。担当海域を巡航しながら、獲物がかかってくるのを待つのである。

ジャンネット・ドーリア

それでも五月中、どの隊もドラグー船団に関する確かな情報を得られないままで過ぎた。見た、という情報ならば多かった。だがそれらも、要心しながら近づいてみたら影も形もなくなっていたという、蜃気楼《しんきろう》のようなものでしかなかったのだ。

ようやく五月も末になって、確かな情報が入ってきた。ドラグー船団は、ティレニア海にいるというのである。コルシカの東岸を、略奪し住民を拉致《らち》しながら北上し、コルシカとエルバ島の間に浮ぶカプライアの島に向っているというのが、コルシカから逃げてきた漁師がもたらした情報だった。

第二隊の二十一隻を率いていたドーリア・ジュニアとオルシーニの二人は、これを知るやただちにカプライア島を目指した。だが、この小さな島に着いたときは、すでにドラグーは姿を消していた。海賊に襲撃されるかと怖《おそ》れおののいていた島の住民の証言では、海賊船団はこの島で飲料水を補給しただけですぐに出港し、再びコルシカの北端に向けて帆をあげたという。

第二隊の二人の指揮官は、ドラグーに追跡を気づかれたのかと思った。だがカプライアの島では、もう一つ貴重な情報を得たのである。島の司祭が言うには、ドラグーだけでなく、その配下の一人であるマミ・ライスも同行しているという。となればドラグーは、三十隻のフスタ以上の数の船を率いているということになる。三十隻でさえもこちらの二十一隻に対しては優位であるのに、それ以上の敵を二十一隻で追跡するのは、冒険を越えて危険だった。

しかし、ジャンネット・ドーリアも、法王庁艦隊司令官であったオルシーニ伯も若かった。二人は、強行で一致したのである。

しかし、彼らがコルシカの北端に達したときはすでに、ドラグーとマミ・ライスの海賊船団は、コルシカの北端をまわってこの島の西岸伝いに南下を始めていた。

追跡は、陸上でも海上でも、そのやり方ならば変わりはない。相手に気づかれないようにしながら後を追うのだが、これが海上では、岬や入江に隠れながら追うことになる。二十一隻のガレー船団はいくつかの小隊に分れ、それぞれが味方を見失わないように注意しながら追っていくのだが、これにも利点はあった。入江に入るたびに住民からの情報を得られることだ。それらを集め分析した結果、ドラグーとその配下たちは、コルシカの西岸にあるジロラータという名の湾内に停泊中とわかった。

今でさえも小さな港町のジロラータは、当時ならば寒村と言ったほうが適切な漁港にすぎなかったろう。だがここは、湾の奥に位置するので風から完全に守られており、そのうえ周辺も広く開けている。これも逃げてきた住民から得た情報だったが、ドラグーはここで、略奪してきた獲物をマミ・ライスと山分けしているというのだった。

本拠地が異なる海賊同士が共同行動をとった場合、獲物の分配はそれらを略奪した地の近くで行い、帰途は互いに別行動をとるのは、北アフリカの海賊の常のやり方でもある。それで、コルシカの東岸一帯を荒らしまわって得た獲物を、アルジェに帰るドラグーと、チュニジアにもどるマミ・ライスの間で山分けしていたのにちがいない。宴会を開いてバカ騒ぎをしているというのも、海賊の仕事納めにふさわしかった。

ドーリア・ジュニアとオルシーニ伯の二人は、若いだけに大胆不敵な面でも共通していた。一網打尽にしようということで、完全に一致したのである。だが、相手はドラグーだ。そのうえ敵には、少なくともこちらの二倍の数の船がある。ゆえに、単なる大胆では玉砕に終わるのは眼に見えていた。大胆でも狡猾《こうかつ》な戦術を練る必要があったのだ。

この二人の指揮官よりもまだ若い、とはいえドーリア一門に属すジョルジョ・ドーリアが、ドラグーを誘い出す役を務めると決まった。他の船は、ジロラータの湾の北側に突き出た岬の反対側で待機する。ちょうどよい具合に、岬の北側も小さな入江になっていた。

とはいえ、おびき出しが成功するのは、速攻で行けるか否《いな》かにかかっている。それには、順風を待つしかなかった。

待っていた「マエストラーレ」（北西風）が吹き始めるや、作戦が動き出した。ジヨルジョ・ドーリアは六隻を率いて岬をまわり、ジロラータに向う。それも、大胆にも黄地に黒く鷲《わし》を刺繍《ししゅう》した皇帝旗を帆柱高くかかげ、正面から堂々と湾内に入ったのだ。海賊たちはまだ浜辺に張った天幕の中で眠っていたが、湾内に停泊中の船にいた者たちの騒ぎで気がついた。不信心のイヌどもが攻めてきた、という声が、海賊たちをわれに返らせたのである。

ドラグーは、マミ・ライスに獲物の防衛を託し、ほとんどすべての船を率いて、侵入してきた六隻に迫った。

だが、ジョルジョは、そのドラグーの眼の前で、あざやかと言うしかないUターンをして見せたのである。率いてきたジェノヴァ船六隻も、負けず劣らずの妙技でつづいた。このようなことになると、ジェノヴァの船乗りは、ヴェネツィアの船乗りが束になってもかなわない技能を発揮する。

湾から逃げ出すには逆風を突くことになるが、これまた三角帆の操縦の巧みさと漕《こ》ぎ手たちの一糸乱れない動きで、わけなく消化した。それでいながら、追ってくるドラグー以下の敵船団との距離が、少しずつ縮まるようにまでしたのだ。おかげでドラグーは、岬を曲がればそのすぐ向うには第二隊の本隊が、すでに海戦の陣形をととのえて待ちかまえているとは気づかず、また、そのようなことは頭にもよぎらないほどに、追撃しか考えなくなっていたのだった。

あらかじめ決めてあった松の木が見えてきたところで、ジョルジョの船の大砲が火を噴いた。これが合図だった。岬の向うから姿を現わした第二隊の十五隻が、たちまち横一線になり、順風を帆に受けていっせいに突進してきたのである。

ドラグーは、船の数ならば自分が優位にあるのは知っていた。だが、逆風を突くという不利がある。それで、後につづく全船に撤退を命じた。撤退ならば、順風を受けることになる。ジロラータの湾内にまで逃げこめば、戦機がつかめると思ったにちがいない。だが、順風という条件では同じでも、三角帆は四角帆とちがって、帆の張り方しだいで速度に差が出てくる。ここでも、イタリアの船乗りの技能の優位が示された。ドーリア・ジュニアの第二隊とドラグー船団の距離は、眼に見えて縮まっていった。

これを見たドラグーは、作戦を変える。撤退命令は撤回され、Uターンして敵と戦闘に入れとの命令が発せられた。

だが、ジェノヴァ人の操縦技能は、ヴェネツィア人が束になってもかなわないのだから、北アフリカの海賊ともなると、大束になってもかなわない。Uターンせよと言われても、あざやかで素早いどころではまったくなく、緩慢でぎくしゃくしたUターンになってしまったのである。ということは、船腹を敵に見せる時間が、より長くなったということであった。

これを待っていた第二隊の二十一隻すべての大砲が、いっせいに火を噴く。海賊船の船腹に、おかしなくらいに見事に命中していった。十六世紀ともなると、大砲の破壊力も命中度も格段の進歩をとげている。ガレー船にそなえられているのだから巨砲ではまったくない大砲でも、命中さえすればその破壊力はすさまじかった。帆柱は吹きとび、船は大きく傾き、見るまに沈没する。ドラグーが乗る船は大型ガレー船だったが、それでも砲撃を浴びて沈み始めていた。ドラグーは、そばにいた船に乗り移る。そしてその船上から、突撃の命令を発したのだ。

砲撃で相当な打撃を受けていたが、海賊たちはしぶとかった。ドラグーを先頭に、半月刀をふりかざしながらキリスト教側の船に乗りこんできた彼らは、まるで手負いの野獣の群れだった。

しかし、白兵戦の激闘も長くはつづかなかった。海賊を何人倒すかよりも、ドラグーを倒すことを優先したのがよかったのかもしれない。ドラグーが捕われたことが伝わるや、他の海賊たちも半月刀を捨てたのである。

キリスト教側の船に乗っていた人々が何よりも先に行ったことは、海賊船で漕ぎ手をさせられていたキリスト教徒たちを鎖から解放したことである。漕ぎ台の鎖には、捕虜になったばかりの海賊たちがつながれた。

第二隊の指揮官の一人であったオルシーニ伯は、法王庁海軍の七隻を率いてジロラータの湾内に入った。それを見たマミ・ライスは、防戦は不可能と見たのか、船には乗らずに内陸に逃げこむ。だが彼も、住民たちも協力しての捜索の結果、その日のうちに捕えられた。

一五四〇年六月二日は、こうして地中海の対海賊の歴史では記念すべき日になったのである。

ジェノヴァの湾に向う途中、他の海賊たちは鎖につながれ漕ぎ手をさせられていたが、ドラグーだけは船尾にある船橋につながれていた。鉄鎖でしばられ身動きもならない状態でいながら、ドラグーはその間中、このオレともあろう者が若僧たちにやられるとは、と悪罵《あくば》のかぎりをつくすのをやめなかった。そのドラグーに、

「カピタン・ドラグー、これもまた戦いの習いというものです」

と言った男がいる。その男の名は、ラ・ヴァレッテ・パリゾン。マルタ騎士団の騎士で、この二十五年後には、トルコの大軍の攻撃に対してマルタ島を守りきる、史上有名な「マルタ攻防戦」の総指揮をとることになる男である。ドラグーは、四分の一世紀後には戦場で再会することになるこのフランス人の騎士には一言も答えず、すさまじい形相で睨《にら》みつけただけだった。

「ドラグー、捕わる」のニュースはたちまち広がり、地中海世界を駆けまわった。北アフリカ近海を張っていたアンドレア・ドーリアには、真先に伝えられた。ドーリアがそれを喜んだのはもちろんだが、そのままでは帰途につかなかった。シェルシェルの港町の「浴場」に、八百人ものキリスト教徒が収容されていることを突きとめたのである。

広い海域に分れて網を張っていた船二十二隻のすべてが、ドーリアのもとに召集された。そしてこの全船で、アルジェの西に位置するシェルシェルを襲撃したのである。アルジェほどの海賊の大基地でもないシェルシェルの港は、二十二隻のガレー船に一団となって入ってこられては、手をあげるしかなかった。しかし、上陸したジェノヴァ人たちは、町にも住民にも眼をくれなかった。町の一角にある「浴場」に直行し、収容されていた八百人を越える人々を連れ出して船に乗せ、それだけで去って行ったのである。

ジェノヴァへ帰る途中で寄港したメッシーナから、七十四歳の海将は、皇帝カルロスに、はじめて詳細な報告を送った。ということは、ここまでのすべては、海賊たちをどうにかせよ、というカルロスの命令を受けて始まったにしろ、具体的な戦略戦術ならばドーリアの思うとおりに進めたということになる。

いまだドイツにいてカトリックとプロテスタント間の争いの調停中だったカルロスは、ドーリアの報告に対して賞讃《しょうさん》の手紙を送ってきたが、それには、捕えたドラグーはドーリアの戦利品ゆえに好きにしてよい、と書かれてあった。

ジャンネット・ドーリアの船につながれてジェノヴァに護送されたドラグーは、このドーリア・ジュニアを先頭にした凱旋《がいせん》行列の最大の見世物としてジェノヴァの町中を引きまわされ、海賊には恨み骨髄の民衆からの罵声を浴びたが、その後は、ドーリアが帰港するまで牢《ろう》に入れられた。

赤ひげに代わって西地中海一の海賊の名をほしいままにしていたドラグーの運命も、長年の宿敵と言ってもよいドーリアの胸ひとつにかかっていたのである。地中海世界のキリスト教側では、ローマ法王もヴェネツィア共和国もフランスもスペインも、そして北アフリカの海賊の被害を他のどこよりも受けてきた南伊もシチリアも、ドラグーもついに、ジェノヴァ船の帆柱からつるされて終わりだ、と思って疑わなかった。だが、いまだ夏の盛りというのにジェノヴァに帰っていたアンドレア・ドーリアは、しばらくは何も決めなかった。ドラグーには、ジェノヴァの牢内での日々がつづいた。

その間世間では、種々の噂《うわさ》がとび交った。コンスタンティノープルにいる赤ひげが、莫大《ばくだい》な身代金《みのしろきん》を提示してきたとか、フランス王フランソワ一世が、同盟関係にあるトルコのスルタン・スレイマンの親書を受けて、ドラグーの釈放に動いているとかである。単なる噂か、それとも根拠のある情報かはわからない。わかっているのは、ドラグーの捕囚生活が、三ヵ月はつづいたということだけである。

その年の九月始め、地中海のキリスト教側では、各国の宮廷から町の広場までが一様に愕然《がくぜん》としたニュースが駆けまわった。ドラグーが釈放された、というのがそれである。

人々がそれを知ったときはすでに、ドラグーは、トルコの首都コンスタンティノープルに向う船の上にいた。そしてドーリアは、この件に関しては、ドラグーはこれ以後海賊はしないと約束した、と言っただけだった。このこと以外に人々が知ったのは、ドラグーが、三千五百ドゥカートの身代金と引き換えに自由を回復した、ということだけである。

これには、誰も納得しなかった。

第一に、アンドレア・ドーリアともあろう男が、海賊の約束を信じたとはとても思えなかった。

第二に、三千五百ドゥカートの身代金の額が、重要人物の身代金としてはいかにも安すぎたからである。

たしかに、「救出修道会」や「救出騎士団」が北アフリカ各地の「浴場」に出向いては買いもどして連れ帰る、拉致されて奴隷《どれい》として働かされている庶民の身代金とは、比較にならないほどの額だった。

しかし、二十年前だが、法王庁海軍の司令官だったパオロ・ヴェットーリが海賊ガダリの手に落ちたとき、この海賊の頭目が要求しローマ法王が代わりに払った額は六千ドゥカートである。あのときは、莫大な額に誰もが愕然としたのだ。だが、この二件の間には、二十年のへだたりがある。とはいえこの二件ともが、新世界からもたらされる大量の銀によってヨーロッパにインフレが起る以前の話だから、その間の二十年の価値変動は微弱であったと見てよい。それでいながら、身代金は半値近くで良いというのだから、誰もが納得できなかったのも当然だった。

また、ヴェットーリとドラグーでは、重要度に格段の差がある。

ヴェットーリは、多いときでも十隻のガレー船しか持っていない法王庁海軍の司令官にすぎず、この程度の戦力では沿岸防衛が限界で、他の国々と共闘でもしないかぎり、北アフリカまで遠征するなどは夢であった。

一方、ドラグーは、彼の声一つで百隻の戦力を動かせる地位にいた。その戦力で、地中海の西半分を舞台にしての海賊行為を、誰の力も借りずにやってきた男である。そのドラグーと対等な立場にある人物をキリスト教世界に求めるとすれば、アンドレア・ドーリアしかいなかったであろう。海の男としての手腕は超一級でも、いずれも、前者はトルコのスルタン、後者はスペイン王のカルロス、の意に反したことはやれないという点でも似ていた。

ドーリアが、三千五百ドゥカートの身代金欲しさにドラグーを釈放したとは、当時でもほとんどの人が考えなかった。アンドレア・ドーリアは、もともとからしてジェノヴァ有数の資産家の生れであり、それに加えて長年の傭兵《ようへい》隊長キャリアによって、国家公務員であるヴェネツィア海軍の総司令官などは足許《あしもと》にも及ばない大金持になっている。カルロスが贈ったメルフィの領地も、広くはないが豊かな収入を恵む土地だった。あらゆる面で不自由していないアンドレア・ドーリアが、なぜドラグーを自由にしたのかは、当時から多くの人が推理を働かせてきたにかかわらず、今に至るまでわかっていない。私の推理などはとるに足らないが、それでも披露だけはしてみたい。アンドレア・ドーリアが、彼の仕事の場が海上であったにせよ、傭兵隊長として生涯を送った男であった、という点に立脚している。

黒澤明の名作に『七人の侍』があるが、この映画は、今日の食事にもこと欠くほどに落ちぶれた浪人侍の七人が、米の飯を食べさせるという条件にひかれて農民たちに傭われ、彼らを苦しめてきた山賊の退治を引き受けることから始まっている。

ここで、毎日米の飯を食べつづけることを優先するならば、侍たちは、山賊を全滅するのではなくて、適度に痛めつける程度で留めておくべきであった。危険がつづくかぎり、それに対処できる人の需要もありつづけるからである。

しかし、山賊の襲撃にそなえて農民たちを組織し訓練していくうちに、侍たちの胸中に、忘れていた侍の精神《スピリット》が再び頭をもたげてきたのだった。その結果、山賊は根絶できた。だが、侍たちのほうは、七人中四人までが討ち死にし、生き残った三人も農民たちからお払い箱になる。つまり、再び失業者になってしまったのだ。これが、侍《サムライ》

アンドレア・ドーリア

傭兵であることを忘れて侍精神に徹してしまった、それゆえにあの映画を観《み》た欧米人の心までもとらえた、七人の侍の物語である。
ドラグーを再び自由にした当時のアンドレア・ドーリアの本心が、どこにあったのかは知らない。十六世紀の海の傭兵隊長は、これについては

何も書き残さず、弁解しようともしなかった。

どうやら、ドラグーがドーリアに、海賊業からは足を洗うと約束したというのだけは真実であったらしく、しばらくの間はドラグーも、コンスタンティノープルでおとなしくしていた。だが、海賊業から足を洗うとドーリアに約束したのはドラグーであって、他の海賊は約束したわけではない。

それに、海賊業によって生きてきた長い歴史が、北アフリカのイスラム世界にはある。地中海に面した港町のほとんどは、海賊をしないでは生きていけない経済構造になっていた。また、トルコのスルタンからも公認されているという社会的な立場と、短期間でも莫大な収益を得られる魅力が、海賊の世界に優秀な人材を引き寄せていた。そのうえさらに、赤ひげという、門下生の育成に熱心なボスまでいたのである。ドラグーは謹慎中でもマミ・ライスは消息は知れなくても、その代わりを務められる人材に不足しなかったのだった。

直訳すれば「カンディアのびっこ」(Zoppo di Candia) が、赤ひげとドラグー不在の西地中海で、その空白を充分すぎるくらいに埋める男になる。

カンディアとは、中世時代のクレタ島の呼び名なので、意味ならば「クレタの片足」になる。おそらく、この綽名《あだな》が示すように、東地中海では最大の島のクレタ島の生れかもしれない。ヴェネツィア領になって長いクレタ島の原住民の出ならば、ギリシア正教を信ずるギリシア人のはずだが、イスラムに改宗したギリシア人かもしれなかった。

「クレタの片足」とは、その綽名だけでスティーヴンソン作の小説『宝島』を思い出してしまうが、クレタ生れのこの海賊も一本足で、歩くときは太身の杖《つえ》を使っていた。片眼ではなかったようだが、いかにも海賊らしく残忍で、部下でもふるえあがるという男だった。この「ゾッポ・ディ・カンディア」が、またたくまに、ドラグーの退場でできた空間を完全に埋めてしまったのである。一回の襲撃でも莫大な収獲につながる新大陸からの船が、まず先に狙い撃ちされたのはもちろんだった。

これにはカルロスも、ひどく腹を立てたという。カトリックとプロテスタントの調停も結局は失敗に終わっていたので、それでなおのこと、いつもよりは気が立っていたのかもしれなかった。

ドイツからスペインに帰る途中で、ジェノヴァに立ち寄ったカルロスは、そこでドーリアと、長時間の話し合いをもつ。この席で決まったのが、アルジェへの攻撃であった。

海賊たちの本拠中の本拠であるアルジェを、今度こそは徹底してたたくと決めたのである。

アルジェ遠征

六年前の一五三五年、カルロスはドーリアとともにチュニスを攻め、チュニスはその年以来、大っぴらには海賊に本拠を提供しなくなっていた。その証拠に、「救出修道会」や「救出騎士団」の記録では、この人々が出向く地としてのチュニスが、記録に載る回数が激減している。それまでは、拉致してきたキリスト教徒の数でもアルジェに次ぐといわれていたチュニスだが、「浴場」の収容者数が減ったからだった。と言って、チュニジアの他の港町までが海賊業から足を洗ったわけではない。ボーナやジェルバ島からは、あいも変わらず海賊船が出港していた。だが、少なくともチュニスでは、赤ひげ以下の海賊勢を追い出した後にすえた「首長《ベイ》」は、海賊に本拠は提供しないとしたカルロスとの約束を、ここまでの六年間は守ったのである。

カルロスは、アルジェも、チュニスのように変えたいと考えたのだ。それで、チュニス攻のときの完璧《かんぺき》なパートナーであった、ドーリアと再び組むことにしたのである。皇帝は、チュニスのとき同様にアルジェ攻にも、自ら参戦すると言った。

四十代に入ったカルロスのこの想《おも》いに、七十五歳になろうとしていたドーリアも同意する。彼も、「クレタの片足」に好き勝手を許している現状に、我慢がならなくなっていたのである。

しかし、この二人が話し合い、その結果アルジェへの攻撃が決まったときは、すでに七月に入っていた。大軍を乗せた大船団でも、気候の急変を心配せずに航行できる期間は、穏やかとされている地中海でも六・七・八・九の四ヵ月でしかない。海を知る人ならば翌年を期すのがこの場合の常識だが、カルロスは、どうしても今年中に決行したいと言ってきかなかった。ドイツでのカトリックとプロテスタントの調停の失敗が、よほど頭にきていたのかもしれない。

年齢から二十歳マイナスしたのが心身ともの実年齢のようなドーリアだから、決まれば行動を始めるのは早い。カルロスの発した参加命令も効を奏して、一ヵ月後には早くも、六十五隻のガレー船と百隻以上の輸送船から成る艦隊の編成が完了した。ガレー船の数だけならば次のようになる。

スペイン王から——十二隻
ドーリア自前　——二十隻
スペイン支配下にある南伊から——十二隻
同じくスペイン下のシチリアから——十隻
法王庁海軍　　——七隻
マルタ騎士団　——四隻
計六十五隻、輸送船は百隻以上

これらの船に乗っていく人間の数だが、船乗りや漕ぎ手が一万三千人に迫り、兵士は二万二千人に達した。

兵士の内わけは次のとおりである。

ドイツ兵　——六千人
スペイン兵——六千人
イタリア兵——五千人
他のヨーロッパ各国からの志願兵、騎士・兵士ともに——四千五百人

皇帝カルロスの近衛隊《このえたい》　――二百人
指揮をまかされる貴族や隊長――百五十人
マルタ騎士団の団員　――百五十人

皇帝自らの出馬ということもあって、指揮官クラスともなるとキラ星の如《ごと》くという感じで、スペインとイタリアの高名な貴族の名が並び立つ。陸上軍の総指揮は、今度も、ヴァスト侯爵《こうしゃく》の名でも知られたアルフォンソ・ダバロス。スペインからは、二十一世紀の今なおカルロスと並んでスペイン産のブランデーに名を残す、アルバ公爵が参戦する。メキシコを征服したことで歴史に名を残すことになるフェルナンド・コルテスも、二人の息子とともに参加していた。

イタリア側も、貴族となると負けず劣らずで、ローマの有力貴族であるコロンナとオルシーニを筆頭に、封建領主たちのオンパレードだ。ジェノヴァからも、ドーリアと並ぶ名門のスピノラ家の当主が参戦していた。これを見るだけでも、カルロスを始めとする指揮官クラスのほとんど全員が、六年前のチュニス攻と同じメンバーであったことがわかる。

そして、あのときと同じに今回も、フランスは参加していない。カルロスとの休戦はまだつづいていたが、フランソワ一世は、トルコとの同盟を破棄する気にはなれなかったのだ。

もしも参戦していたら、少なくとも海上戦力は倍増していたにちがいないヴェネツィア共和国も、今回は参加しなかった。トルコとは通商条約を結んでおり、それよりも何よりも、ドーリアが率いる軍に参戦してひどい眼に遭った、二年前の「プレヴェザ」が忘れられなかったのである。

それでも八月中には、アルジェ攻の準備のほとんどは完了していた。ところがカルロスは、自分のほうの準備は終わっていないと言ってくる。九月の初めにローマ法王パオロ三世と会うことになっているので、そこで法王の祝福を得た後で出陣したい、と言うのだ。カルロスとは、おかしなときに急に宗教づく人でもあった。

法王との会見は、中部イタリアのルッカで、九月の十二日になって実現した。豪華な皇帝の正装ではなく、黒い毛織りの飾りも何もないマントの下には、修道僧が着る質素な僧衣をまとっただけのカルロスは、老いた法王の前にうやうやしくひざまずいた。

キリスト教世界の俗界の最高位者でも、キリスト教世界の精神上の最高位者に対しては、へり下ってひざまずく。これこそが、キリスト教徒にとっての理想的な社会像なのだ。だが、十四年前には同じ皇帝が、ローマ法王のいるローマを攻め破壊していたのである。あるときは建前で、別のときは本音で行動することでは、キリスト教世界とて変わりはなかった。

ところが、わざわざイタリアにまで出向いたにかかわらず、喜んで祝福を与えてくれると思った法王はそれをせず、かえってアルジェ攻撃には反対したのである。ハンガリーではトルコ陸軍に攻められて苦労している今、アルジェに向うよりもドナウ河に兵力を送るべきではないか。また、ヨーロッパの東がトルコ勢に踏みにじられている状態で、神聖ローマ帝国の皇帝は、ヨーロッパから離れるべきではない。これが、法王パオロがカルロスに述べた意見だった。

その日の夜、カルロスが宿泊していたルッカの宮殿では、参戦する指揮官たちを招いての討議が行われた。法王の直言に力を得たのか、まずドーリアが、海上遠征には不適な季節になりつつあることを理由に、翌年春への延期を提案した。陸上軍の総指揮をまかされている、ダバロスも同意見だった。

カルロスは、列席者の全員に意見を求めた。三分の二の人が、延期に賛成した。全員の意見を聴いた後で、これまで黙って話を聴いていたカルロスが、ほんの数分考えこんだ後で短く言った。

「今年中に決行する。出港は、準備が整いしだい。わたしには、神がついていて下さる」

その数日後にはカルロスは、ドーリアが用意した皇帝乗船用の旗艦に乗って、集結地に予定されているマヨルカ島に向っていた。マヨルカからアルジェには、一直線に南下するだけであったのだ。

十月十八日には、マヨルカ島の港には、準備を終えた全船が出港を待っていた。集結地には最も遠距離になる、ナポリやシチリアやマルタからも全船が到着している。カルロス以下の指揮官の全員も顔をそろえていた。

だが、ドーリアが出港を許さない。一隻《せき》の離散もなく大船団の南下を実現するには、順風を待って一挙に行うのが最善だと言うのだった。こうして出港は、二日、また二日、と延期されていった。

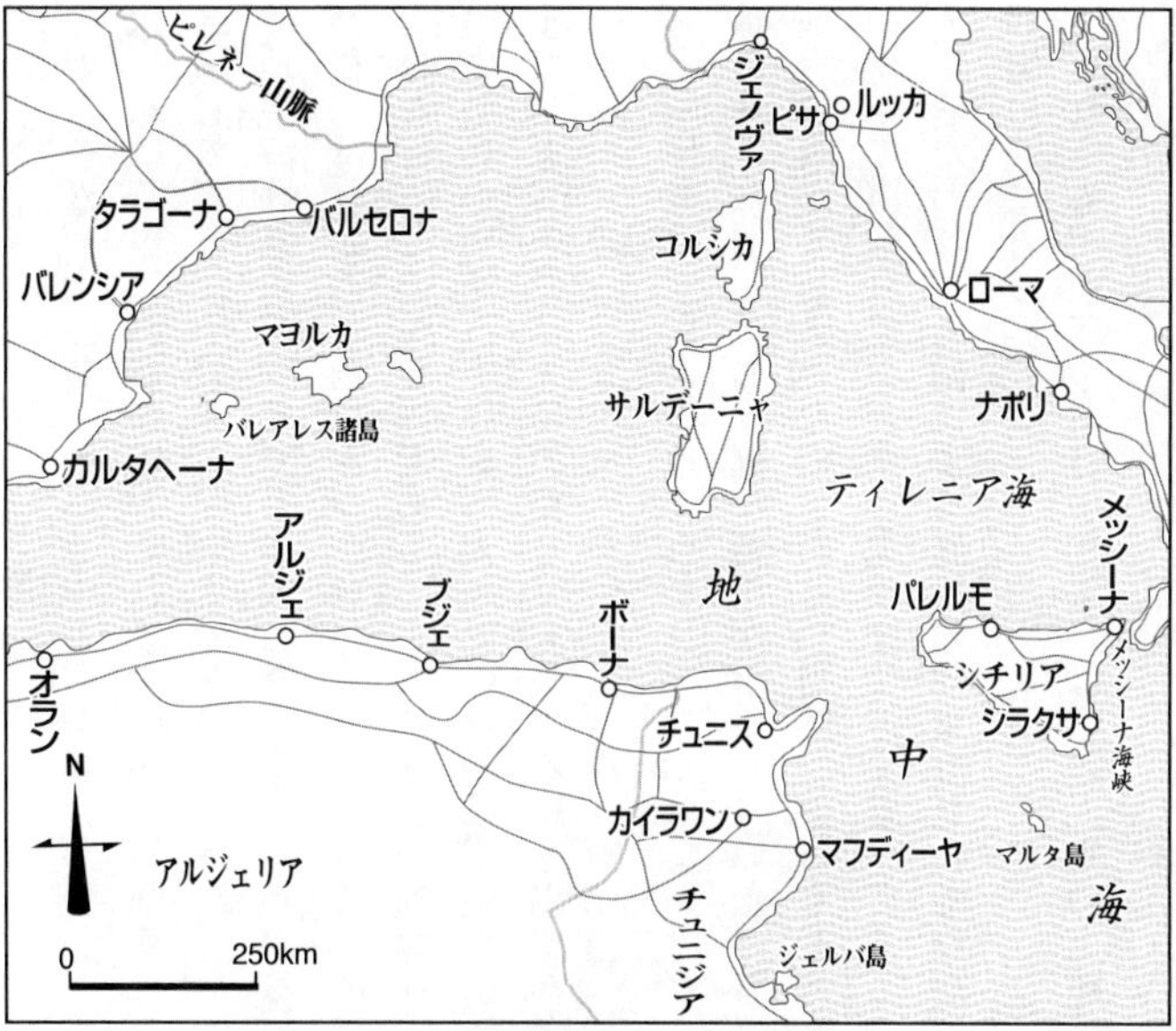

北アフリカとその周辺

二十三日になって、ようやくドーリアから、翌朝の出港のゴーサインが出たのである。

一五四一年十月二十四日、帆柱高く黄色の地に黒鷲の皇帝旗をかかげたカルロス乗船の旗艦を先頭に、そのすぐ右には、法王庁海軍の旗艦、左にはマルタ騎士団の旗艦がつづいて、全船が出港した。二十六日には、アルジェのある湾からは東にのびる広い浜辺に接近し、早速上陸が始まった。

ところが、上陸している途中で、空模様が変わってきたのだ。越えてきたばかりの水平線は暗雲におおわれ、それまでの順風は強風に一変し、吹きつける強さも刻一刻と増してくる。そのうえ、雨までが降ってきた。

地中海性気候を少しでも体験した人ならばわかるのだが、晴天つづきの夏が終わった後に降り始める雨は、シチリア人の言う「まじめに降る」雨になる。静かに降る雨ではなく、しのつく雨である。これに強風が加われば、もはやまぎれもない嵐《あらし》だ。その中で兵士を降ろす作業に入っていた船は、強風にあおられて浜に乗り上げるのならまだしも、中には崖《がけ》に激突して大破する船も出てきた。

上陸作戦は、無人の地で行われたのではない。どうやらこの年のアルジェ攻では敵地の地理に関しての正確な情報が不足していたらしく、ベルベル人の住む一帯を上陸地点に選んでしまったのである。当然、彼らも迎え撃ってくる。それをガレー船からの砲撃で蹴《け》散《ち》らすのだが、大集団で迎え撃ってくるのではなく小集団に分散して向ってくるために、大砲による砲撃の効果もさしてなかった。しかもその夜中、激しい雨は降り止《や》まなかった。

それでも、翌二十七日の正午には、陸上軍の上陸は完了できたのである。カルロスも馬に乗り、近衛隊を従えて、上陸した兵士たちを激励してまわった。激励される必要は、すでにして、あった。天幕を張ったものの激しい雨で、兵士たちはびしょ濡《ぬ》れの状態であったからだ。それでも馬上姿の皇帝を見て、兵士らも元気をとりもどしたようだった。

上陸完了後は西へ進んでアルジェの街を攻めるのだが、行軍は、いつ何どきでも戦闘に入れるように、前衛・本隊・後衛に分れて進む。フェランテ・ゴンザーガが率いるスペイン兵とシチリア兵が前衛。カルロスを中心にした本隊はドイツ兵が中心で、指揮は、スペインきっての大貴族であるアルバ公がとる。後衛は、イタリア兵とマルタ騎士団から成り、コロンナ公が指揮をとった。

もしもこの行軍が晴天下で行われていたのであったら、陽光を受けてきらめく甲冑《かっちゅう》と槍《やり》と数多くの大砲に守られて進む二万二千の大軍は、それだけでもアラブやベルベル人を威圧していただろう。だが、雨と風を突いての行軍では、味方の兵士たちの気分は暗くなる一方なのに反し、敵はますます元気づいたのである。アラブ馬を駆る小隊が、隊列を組んで行軍するキリスト教側の兵士たちを、襲って来ては素早く去るという波状攻撃で悩ませた。

陸上を行く軍の右手に広がる地中海の形相も、すさまじくなる一方だった。ガレー船よりは丸型で船高もある帆船は、強風と激しい雨で手も足も出ない有様。ドーリアの下した厳命を守って、帆はすべて降ろして櫂《かい》だけで、しかも友船との船間距離に注意しながら進むガレー船のほうが、はるかに被害が少なかったのである。

それでも、漕ぎ手に囚人を使う習慣のあるスペイン船では、強風を避けきることができず、友船同士で激突しては沈没した船も少なくなかった。このような船では、漕ぎ手は漕ぎ台に鎖でつながれているので、沈没しようものならその船と運命をともにするしかない。スペインはイタリアとちがって、異端裁判の盛んな国であったので、宗教上の囚人には不足しなかったのである。また、スペイン人にすれば、宗教上の罪人は、強盗よりも下の存在だった。

しかし、他の船でも、船を捨てて陸にあがるわけにはいかなかった。帆船には遠征軍の必要とするすべてが積まれていたし、ガレー船には大砲がそなえつけられていた。ドーリアが総指揮をとる、ガレー船と帆船から成る艦隊も海上を西に進み、陸上から攻める陸軍と協力して、アルジェを海側から攻撃する手はずになっていたからである。

陸上を行く軍勢を悩ませたのは、雨と風と襲ってくる敵だけではなかった。夜中降りつづいた雨で、銃も火なわも火薬も濡れてしまい、使えなくなっていたのだ。スペイン軍の強さは、火器の活用にあった。当時では最新鋭の火器を装備していながら、弓矢と石投げ器だけで攻めてくる敵に対処しかねていたのである。ハイテクも、それを駆使できない環境ではローテクに負けるが、このときもそれに似ていた。小銃で武装していながら石投げ器に負けるのでは、士気が落ちるのも当然である。

翌二十八日の朝になっても、情況はいっこうに改善されなかった。海は狂ったようで、それにもてあそばれるままの輸送船は沈没する数も増え、そのたびに浜辺には死体が打ちあげられる。一日に一回、海上から陸上軍に補給が届くはずだったが、それどころではなくなっていた。上陸時に持参した乾パンも、雨水をふくんでふくらみ、それを兵士たちは飲み下すのである。しかもこの程度の食事でも、敵の襲撃の合い間にやっととれる有様だった。

それでも、その日の午後には、アルジェを囲む城壁が遠望できる地点まで進むことができた。敵も迎え撃つ準備が完了している証拠に、城壁の上は鈴なりの兵士で埋まっている。また、一段と高い塔の上には、赤と緑と黄の三色のいずれも帯状の旗が、おりからの強風を受けてはためいているのも見える。同行していたアルジェ居住の経験のある商人が言うには、キリスト教徒を迎え撃つときにイスラム教徒がかかげる旗だということだった。

カルロスは、戦闘開始に際しての慣例に忠実に、降伏を勧める使節をアルジェに送った。そのときのアルジェの「首長」が誰であったのかはわかっていないが、カルロスの使節を迎えたのは、海賊のハッサン・アガである。赤ひげ門下で頭角を現わした一人で、アルジェを本拠に新大陸の富を満載してもどってくるスペイン船の襲奪を、一手に引き受けていたのがこの男だった。アルジェからもどってきた使節は、皇帝カルロスに、海賊の次の回答を伝えた。

「アルジェが欲しければ、実力で取ってみろ！」

カルロスには、取る気は充分にあった。だが、彼の兵士たちの状態は悲惨だった。夜も眠ることもできず、飢えと渇きに苦しみ、雨の中を行軍してきたために甲冑も武器も泥まみれ、そのうえ寒さでこごえきっていたのである。元気がないのは、濡れた乾草《ほしくさ》しか与えられずに強行軍を強いられていた馬も同じだった。

そこに、ドーリアが送ってきた、彼の手紙をもって泳ぎ着いた一人のジェノヴァ人が到着した。ドーリアの手紙には、上陸地点にまでもどるならば、今ならばまだ兵士たちを乗せて連れ帰れるだけの船はある、と書いてあった。

鳴りもの入りで始まったアルジェ攻略の遠征軍も、北アフリカに上陸してから二日後に早くも、全滅を避けたければ撤退するしかなくなったのである。

カルロス五世

カルロスは、将軍たちに囲まれながらしばらくアルジェの城壁を眺めていたが、振り返るや短く言った。

「もどる」

しかし、撤退がまた一苦労だった。退却と見えないように整然と隊列を組んで上陸地点までもどるのだが、いっこうに改善しない悪天候に加え、イスラム教徒の仕かけてくるゲリラ攻撃までも覚悟しなければならない。まず、隊から離れることは厳禁され、負傷者や病人をなるべく多く連れていくために、持っていけない物はすべて捨てていくと決まった。

大砲も運搬用の荷車も捨てていくのである。高位の人の持物であった、豪華な天幕も衣装も銀の食器も、すべて放棄していくのだった。荷車用の牛と馬はその場で殺し、肉は兵士たちに分配された。だがそれも、焼くこともできない状態では無用の品になるしかない。結局は捨てられることになる。

数千にものぼったという病人と負傷者をまず先行させ、その脇《わき》をドイツ兵とイタリア兵が守って進むのだが、それでも従《つ》いていけない者が続出した。彼らも、持っていけない物と同様に放置されるのである。イスラム教徒に殺されるか、それとも「浴場」行きかはわかっていたにかかわらず。

いかに退却と見られないようにしても、敵を欺《だま》すことはできなかった。来たときの数倍にあたる敵兵による波状攻撃は、日を追って激しくなる。と言うより、時間を追って激しくなると言ったほうがよい状態だった。近衛兵の騎馬軍団に囲まれて進むカルロスの身近にまで、敵の放った矢が降ってきたほどである。

最も犠牲の多かったのは、後衛をまかされていたマルタ騎士団の騎士たちだった。

彼らは、まるで逃げる小動物を追う野獣に喰い殺されるように、一人、また一人と、討ち死していった。アルジェ郊外のある橋を、これ以後アルジェリア人たちは、「騎士たちの墓」と呼ぶようになる。ぬかるみの中を進む撤退行は、こうして、これ以上はない悲惨な状態で行われたのである。二十九日の夜も、しのつく雨の中では天幕も張るだけでも無駄で、全員が固まって過ごした。

翌三十日の朝になって撤退行も再開されたが、風も弱まり雨も小ぶりになっていたにかかわらず、ベルベル人やアラブ人の襲撃が激減した。カルロスの軍が途中で捨ててきた物を、奪うほうに気を取られていたからである。

その日の夕暮、上陸した浜辺にまで、やっとの想いでたどり着いた。言葉どおり、ドーリアと艦隊は待っていた。日が沈むのもかまわず、乗船が始まる。夜の闇《やみ》の中でも、乗船はつづいた。

翌三十一日の朝、乗船も終わって船を出せる状態になったが、またも悪天候がもどってきたのである。だが、誰一人、ここで天候の回復を待つと言った者はいなかった。

ドーリアの提案で、この地で解散することになった。船も人も、それぞれの国に自力で帰ってもらう、と決まったのだ。しかし、ドーリアには、皇帝カルロスを無事に帰国させる責任があった。だがこの嵐では、バルセロナまでどころかマヨルカ島までも保証できない。それで、カルロスを乗せたドーリア船団だけが、アルジェの東にあるブジェ（Bougie）まで行き、そこで天候の回復を待つことになったのである。

地中海を秋から冬にかけて襲う嵐は、その多くが強烈な北からの風による。北にあるマヨルカまでは無理でも、東に行くのならば、ジェノヴァの船乗りならば可能だった。

現代ではベジャイア（Bejaïa）と呼ばれるこの港町も、北アフリカの他の港町の例にもれず海賊の本拠地になっていたが、スペイン軍がアルジェの湾を望む「エル・ペノン」を占拠した際に、ここの湾の岬の砦《とりで》もスペインが占拠していた。「エル・ペノン」のほうは赤ひげによって奪回されてしまったが、ブジェの砦にはまだスペインの守備隊が駐屯していたのである。そこに行き、天候の回復を待とうというのだった。カルロスには、イスラムの地で捕虜になりたくなければ、ドーリアの提案を受けるしかなかった。

ところが、この小さく狭い砦の中に、カルロスは一ヵ月近くもの間釘《くぎ》づけされることになる。天候がいっこうに回復しなかったのだ。とは言っても、気分の休まる一ヵ月ではなかったにちがいない。アルジェにいるハッサン・アガがその気になれば、イスラムの地に孤立しているこの小さな砦くらい、容易に攻略可能であったのだから。城塞の攻略は不得手というイスラムの海賊の、性向がつづくよう祈るしかなかった。

十一月の二十八日になってようやく天候が回復し、カルロスも船上の人になれた。スペイン南部の港町カルタヘーナに帰り着いたのは、十二月の三日になってからである。カルタヘーナから王宮のあるバルセロナにもどったのは、いつであったかはわかっていない。勝利を祝う凱旋ではまったくなかったから、ひっそりと帰都したのかもしれなかった。

一五四一年に行われたアルジェ遠征行は、こうして終わった。失われた人と船の数は、一説では人は一万人、船は百五十隻と言われているが、正確な数は今になるまでわかっていない。スペイン人は、敗れた場合でも正確な記録を残すということに、ヴェネツィア人ほどは執着しないのである。だがこれが、上陸してからならば、行きに二日、帰りに三日、の遠征の結果であった。

責任が誰にあるかは、明々白々と言ってもよい事実であった。悪天候のためだった、とは言っても、悪天候になりやすい季節に遠征を決行したのは、あくまでもカルロスである。だが、誰一人、表立ってカルロスを非難した者はいなかった。

キリスト教世界の統治者は、その中でも神聖ローマ帝国の皇帝はとくに、神によってキリスト教徒たちの統治を委託された人なのである。ということは、皇帝の責任を問うとすれば、神の責任を問うことになってしまうのだ。信心深いキリスト教徒に、神に責任を問うことなどできるわけがなかった。将軍に対しては、責任を問うことは可能だった。なぜなら一軍の将は、人間である皇帝や王が任命するからである。

それで皇帝カルロスは責任を追及されなかったのだが、彼自身はこの年の遠征の結果を、どう思っていたのかは知られていない。一言も、感慨めいた言葉は残していない。また、雷が落ちて死ぬとか、心臓マヒで死ぬとかも起らなかった。もしも起っていたら、神罰が下された、ということになったのだが。

だが、このアルジェ遠征の失敗以後の地中海世界では、海賊たちがより攻撃的になり、より横暴になるのは充分に予想できた。なにしろ、キリスト教世界では最高の地位にあり、最強の権力をもつカルロスが、一介の海賊の前から敗退したのであったから。

スペイン人に、勇気や積極性が欠けていたのではない。彼らに欠けていたのは、考えを実行に移す上での「感覚《センス》」なのであった。

このカルロスの失策を誰にもまして喜んだのは、フランス王である。もちろんフランソワ一世とて、パリで祝宴をあげるなどということはしない。フランスの王もまた、神からフランスのキリスト教徒たちの統治を委託された身であることは、戴冠が司教の手によって行われることが示している。だが、パワーゲームの一方の相手がつまずいたのは、キリスト教徒同士ではあっても別の問題になるのであった。

フランソワにとっては、ライヴァルのカルロスの勢威が堕《お》ちた今が、ドイツとスペイン合同軍の勢いをはね返す好機に思えたのだ。それには、トルコとの軍事同盟がより実効力を発揮することだと考える。フランソワ一世は、トルコのスルタン・スレイマンとの関係をより密接にするための、交渉の全権を与えた密使の派遣を命じた。

ヴェネツィアの「インテリジェンス」

王に代わって交渉を進める密使である以上、スペインにも法王庁にもヴェネツィア共和国にも気づかれてはならない。それには、パリからトルコの首都のコンスタンティノープルまでの遠路を、秘《ひそ》かに、安全に、しかも早く、消化する必要がある。

海路は、選択肢にさえも入らなかった。一隻ではなく数隻の船団を組むしかない以上、マルセーユから出港した後はドーリアが監視するリグーリア海域を、次いではオルシーニ伯率いる法王庁艦隊がパトロールするティレニア海を、無事に通り過ぎねばならない。だが、その後も、ヴェネツィア艦隊の眼の光るイオニア海、そしてエーゲ海と、コンスタンティノープルまでの全行程までも無事に消化できる保証はまったくなかった。

ヴェネツィアとトルコはこの時期、友好な関係にあった。だがそれは、友好的に通商を行うことを相互に認めた協定を交わしていたということにすぎなく、フランスがトルコとの間で結んでいる軍事同盟ではない。ゆえに、ヴェネツィアの友人はトルコとしても、そのトルコの友人のフランスまでも友人、ということにはならない。それで、密使の派遣ということで、人眼につかないでは済まない護衛船団に守られた船で送るわけにはいかないフランス王は、彼にしてみれば妙案を考えついたのであった。

交易商人に変装してパリを発《た》ち、アルプスを越えてトリノへ行き、そこから川舟に乗ってヴェネツィアに着き、ヴェネツィアからは商船に乗り換えてトルコの首都コンスタンティノープルに向う、という行程である。この時期の北イタリアは、トリノとミラノとジェノヴァのあるイタリアの北西部はスペイン支配下にあり、ヴェローナやパドヴァのあるイタリアの北東部はヴェネツィア共和国の領土と、北伊だけでも二分されていたのだった。

〝ビジネスマン〟に変装しての潜行だから、スペインもヴェネツィアの眼も、欺《あざむ》けると思ったのだ。

スペイン当局の眼ならば欺けた。しかし、後に、シークレット・サーヴィスの本家と自他ともに認めるイギリスの諜報《ちようほう》関係者から、シークレット・サーヴィスは中世のヴェネツィアに始まる、と言われるまでになるヴェネツィア共和国である。密使二人がパリから発った時点ですでに、それを知っていたのだった。なにしろ、王に代わっての交渉を一任されているだけに、密使と言っても大物であったのだ。一人は、カルロスの外交官をしていたのがフランス王に寝返った人物で、もう一人は、スペイン派のドーリアがとりしきるジェノヴァではフランス派ゆえに反体制になった、ジェノヴァの名家フレゴーゾ家の一員であったからである。

商人を装《よそお》った密使二人は、いかにも商人の旅らしくそれぞれが一人ずつの従僕をつれただけで、トリノまでは無事に旅程を消化する。トリノからは川舟を傭《やと》ってポー河を下れば、そのままヴェネツィア共和国領に入れるのだった。ヨーロッパ経済のまぎれもない中心の一つであったヴェネツィアには、ヨーロッパ中から商人たちが集まる。その中にまぎれこんでいくだけなので、ヴェネツィア領内で身分が割れる危険はない、と見こんだのである。

トリノから川舟に乗ることはできた。だが川舟だけに、一気にポー河を下ることはできない。途中で幾度か、ポー河に沿ってある町に寄っていくのである。これは、寄港のたびに陸上の宿に泊まれるので旅人にも評判が良く、ポー河を下りながら寄港を重ねるのは慣例になっていた。

ピアチェンツァに立ち寄り、明朝に舟に乗れば、次の寄港地はヴェネツィア領のクレモナ、となった夜のことである。密使二人が泊まっていた旅宿を、覆面した数人の黒いマントの男たちが襲った。他の宿泊人には被害はなかった。密使の二人だけが、声をあげる間もなくその場で殺されたのである。だが、覆面の男たちは恐怖でふるえていた従僕二人には眼もくれず、現われたときと同じ早さで暗闇に消えた。

西地中海とその周辺

フランソワ一世がこの事件を知ったのは、逃げ帰った二人の従僕がことのしだいを報告したからである。

事件は、ヴェネツィア領土内ではなく、いかに境界ぎりぎりとはいえ、スペイン王が支配下に置いている地域で起ったのだ。フランス王はカルロスに、公式に抗議した。

密使を殺されたのに公式な抗議というのもおかしな話だが、これには裏がある。またこれで、フランス王がトルコのスルタンに密使を派遣していたことも公《おおやけ》になってしまったが、これにも裏があった。

フランス王の抗議には、スペインの出方しだいではスペインとの休戦条約も破棄する、とまであったのだ。つまりフランス王は、カルロスとの休戦を破棄する理由に、この事件を活用してやろうと考えたのであった。

フランソワ一世の強硬な抗議に、カルロスは、まったく関知していないと答える。イタリア半島でのスペイン勢力の総元締めはヴァスト侯アルフォンソ・ダバロスだが、彼も、神に誓って知らないと答えた。

ローマからは法王パオロ三世が、このようなことが原因で、キリスト教世界の二大強国間の休戦が破られてはならないと、二人の王に訴える。そして、フランソワ一世にはとくに、異教徒の国トルコとの同盟こそ破棄するべきだと強調した親書を送った。

ただ一国、沈黙していたのはヴェネツィア共和国である。ヴェネツィアは、自国領内で起った事件ではない、と言った以外は沈黙を守った。

しかし、ヴェネツィア共和国が、それもとくに「十人委員会」が沈黙していたことはもう一つあった。

密使殺害時に奪っていた、フランス王からトルコのスルタンにあてた親書である。それには、スペインとの間の休戦条約を破棄してフランス・トルコ共同戦線に全力投入するつもりだとあり、それにはトルコも、ハンガリーを攻める陸側では二十万の軍勢の投入を決意されるべきだと書く。また、南伊をふくめたスペイン支配下全域への海からの攻勢には、トルコ海軍にフランス海軍も協力する、と書かれてあった。

これを公表すれば、キリスト教世界全域からの、フランス王への非難が巻き起ったのはまちがいない。長年争ってきたカトリックとプロテスタントの両勢力でさえ、共通の敵イスラムに対抗するには団結するべきではないか、との声まであがるようになっていたのだから。

しかしヴェネツィアは、公表しなかったし、公表もできなかった。

公表できなかった理由は簡単だ。他国、しかも大国のスペインが支配する地域で第三国の人間の殺害を決行したことが露見してしまうからである。だが、公表しなかったのは、それとは別の理由によった。

イタリア半島はもはや、事実上のスペイン支配下に入っていた。その中で唯一《ゆいいつ》、独立を維持しつづけているのはヴェネツィア共和国である。ヴェネツィアは、カルロスがヴェネツィアを狙《ねら》っていることは知っていた。だが、そのカルロスも、近くにフランスという無視できない敵がいるかぎり、攻略するにも容易でないこと明らかなヴェネツィアに、手を出してくる余裕は持てない。

ヴェネツィア共和国にとっては、スペインとフランスが仲が悪いほうが好都合であったのだ。フランス海軍の、事実上は海賊集団であるトルコ海軍との共闘のほうは心配しなかった。フランスの海軍の実力は、無視してかまわない水準と規模であったからで、心配しなければならないのは、強力な陸軍はもっていないヴェネツィアにとっては、陸からの攻撃のほうであったのだ。そしてそれには、スペイン軍の勢いを抑止する別の軍勢が、あったほうが好都合になるのである。

密使の二人は殺しておきながら、従僕は二人とも、殺そうと思えば殺せたにかかわらず逃していている。「十人委員会」の真の意図は、密使二人がスペイン領内で殺されたことを、フランス王が知ることにあったからだった。

ここまで考えて行うからこそ、シークレット・サーヴィスはインテリジェンスとも呼ばれるのである。情報は、集めるだけでは道半ばで、それをどう活用するか、で決まる。

いずれにせよ、フランス王は、もはやトルコとの関係を秘密に進める必要はないと考えたようであった。堂々と、コンスタンティノープルへ大使を送り出すと決める。もちろん、護衛船に守らせながら。こうなればヴェネツィアも、他国に先んじて外交関係者の安全を保障してきたこともあって、妨害行為には出るわけにいかなくなった。

国賓になった赤ひげ

フランス王とトルコのスルタンの間で、どのような話が成されたのかは知られていない。唯一具体的になったのは、フランソワ一世が、トルコ海軍の総司令官の地位にある赤ひげを、公式にフランスに招待したことである。そしてこれは、一五四三年になって実現した。

もちろん、赤ひげがやってくるまでの一年間を、カルロスも手をつかねて過ごしたのではない。

しばしばジェノヴァに出向き、対策を練っている。アンドレア・ドーリア、ヴァスト侯ダバロス、シチリアの「副王」フェランテ・ゴンザーガ、トスカーナ大公コシモ・デ・メディチ、そして法王の代理のルイジ・ファルネーゼ。この五者が、ジェノヴァでのカルロスを囲む常連であった。

カルロスの後援を受けてフィレンツェの支配者に復帰したメディチ家のコシモが加わるようになったのは、カルロスが、二十万ドゥカートでリヴォルノを譲渡したからである。長年海への出口を欲してきたフィレンツェも、これでようやく自前の港を持つことになった。海洋国家として中世中期には隆盛を誇ったピサは、アルノ河を溯《さかのぼ》らないと達せない港であったために、長年にわたって河上から流れこむ土砂が蓄積して使いものにならなくなっていたのである。一方、リヴォルノが、現代に至るまで港として通用しているのも、十六世紀半ばのこの時期に行われたメディチ大公による大工事に負っている。この自前の港をもてるようになって、これまでは海賊とは無縁であったフィレンツェも、イスラムの海賊に対する共同戦線の一員に加わったのであった。

一五四三年の春、約束どおり赤ひげは、兵士だけでも一万四千人が乗る百五十隻もの大船団を率いて、トルコの首都コンスタンティノープルを後にした。赤ひげの乗る旗艦には、フランス大使も同乗している。招待された者に招待した側の一人が目的地まで同行するのだから、外交儀礼には適《かな》っている。だが、招待された者が海賊では、招待者であるフランス王が待つマルセーユまでの航程も、正規の海軍の総司令官の表敬訪問で済むはずがなかった。

エーゲ海を南下しイオニア海を横切るところまでは、赤ひげも我慢したようである。だが、五月半ばになってイタリア半島に近づいて以後は、我慢も限界に達したのかもしれない。赤ひげの命令で、百五十隻は二隊に分れ、一隊は南イタリアのプーリア地方の略奪に向う。赤ひげ率いる本隊は、メッシーナ海峡に入り、メッシーナの対岸にあるレッジョの町を襲ったのである。

レッジョの住民は、トルコの船団がメッシーナ海峡に入ってきたときからすでに山に逃げていたので、海賊たちが上陸したときは抵抗する者はいなかった。だが、略奪するものならば残っている。それに、逃げ遅れる人は常にいた。拉致《らち》された人々は身一つで海賊船への乗船を強要されるのではない。海賊たちが略奪した物から飲料水から食物までかつがされて、船に乗らされるのである。このすべてを見ていたフランスの大使が、どのような想《おも》いをいだいたのかは知られていない。わが王の憎き敵カルロスの領民だとしか、思わなかったのかもしれない。連行された人々の中に若く美しい女が一人いたが、その女はその夜のうちに改宗を強いられ、赤ひげ配下の一人が望むままにその男の所有物にされた。これとて、乗員の話題になったのだから、知らないはずはなかったのだ。

南イタリアの西側に沿ってティレニア海を北上していく途中で、分れてプーリア地方の略奪にはげんでいた別動隊が追いついた。カラーブリア、カンパーニャと、赤ひげとその配下たちは、海岸線を洗うような感じで北上して行く。海岸線を洗うというのは、北上中でもしばしば上陸しては、略奪し拉致しつづけながら、という意味であった。

それをつづけているうちに、ローマの外港オスティアに接近する。テヴェレ河を溯ればローマに達することくらい、新入りの海賊でも知っている。赤ひげも、ローマに一撃を与える誘惑には駆られたようだが、それは思い留まった。同行していたフランス大使の、法王の在所を攻めるのはフランス王も喜ばれないだろう、という言葉で思

フランソワ一世

海賊赤ひげ

い留まったのである。それでオスティア港では、水と食糧を奪うだけに留めた。

　そこからは、イタリア半島に沿って北上するのはやめ、北西に舵《かじ》を切る。コルシカとサルデーニャの間を通り抜け、一気にマルセーユを目指すのだ。これは赤ひげにとって、ドーリアのいるジェノヴァの近海を通らないで済むという利点があった。

　七月五日、百五十隻を率いた赤ひげは、マルセーユに、堂々たる入港を果した。

　さすがにフランソワ一世は宮殿で待っているということだったが、王の宮廷の高官たちは港まで迎えに出ていた。珍しい見世物に対する好奇心か、港は群衆で埋まっている。その中に、トルコ宮廷の高官であるパシャ二人を従えて、トルコ海軍総司令官は降り立った。

金色に輝くトルコ風の長衣に、白いターバンは色とりどりの宝石で飾られ、豪華で威風堂々とした赤ひげには、庶民でなくても眼を吸い寄せられた。その中をフランスの高官たちに先導されて宮殿に向った赤ひげは、待ちかまえていたフランソワ一世からの暖かい歓迎を受けた。

祝宴で終わった最初の一夜を、赤ひげがどこでどのように過ごしたのかは知られていない。だが、次の日の朝、彼は船着場で配下の海賊たちに指図していた。

ここまでの道すがら略奪してきた物と拉致してきた人々を、船に乗せて北アフリカまで持ち帰るに必要な、二十五隻を選んでいたのである。その日も港は見物する人で埋まっていたが、つながれて引かれていく人もそれを見物する人も、同じキリスト教徒であった。見物するフランス人の眼の前で、二十五隻は発って行った。

フランス王の招宴には、フランス派とされるイタリアの貴族たちも招かれていて、王の紹介に従って赤ひげに祝辞を述べていた。

その中に、オルシーニ伯の姿もあった。

伯は、アンドレア・ドーリアがカルロスの海将になって転出後のほとんどの年を、法王庁海軍の司令官として過ごしてきた人である。ドーリア・ジュニアとともに、赤ひげの右腕といわれたドラグーを逮捕した功労者でもあった。ドーリア率いる対海賊戦には、常に法王庁海軍を率いて参戦してきた人でもある。そのオルシーニ伯が、どのような想いで赤ひげの前に頭を下げたのかはわからないが、彼がこの席にいたことくらい、分裂した当時のイタリアの状況を映し出していたこともなかった。

ローマの有力な貴族は、中世からずっとコロンナとオルシーニの二家門が占めてきた。だが、ライヴァルであったがゆえに常に仲が悪い。それもあって、コロンナ一門がスペインに接近すれば、オルシーニ一門はフランスに接近するということになる。オルシーニ伯は法王庁海軍司令官ではあっても、オルシーニの一門に属することでは変わりはないのだった。

ジェノヴァも、有力な四つの家門が常に二派に分れて、血で血を洗う内部抗争の歴史が長い国だった。ドーリアとスピノラの連合に対するのは、フィエスキとフレゴーゾの連合である。ドーリアがカルロスの海将である今、フレゴーゾはフランス王の密使になってトルコに向うというわけだ。

フィレンツェも、国内が二分裂していたことでは同じだった。メディチ家とストロッツィ家は、常に宿敵の関係にあったのだ。まるで、中世時代に「法王派《グエルフィ》」と「皇帝派《ギベリン》」に分れて争っていた時代と変わりはないが、それがルネサンスを経て近世に入ると、「フランス派」と「スペイン派」に分れただけなのである。

自力で権力を獲得できない者は、常に自国以外の国や人の助けを借りてそれを成し遂げようとする。このイタリア人の性向への怒りが、マキアヴェッリに、『君主論』を書かせたのだ。『君主論』には、あらゆる批判は可能だが、偽善という批判だけはできない。この種の内部抗争に無縁でありつづけたのは、ヴェネツィア共和国だけであった。そのヴェネツィアは、詳細で正確な記録は遺《のこ》したが、人間の現実に警告を発した『君主論』は産まなかった。彼らにとっては、必要なかった、からであろうか。

若い頃にイタリアで、レオナルドとミケランジェロとラファエッロの三人に紹介されて喜びのあまりに興奮を隠せなかったフランソワ一世も、五十歳を眼の前にする年齢に達していた。だが、好奇心ならば衰えてはいなかったようである。トルコ海軍の総司令官に、マルセーユの港を埋めているトルコの船隊を見たいと言ったのだった。

王の願いは、ただちに聴き入れられた。

ガレー船から帆船から見てまわったということだが、その船の甲板の下には、キリスト教国の港にいるというのにキリスト教徒の漕《こ》ぎ手たちが、鉄の鎖につながれて放りこまれていたのである。

その人々のことは、かつては三顧の礼をもってレオナルド・ダ・ヴィンチをフランスに招聘《しょうへい》したほどであったフランソワ一世の、感受性には少しもふれなかったようであった。それともこのほうが、人間性の現実であるのかもしれない。王だけでなく、庶民の想いを映す年代記にさえも書き残されていないのだから。

その後一年近くも、赤ひげは、マルセーユに居坐《いすわ》りつづけるのである。フランスでの歓待が気に入ったというよりも、トルコとフランスの共闘を具体化させるのが彼に与えられた任務であったのだ。


しかし、赤ひげは、トルコ海軍総司令官ではあっても、海賊でもあった。八月の末近くになって始まったフランス・トルコ合同軍のスペイン支配下の地方への攻撃も、結局は海賊の襲撃と同じことになったのである。

狙われたのは、ニースからサン・レモに至る、今で言えばコート・ダジュール一帯である。だが、ドーリアも加わったスペイン派のジェノヴァ人の反撃はしぶとく、いかに赤ひげ自らの指揮でも、戦果はさしてあがらなかった。

それよりも、イスラムの海賊と組んで海賊行為をして恥じないフランスに対し、キリスト教世界の非難が集中したのである。これはもう非難というよりも憎悪《ぞうお》で、さすがのフランソワ一世も捨て置くわけにはいかなくなった。

と言って、赤ひげは居つづけるばかりである。まるでマルセーユが、アルジェと同じ彼の本拠地になったとでもいうように、海賊船団を率いてはマルセーユを発ち、略奪し焼打ちした後でマルセーユにもどってくる。

これにはフランソワ一世も、困ってしまった。それで、地中海の東方に帰ってはと言外に勧めるのだが、言外に言われても海賊には通じない。フランスの港にわがもの顔に出入りするのも、いっこうにやめないのである。結局、八十万スクードもの大金を積んで、ようやく御出発いただくことになったのであった。パリ全域が買えるとまで言われた八十万もの金貨を、要求どおりに赤ひげの面前で数えては一千箇ずつ袋に入れる作業に、三日と三晩かかったということである。

これが、鳴り物入りでくり広げられた、フランス・トルコ同盟の結末であった。かつてマキアヴェッリが、フランス人は政治を知らない、と書いたが、その一句がいまさらのように思い出される。

一五四四年の春になってようやく、赤ひげはマルセーユを後にした。トルコ海軍の正式な総司令官である以上、指揮を託されている艦隊を率いてコンスタンティノープルに帰るのだが、根が海賊だけに直行する気になれない。また、海賊は必要に応じて奪うのが習慣になっているので、長旅に要する物資をあらかじめ準備する考えからしてない。それで帰途も、海賊をつづけながらの航海になったのである。今度もそれを眼にせざるをえなくなったのは、フランス王の命令でコンスタンティノープルまで赤ひげに同行することになった、フィレンツェ人のルイジ・ストロッツィであった。

しかし、カルロス以下の将たちがジェノヴァに集まってのたび重なる対策を練ったこともあって、帰途にあたるイタリア半島のティレニア海側の守りは一段と強化されていた。ドーリアが守るジェノヴァはもちろんのこと、メディチが強化したリヴォルノ、法王庁海軍の基地のあるチヴィタヴェッキアと、百隻《せき》を越える赤ひげ船団の攻撃にも耐える防衛体制が出来あがっている。と言って、新鮮な水と食材ぐらいは補給しなければならない。結局、この年もまた、防衛力の弱い地方とそこに住む庶民が犠牲になったのだった。

だが、こうして守りの固い地域は避けながら航行していた赤ひげも、一度だけはイタリア半島に近づいている。それはエルバ島に立ち寄った時だったが、目的は海賊をすることにはなかった。コンスタンティノープルを発つときに、配下の一人である「ユダヤ人シナム」にした約束を果すためであったのだ。

海賊の息子

九年前にカルロス率いるキリスト教軍がチュニスを攻撃した際に、シナムの息子が捕虜になったが、まだ十歳の少年だったので、この攻撃に参加していたピオンビーノの領主が引き取って育てることになった。シナムが赤ひげに頼んだのは、その息子を奪い返して連れ帰ってくれ、というのである。

エルバの島影に船団を停泊させた赤ひげは、そこからほど近いピオンビーノの領主に使いを送った。使いが持参した手紙には、シナムの息子を返すか、それとも攻撃を覚悟するか、と書かれてあった。

ピオンビーノの領主アッピアーノは、この九年間少年を、実の息子同様に育ててきたのである。シナムの息子は、ラテン語からイタリア語にフランス語まで自在に操るだけでなく、当時では一流の教養までそなえた若者に育っていた。

青年は、自分が行くと言った。ルネサンス風の服装の青年がトルコの船で遠ざかっていくのを、アッピアーノ伯は涙で見送ったと伝えられている。赤ひげも約束を守って、ピオンビーノの港には一指もふれずに去って行った。

この次の年、トルコのスルタンの命で紅海の沖合いを通過するポルトガル船を襲う任務をまかされていたユダヤ人シナムは、ついに息子との再会を果す。だが、立派に成人した息子と再会した海賊は、喜びのあまりに心臓マヒでも起したのか、その直後に頓死《とんし》したと伝えられている。

また、同時期のトルコ駐在ヴェネツィア大使からの報告書の一つには、西欧の言葉を自在にあやつる若いトルコの官僚のことが書かれている。もしもこの若者がシナムの息子と同一人物ならば、九年間をイタリアで育った海賊の息子は、父親の後を継がなかったことになる。ヨーロッパ諸国との外交関係が盛んになっていた当時のトルコ帝国では、言葉がわかり事情にも通じた官僚はますます必要になっていたのだった。

フランス王フランソワ一世が、トルコのスルタン・スレイマンと結んでいた同盟の実効性を高めようと、海賊ながらトルコ海軍総司令官でもある赤ひげをフランスに招いたのが、赤ひげがほぼ一年の間マルセーユに居つづけられた理由であった。

これによってフランソワ一世は、何を得たのか。

少なくとも、防衛体制の強化に力を入れざるをえなくなったカルロスの、イタリア半島の完全制覇は阻止できた。ヴェネツィア共和国領への侵攻を、思い留まるしかなかったのだから。だがこれは、フランスに利したというより、ヴェネツィアに利したのである。また、ハンガリー戦線も、結局はスレイマンも二十万は投入しなかったので、カルロスを窮地に落とすことにはならなかったのだ。

その代わり、フランソワ一世は、次のことならば確実に失った。

第一は、八十万スクード金貨もの大金を、赤ひげに支払わざるをえなくなったこと。この一事を報じたヴェネツィアの史料では、「ブォーナ・ウシータ」(buona uscita) という言葉を使っているが、この言葉は現代では、アパートに居坐りつづける借家人におとなしく出て行ってもらうために、アパートの持主が払う金《かね》、の意味で使われている。

失ったことの第二は、キリスト教世界全域からフランス王に向けられた、ごうごうたる非難であった。

王ともなれば世間からの非難などは気にしない、という考えは、全部が全部正しいわけではない。民衆サイドからわき起った非難は、しばしば、反対派に大義名分を与えることになる。専制君主といえども、世論を無視しつづけるのは、わが身への刃になりかねなかったのである。

なにしろ、一年近くもの間、まるでマルセーユが自分たちの本拠地でもあるかのように出入りする、赤ひげとその配下がもたらした被害はすさまじいものであった。公式には対スペインの軍事行動、実際は海賊、によって、人的被害にかぎったとしても、一万五千から二万人ものキリスト教徒が拉致されたのである。これらの〝収獲〟が貯《た》まるたびに、赤ひげは、配下の海賊船の一部をさいてそれに乗せ、北アフリカに送り出していた。もちろん、北アフリカの港町のほとんどにあった、「浴場」に送りこむためである。その数は近年になく多く、北アフリカ一帯では、漕ぎ手の補充はしばらくの間必要ない、とさえ言われたほどであった。

キリスト教徒たちの拉致は、ガレー船の漕ぎ手を始めとする労働力の確保のためだけで行われたのではない。この時点でさえも五百年もつづいていた「救出修道会」や「救出騎士団」の活動によって、重労働には適さない老人や病人でもカネになることを、北アフリカの人々は知るようになっていたのである。ゆえに、北アフリカに向う船に、なぜ拉致されたのかわからない人々まで混じっているのを、マルセーユ市民は一年間も見つづけてきたのだった。

そして、「救出修道会」は、哀れな人々の買いもどし基金を集める手段の一つに、使用済みの羅針盤を各教会に置いてそれに寄附金を入れるやり方を活用していたが、南フランスの教会にもその羅針盤は置かれていたのである。

また、造反はフランス王の足許《あしもと》でも起っていた。王の外交に不満を持った君侯の子弟の中で、イスラムの海賊に対しては敵対を明確にしているマルタ騎士団に、志願する者が増えたのである。

これではフランソワ一世も、八十万枚もの金貨を払っても赤ひげには出て行っていただく理由は、充分にあったのだった。

しかし、歴史は、同じことでも国によって、まったくちがう受けとり方になるという例にいとまがない。

一年のマルセーユ滞在を終えてコンスタンティノープルにもどってきた赤ひげは、上はスルタンから下は港で働く荷あげ人夫に至るまでの、国をあげての大歓迎で迎えられた。そして、その後の二年間、トルコ帝国中からの、尊敬を一身に受けて余生をまっとうする。一五四六年に死んだが、イスタンブールに残る、彼の墓所に参拝するトルコ人は今なお絶えない。赤ひげは、現代のトルコ人からも「トルコ海軍の祖」とされているのである。

その赤ひげがスルタンから与えられた官名は、彼の後も代々受け継がれていくが、私はそれを「海軍総司令官」と訳すしかなかった。だが、イスラム教徒にとっては最も正統な言語であるアラビア語では、司令官を意味する「amir」と、海軍を意味する「al-bahr」を合成して出来た言葉で表す。これがイタリア語になると「ammiraglio《アミラーリオ》」になり、英語「admiral」、フランス語「amiral」、スペイン語「almirante」になる。日本でも一昔前は、「アドミラル・トーゴー」と言っていたではないか。この面でも赤ひげには、海軍史に残る資格はあった。

ただし、イスタンブールを訪問して現代のトルコ人に彼の墓所の場所をたずねるときは、「Khair-ad-Din」と言わなければ通じない。「赤ひげ」は、ヨーロッパ人のつけた綽名《あだな》であったのだから。

最晩年は引退生活を愉《たの》しむことにしたらしい赤ひげに代えて、スルタン・スレイマンがトルコ海軍の総司令官《アミール・アル・バール》に任命したのはドラグーであった。ドーリアが、ようやく捕えることができたにかかわらず、三千五百ドゥカート程度の身代金《みのしろきん》で自由にしてやった、あのドラグーである。

海賊の頭目が正規の海軍の総司令官になるのは、トルコ海軍では常例になりつつあったのだ。そして、トルコ海軍の総司令官の担当海域が、キリスト教世界と向い合う西地中海であるのも常例化しつつあったのだった。

ドラグー、復帰

ドラグー（Turgut）が生れた確かな年はわかっていない。だが、彼の経歴から推測して、トルコ海軍の総司令官に就任した年には、三十七歳前後ではなかったか。生れたのは小アジアのアナトリア地方で、生粋のトルコ人であることが彼の誇りであった。この男にはしばしば、海賊としてよりもトルコ人として行動する場合が見られるのも、この生れゆえかと思われる。

若くして軍務に身を投じたということだが、初めのうちは陸軍で兵士をしていたらしい。だが、トルコの誇りと言われる陸軍でも、常備の軍事力はイェニチェリ軍団しかない。トルコ軍きっての精鋭とされるイェニチェリ軍団だが、その一員になれるのは、幼少の頃に強制的に集められてイスラムに改宗させられた、元キリスト教徒だけなのだ。トルコ人が兵役に就けるのは、戦争のたびに編成される軍隊しかなかった。それでドラグーも、エジプトでの戦争が終わるや失業し、海賊の世界に足を踏み入れたのも、その世界ではどの民族に生れたかは問われなかったからでもあった。


新入り時代は、ジェルバ島を本拠にしていたユダヤ人シナムの下で働いていたが、ここで頭角を現わしたドラグーは赤ひげの眼にとまる。彼の名が西欧側の記録に載った最初は一五三三年で、ヴェネツィアの商船を襲ったときだった。

ヴェネツィア人は、商売は正確な帳簿があって初めて成り立つ、とでも考える商人のように、ありとあらゆることを記録したので、自国の船を襲ってきたまだ若い海賊の名まで記録に残していたのである。ヴェネツィアが直接に関係しなかったことまで記録する彼らの性向は、今に至るまでヴェネツィアの古文書庫が、地中海世界の歴史の宝庫である理由になっている。

もしもあのときに捕われていたら、ヴェネツィアのやり方は、海賊は即帆桁《ほげた》から吊《つ》り下げる、であったので、ドラグーの一生もそこで終わっていたのだが、幸いにもドラグーは、赤ひげの許に逃げ帰ることができた。

この五年後に、赤ひげとドーリアが正面から対決しながら奇妙な形で終わってしまった、「プレヴェザの海戦」が行われる。そこでのドラグーは、三十かそこいらの若さにかかわらず、充分に赤ひげの右腕を務めるまでに成長していた。

「プレヴェザの海戦」は奇妙な形に終わったにしても、勝ったのは赤ひげである。それでイスラム側も、キリスト教海軍怖るに足らず、と思ったのか、赤ひげはまだ若いドラグーに、西地中海をまかせたのだった。

おかげでドーリアもドラグーの排除に専念せざるをえなくなり、久しぶりにアンドレア・ドーリアらしいあざやかな戦略を駆使した結果、ドラグーを捕えるのには成功する。ドラグー捕わる、の報が、地中海を駆けめぐったのも、海賊としてのドラグーの価値を証明していた。

しかし、ドーリアは、このドラグーを再び野に放つことになる。三千五百ドゥカートの身代金が安すぎたかどうかの問題は措《お》くとしても、自由にしてやったのは、もはや先も長くない老いた海賊ではない。三十代に入ったばかりで、海賊としてはすこぶる才能豊かであることを実証してきた男を、檻《おり》から出してやったのであった。

これが五年後に、トルコ海軍総司令官という公式の地位まで得てもどってきたのである。功成り名とげた赤ひげに代わって、四十歳にもならない新任が、キリスト教世界を窮地に追いこむ全権を託されてもどってきたのであった。

この一五四五年から一五六〇年までの十五年間というもの、地中海の西方は「ドラグーの海」になる。トルコの海賊に立ち向う国も人も、いなくなっていたからである。

一五四七年、フランス王フランソワ一世が死んだ。後を継いだのはアンリ二世だったが、このフランス王が父から受け継いだのは、カルロスへの憎悪のみであった。

二年後の一五四九年には、ローマ法王パオロ三世も世を去る。反動宗教改革派が勢いを増す一方のローマ法王庁の中で、それでもフランスとスペインの関係の改善に努め、海賊を先に立ててのトルコの攻勢に対するキリスト教諸国の団結にも努力を惜しまなかった点では、ローマ法王らしい法王ではあった。この人の後は、もはや、スペイン王の意のままに動く人がつづくようになる。

「カルロス・プリメオ」という名のブランデーが今でもスペインで醸造されているが、だからというわけではなくても、スペイン人にとってのカルロス一世は特別な人なのである。スペインの歴史の中で、カルロスの治世くらい、広い領土をもったことはなかった。それに一五四五年には、いまだ四十五歳でしかない。だが、十六歳の年から、トップ中のトップの座に居つづけた人である。また、若くして活躍を始めた人には、活力の衰えも早く訪れる。それに、長年のライヴァルが退場したことで、目標が失われてしまったのかもしれなかった。実年齢には似合わず、この時期からのカルロスには、消極性が目立つようになる。この人が死を迎えるのは一五五八年になってからだが、その数年も前からすでに、宮殿よりも修道院で過ごす日が多くなっていた。

活躍を始めた時期は五十歳を越えてからというドーリアは、それだけに年齢から二十歳を差し引いたのが実年齢、と言われた時期が長くつづいた。それでも一五四五年には、七十九歳を迎えている。しかもこの二年後、ジェノヴァでは「フィエスキの乱」と呼ばれる事件が起り、八十歳を越えた身でドーリアは、一時期にしてもジェノヴァから逃亡しなければならなかった。

ドーリアの圧倒的な勢威に反撥《はんぱつ》したフィエスキ一門が企てたクーデターだったが、結局は失敗に終わってドーリアはジェノヴァに帰還できたとはいえ、後継者と決めていたジャンネット・ドーリアが、この騒乱中に殺される。五年前にドラグーを捕えた功労者で、アンドレア・ドーリアの後継者に最もふさわしいと、ドーリアだけでなくカルロスからも眼をかけられていた若将も、海賊相手ではなく自国内の抗争で命を落としてしまったのだった。

これが、ドラグーがもどってきた当時のキリスト教側の現状である。地中海の西方全域が、「ドラグーの海」になるのも当然であったのだ。

トルコ海軍総司令官になったドラグーは、本拠地を、アルジェでもなくチュニスでもなく、また若い頃の「家」でもあったジェルバ島でもなく、マフディーヤ(Mahdia)に決めた。チュニジアの東側に位置する海港だが、この港はそもそも、北アフリカがイスラム化した当初に聖都として建設された、カイラワンの外港であった港町である。イスラム世界の盟主であるトルコ帝国の純粋な一員を認ずるドラグーにしてみれば、東のバグダッドに並ぶイスラムの西の聖都を背にした港に本拠を置くことで、キリスト教世界に対するイスラム教徒の責務を、自らに強く課す想いではなかったか、と想像する。

一方、キリスト教側は、前述のとおりの状態にあった。ドラグーには、赤ひげが率いたように、百隻を越える数の船を率いる必要さえもなかった。マフディーヤを発《た》って北上し、海賊稼業《かぎょう》に専念するのに彼が常時率いたのは、四十隻前後でしかなかったのである。この程度でも相手が弱体化していたために、充分であったということだ。

カルロスもドーリアも、また法王庁も、ドラグー相手に手をつかねて見ていたわけではない。だが、以前のように断固として、しかも大軍を編成して、一挙に攻勢をかけるまではしなくなったということであった。

しかし、アレクサンダー大王も言ったように、戦争とは、どちらが先に主導権をにぎれるか、にかかっている。主導権をにぎりさえすれば、以後の戦いも有利に進めていけるからだ。反対に主導権を敵に取られると、いかに力をつくしても後手後手にまわってしまい、これでは先細りだと観念して持てる力をすべて投入して勝負に出たとしても、それさえも決定打にならなくなる。

この視点から見れば、ドラグーがトルコ海軍総司令官に就いて以後の十五年間は、地中海世界の主導権は、ドラグーとその配下の海賊たちの側にあった、とするしかない。

だがもしも、海賊の側が海上での戦闘を挑んでいたのならば、正面きっての海戦ならば強いキリスト教側が主導権を奪回していただろう。老いたとはいえ、海の狼《おおかみ》、と言われたアンドレア・ドーリアがまだいたのだから。しかし、それがわかっていたドラグーは、正面きっての海戦は徹底して避け、今で言うゲリラ戦法に徹するのである。

ドラグーは、この点でも優れたリーダーであったと思うが、組織づくりでも巧みだった。アルジェを本拠に活躍するハッサン・アガを始めとして、西欧に名が知られた者だけでも六、七人の海賊の頭目たちが、それぞれ本拠にしている北アフリカ各地の港町から北上しては、独自に海賊行に精を出す、というやり方を活用したのである。

この時期のドラグーとその配下の海賊による来襲を、西欧側では、嵐《あらし》とともに鳥の群れを意味する言葉でもある「storm」と形容した。鳥は、一つの大集団ではなくいくつかに分れた小規模の群れで行動する。北アフリカから北上してくる海賊集団も、群れは別でもいっせいに舞い降りるように、地中海の波が岸を洗う地方を襲撃してくるのであった。

マルタ騎士団

この状況下でも海賊の「ストルム」に執拗《しつよう》に立ち向うのをやめなかったのが、マルタ騎士団である。

ロードス島が本拠であった時代は「ロードス騎士団」、マルタ島を本拠地にして以後は「マルタ騎士団」と呼ばれるようになったが、正式の名称は「聖ヨハネ騎士団」である。創設時は西暦一一一三年にさかのぼり、聖地パレスティーナを訪れるキリスト教徒の巡礼への医療が目的で創設されたのだが、十字軍時代の他の宗教騎士団同様に、十字軍遠征によって生れた十字軍国家を守る目的のほうが大きくなる。つまり、キリスト教徒をイスラム教徒から守るという目的が、常にこの人々を、対イスラムの最前線に立つ戦士にしたのだった。

団員になるには厳しい条件が課され、貴族か、貴族に並ぶ有力家門の出身者にかぎられていた。しかし、その創設の理由からして、国境を越えた、言ってみればインターナショナルな、組織として生れ、その形でつづいてきたのである。ちなみにこの時期の騎士団長は、イギリス人のシェーリングだった。

インターナショナルな組織となれば、一一九七年にプロヴァンス地方出身のフランス人の修道士マタによって創設された「救出修道会」も、一二一八年にスペイン人のノラスコの創設になる「救出騎士団」も同様である。創設者の出身地には関係なく、ヨーロッパの全域からの志願者で構成されていたのだから。

この時代になっても完璧《かんぺき》に活動していた、ということは需要がいまだにあったということだが、この二団体は、身代金も払えない人々の救出という目的では同じでも、「救出修道会」と「救出騎士団」では、活動の色合いが少しばかりちがう。

「救出修道会」は、身代金を払って故国に連れ帰るだけでなく、この人々が収容されている「浴場」内に小さな教会を建て、精神面での助けを与えることも重視していた。また、医療所も設置し、病気や怪我《けが》の治療にも当っていたのである。そのために、しばらくにしても異教の地の北アフリカに滞在する、修道士も少なくなかった。

キリスト教徒ではあっても修道僧ではない騎士たちの組織である「救出騎士団」のほうは、身代金を払って連れ帰る、という一事に、その活動を集中していたようである。それもあってか、海に面する港町の「浴場」だけに、「救出騎士団」の活動は限られていなかった。チュニジアでもアルジェリアでもモロッコでも、内陸部にまで足

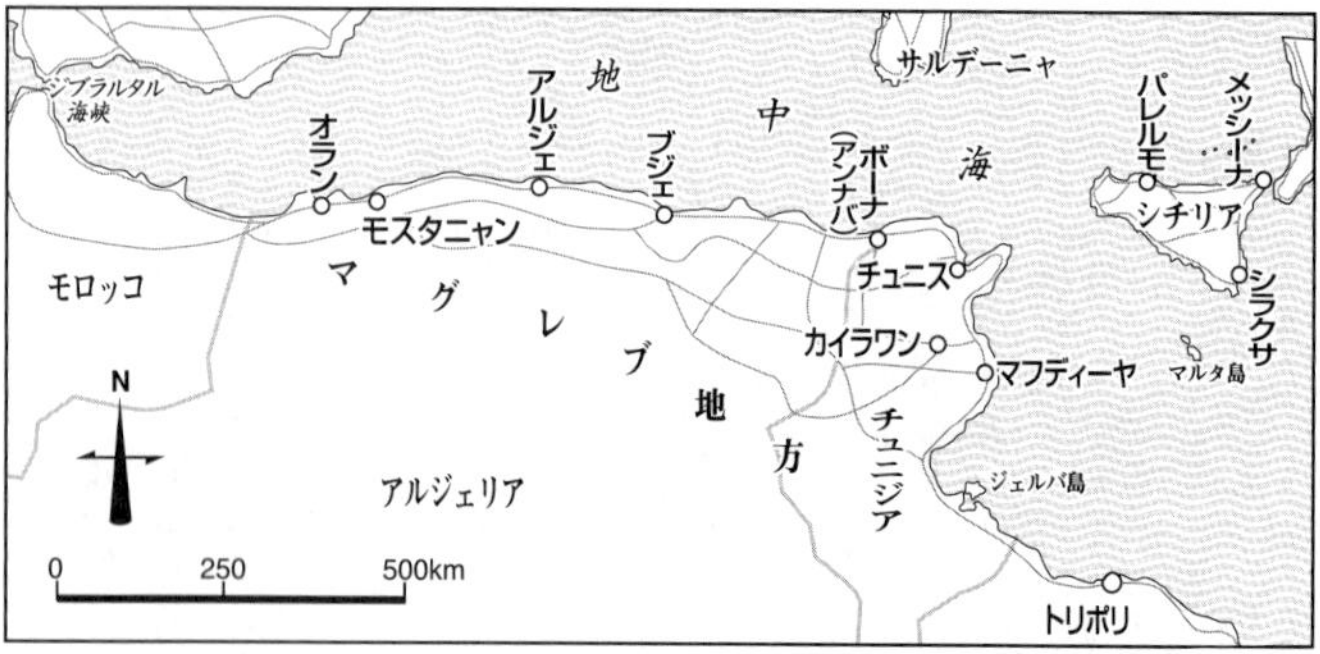

北アフリカとマルタ島

を踏み入れて、その地でもはや故郷に帰る望みまで失った状態で働かされている、キリスト教徒の奴隷《どれい》を探しまわるのは、もっぱらこの人々が果してきた役割だった。海岸部とちがって北アフリカの内陸部は、キリスト教徒にとっては危険の多い地域だったが、騎士である以上はその危険も甘受したのである。行ったきり帰って来なかった、騎士も少なくない。常時二人で行動していたにかかわらず、事故はなくならなかったのである。

この二つの組織は、今ならば国境なき医師団や赤十字か、と思う私だが、同じくインターナショナルな組織であっても、マルタ騎士団に対しては、そのような想いはもてない。

マルタ騎士団も、創設以来の伝統を守って、医療は騎士団の重要な任務の一つとしてつづいていた。

マルタ島にある騎士団の病院の医療水準の高さは、当時ではヨーロッパの最高水準とされていた、ヴェネツィア共和国内の病院に匹敵すると言われたくらいである。キリスト教諸国から集まってくる騎士は、対イスラムの戦士であったのだ。それは、マルタ騎士団の主要な任務はあくまでも、イスラムと闘うことにあった。

だが、騎士団の騎士になるには貴族の出であることが必須《ひっす》条件であったのに、同じマルタ騎士団に属しながら医療に従事する医師には、貴族の血は求められなかったことが示している。トルコ軍に攻撃されてロードスを去るしかなくなり、その後も居場所を見出《みいだ》せないでいた騎士団にマルタ島を与えたのはカルロスだが、地図を見ればただちにわかるとおり、対イスラムの最前線に位置するのが、マルタ島であったからだった。

しかし、このマルタ騎士団にも泣きどころがあった。騎士になるには貴族に生れた者にかぎる、という条件であったために、騎士の絶対数が常に少なかったことである。宗教騎士団の騎士は、修道僧と同じと見なされているので、妻帯は禁じられていた。というわけで外から補充するしかなかったのだが、それが騎士の絶対数が低どまりであった要因である。それゆえキリスト教連合軍を結成する際でも、マルタ騎士団の参加は、常に三隻か四隻に留まっている。それ以上の数のガレー船に乗せるだけの、兵士がいなかったのだ。

にもかかわらず、マルタ騎士団が対イスラムの最前線に立ちつづけることができたのは、敵であるイスラムの海賊とまったく同じことを、彼ら自身もやったからであった。

キリスト教国のガレー船で、漕ぎ台にしばりつけたイスラム教徒に漕がせていたのは、マルタ騎士団の船だけである。全島が荒地のようなマルタ島には、もともとからして住民の数が少なかったという理由もあった。だが、捕えた異教徒を漕ぎ手に使うに留まらず、マルタ騎士団の船は、他の面でも海賊と同じやり方をしたのである。イスラム船と見れば襲い、人も物も奪い、船も、使える状態ならばマルタに引航して来て自分たちの船に作り変え、使えないと見ればその場で焼き払うか沈没させる、という具合だ。最前線に立つ以上は、眼には眼を、歯には歯を、のつもりであったのかもしれない。敵と同じ戦法で闘うのが、勝つには最も有効なやり方ではあるのだが。

しかし、このマルタ島にさえも、「浴場」はなかった。また騎士団は、捕えたイスラム教徒を身代金を払えば自由にするというやり方で、騎士団の収入源にしていたわけでもなかった。

ただし、捕虜の交換は、表には出ない形で行っていたようである。海賊に捕われたこと確かな騎士がその後も活躍している例は少なくないのだが、なぜその騎士がマルタにもどれたかについては、騎士団の記録はいっさい沈黙している。

しかし、海賊であろうと騎士であろうと、有能な人材を失うのは誰にとっても喜ばしいことではない。それで海賊の側でも、捕えて牢《ろう》に入れても、それがマルタ騎士団の騎士であれば、海賊が捕えられた場合の交換要員として、ストックしていたのではなかろうか。

ドラグーが捕われたとき、十重二十重《とえはたえ》にしばられながらも悪罵《あくば》を浴びせるのをやめないこの海賊に、「カピタン・ドラグー、これも戦いの習いというものです」と言ったのは、マルタ騎士団の騎士のラ・ヴァレッテであった。

ところがこう言ったラ・ヴァレッテ自身が、一年もしないうちにドラグー配下の「カンディアの片足《ゾッポ・ディ・カンディア》」に捕われてしまう。もちろん「片足」は、そのことを、すでに自由を回復していたドラグーに報告した。ドラグーは、「浴場」に投げこんでおけ、と答えたので、マルタ騎士団の騎士ならば、自ら進んででもなければ投げこまれることもないのに、ラ・ヴァレッテだけはしばらくの「浴場」経験を積むことになってしまう。にもかかわらずこの人も、いつのまにかマルタにもどり、以前にも増した活躍を再開するのである。

ドーリアの宿敵が赤ひげであったならば、ドラグーの宿敵は、オーヴェルニュ地方出身のフランス人の騎士ジャン・ド・ラ・ヴァレッテ・パリゾンになるのである。それも、一五六五年のマルタ島攻防戦で頂点に達するまでの、二十年の長きにわたって。しかも両人とも、眼と鼻の先という距離で向き合っていたのだ。一人はマルタに、もう一人はチュニジアの東岸に。

このマルタ騎士団が対イスラムの最前線に立つようになった以上、各地からの艦隊の集結地もマルタ島の港になる。だが、当時のヨーロッパの対海賊への消極性は、マルタに集結した艦隊にも表われていた。

マルタ騎士団――四隻のガレー船
法王庁海軍　　――三隻　〃
シチリア　　　――四隻　〃
チカラ子爵《ししやく》　――三隻　〃
モナコ公国　　――二隻　〃

その他　　　――二隻　〃
計――十八隻

シチリアからの四隻は、スペイン王が命じたからであり、これはカルロスが、マルタ騎士団を前面に立ててにしろ、対イスラムの代理戦争をしていたことを示している。チカラ子爵とは、ジェノヴァの国内抗争によってシチリアに移住したもともとはジェノヴァ人で、シチリアに所有していた領地を守るために、この時期からは自前のガレー船を率いて対海賊に参戦するようになっていた。

今日でも健在なモナコ公国も、もともとはジェノヴァ市民であったのが、抗争に敗れてモナコに移ったのが起源になっている。モナコは、海賊に襲われても逃げる山地もない海沿いにある。自衛のためには対イスラムに、起《た》つしかなかったのだ。その他、とした二隻は、イタリア各地からの志願兵で構成され、海沿いに土地を持つ人々が資金を出し合って編成したガレー船である。大国が守ってくれない以上、自衛するしかなかったのであった。

寄せ集めということが一見しただけでもわかる艦隊だが、これではドラグーが、フスタと呼ばれる小型ガレー船でも四十隻もあれば充分と見たのも当然だった。

それでも、この規模の艦隊でも、海賊船と見るや果敢に闘いを挑んだ。しかし、何度もくり返すが、海賊は海戦を好まない。ガレー船は戦闘用の船なので、ガレー船団とわかるや逃げるのである。それで、マルタ騎士団主導のキリスト教艦隊にできたことは、敵を追い散らすことだけであった。

しかし、海賊たちは分れて行動する。一人は追い払えても、他の海賊にまでは手がまわらない。海賊の一人を追撃しているうちに、ドラグーには北上を許してしまうことはしばしばだった。

あるときなどは、ヨーロッパ各地から集めた七万ドゥカートもの多額の資金を乗せてマルタに向っていた騎士団の船が、ナポリに近いポッツォーリの港に立ち寄っていたのを、襲ってきたドラグーとその配下に、船ごと奪われたことがある。この資金は、カルロスによってマルタとともに譲渡され騎士団領になっていた、リビアのトリポリの防衛施設の建設にあてる資金であったのだ。ただちに騎士団は奪回を企てたが、船だけでも取りもどせたのは二年が過ぎてからだった。

そうこうするうちに、一五五〇年が近づいてきた。キリスト教徒にとっては、二十五年に一度めぐってくる「聖年《ジュビレオ》」の年にあたる。二十一世紀の今でもなお、「聖年」には大勢の信徒がローマを訪れるが、十六世紀に生きる人々にとっての旅行とは、軍事用か商用でなければ、巡礼の旅でしかなかった。老いも若きも、富める者も貧しき者も、「聖年」となるやいっせいにローマを目指すのである。その年にローマを訪れると、他の年よりは相当に割り増しされた免罪を得られるからで、善男善女にとっては、道中の危険よりも免罪という御利益のほうが重要であったのだ。なぜなら、死んだ後に天国に行けるかそれとも地獄行きかを決めるのに、生前に貯めこんでしまった罪の多少はおおいに影響したのだから。

「聖年」をローマで迎えようとして集まってくる巡礼たちの安全を保障するのは、本来ならば主催者である法王庁の役割である。だが、ローマの法王には軍事力がない。それで、キリスト教徒の保護が責務の神聖ローマ帝国皇帝がその役割を果すというのが、キリスト教会の決まりでもあったのである。

しかし、カルロスは、五十歳に近づくにつれて積極性を失っていた。それでドーリアに、またしても、どうにかせよと命じたのである。巡礼たちには、海上を来る人よりも陸路をとる人のほうが多い。だが、陸上の道といえども、ローマに近づくにつれて海の近くを通るようになる。それは古代のローマ街道を来るからだが、海の近くを通る道は、平坦《へいたん》ではあっても海賊に襲われる危険も多かった。

どうにかせよ、とカルロスから命じられたドーリアは、八十四歳になっていたが、自ら率いる、と決める。そして、彼の考えた戦略も、いかにもドーリアらしく大胆で不敵ではあったが、一時的な効果しかないものであった。


スペイン海軍総司令官である以上、ドーリアの出馬となれば、マルタ騎士団もふくめた参加国すべての艦隊は彼の指揮下に入る。このときの戦力の総数は知られていないが、ドーリア自前の二十隻にスペインからも参加し、法王庁海軍の三隻、マルタの四隻、それにフィエスキの乱も鎮圧されたジェノヴァからも、またシチリアと南イタリアからも参加したというから、ガレー船だけでも五十隻にはなっていただろう。そして、兵站《へいたん》を重要視するドーリアは、輸送船団なしの遠征などは考えもしない人である。ガレー船と帆船のすべてを合わせれば、百隻にはなったのではないか。

とはいえドーリアは、ドラグーの北上を待って迎え撃つのではなく、ドラグーの本拠であるマフディーヤそのものを攻撃しようと考えたのである。

老いてもなおドーリアは、始めるとなれば行動は早かった。集結地を一箇所に決め、そこに全軍が集まるまで待つのではなく、ジェノヴァ、チヴィタヴェッキア、ナポリ、メッシーナと、集まれる船だけを集めながら南下していく方法をとる。シチリア沖でマルタの四隻が合流して、初めて全船がそろったのだ。そしてこの全軍で、チュニジアの東部に位置するマフディーヤに直行したのである。ドーリアは、陸から攻める戦法は初めから捨てていた。陸上の戦力が充分でなかったからである。

ドラグーの本拠マフディーヤへの攻撃は、七月十一日に始まった。海上から砲撃を浴びせた後に、上陸した兵士と迎え撃つ海賊の間で白兵戦がつづくのである。

陸上に移っての戦闘は激しく、戦死者も負傷者も初めから続出した。収容できた遺体と救い出せた負傷者は、船に乗せてマルタに運ぶ。このピストン輸送をくり返しながら、七月が終わり、八月も終わった。

九月に入って、ようやくマフディーヤは陥落したのである。敵の多くを殺すか捕虜にし、マフディーヤの市内にあった「浴場」からは、七百人ものキリスト教徒を解放することができた。

キリスト教側の犠牲は、戦闘が最も激しかった七月だけでも、戦死者は八十人に達し、負傷者は二百人を越えたといわれている。最も多く犠牲者を出したのはマルタ騎士団で、三十人もになった戦死者は、二ヵ月以上にもわたって常に先頭に立って闘った結果であった。

戦死した騎士たちは、シチリアでは最も美しい教会といわれているモンレアーレの大聖堂に葬《ほうむ》られた。そこには、カルロスが自らペンをとって書いたという、一文が彫りこまれている。

――この大理石の床の下には、大義に殉じたために人生を途中で断ち切らざるをえなかった戦士たちが眠っている。しかし、彼らが死をもって遺《のこ》した業績は永遠だ。これらの英雄たちを導いた強い信仰の前には、神も彼らに天国の最上席を与えることだろう。彼らの勇気はわれわれにも栄光をもたらし、肉体から流れ出た彼らの血は、この戦士たちに、経過でしかないこの現世から不滅の来世に向う際の、輝ける武装に変わることだろう――

キリスト教世界の俗界の最高位者としては当然の弔辞だが、面倒なのは、イスラム側にも同じように考える人々がいるということであった。

攻略成ったマフディーヤには、一千のスペイン兵が駐屯することになった。そして、チュニスと同じく海賊に代わって現地人の「首長《ベイ》」をすえて統治させることになる。条件は、これもチュニス攻略時同様に、海賊の本拠地にはしない、という一項だけであった。この戦後処理をドーリアが信じていたとは思えないが、ドーリアにすれば、どうにかせよとのカルロスの命令だけは、一応にしても果したのである。この一五五〇年の一年間は、巡礼たちを乗せた船が海賊船に襲われ、巡礼たちで北アフリカの「浴場」が満たされるということだけは、起きなかった。

十月半ば、キリスト教側の全船はマフディーヤを後にし、それぞれの出港地にもどって行った。ドーリアも、ジェノヴァに帰る。だが、彼はこの年の戦果に不満足だった。ドラグーを逃がしてしまったからである。ドラグーはいち早く、古巣のジェルバ島に逃げていたのだった。

ところが、翌一五五一年に入ってすぐ、ジェノヴァのドーリアの許に、ドラグーがジェルバ島で雪辱戦の準備を始めている、という情報が入った。ドーリアは、航行に適した春にはなっていないのもかまわず、ジェルバ攻の艦隊の編成にとりかかる。二十八隻《せき》のガレー船しか集めることはできなかったが、八十四歳の海将は、それだけ連れてジェノヴァから北アフリカに一気に南下し、時を措かずにジェルバ島の港の攻撃

老いたアンドレア・ドーリア

にとりかかった。

しかし、二十八隻ではあまりに少なすぎた。また、陸上戦力が少なすぎた。ドーリアは、ジェルバ港への砲撃をつづけながらも、シチリアやナポリに快速船を送った。兵士を集めて送ってくれるよう頼んだが無駄だった。志願してくる者の数が減ったというよりも、志願を募る側の熱意が低下したのである。「聖年《ジュビレオ》」の熱が醒《さ》めるとともに、イスラムの海賊への敵対意識のほうも沈下したのだった。

ドラグーがまたも逃げたと知ったとき、ドーリアは攻撃停止の命令を発する。そして、指揮下にあった全船に、それぞれの母国への帰還を命じた。この年が、ドーリアがドーリアらしい戦いをした最後になった。八十五歳という年齢は、彼にさえも重くのしかかっていたのである。

撤退を決心し、それを可能なかぎり害を少なく実施するのも、リーダーにとっては容易でない任務である。だが、それでもなお、戦闘を始めておいて中途で投げ出すくらい、敵を勇気づけることもない。前の年に攻略したばかりのマフディーヤはもちろんのこと、曲がりなりにも海賊を排除してきたチュニスでさえも、海賊勢力の巻き返しが始まったのであった。

しかし、挽回《ばんかい》を期して起《た》つ第一の人でなければならないはずのカルロスは、権力に対する執着を失う一方であった。まず、オランダとブルゴーニュ地方の支配権を、息子のフェリペに譲る。次いで、支配下にあった新世界と南イタリアとシチリアの統治権も、フェリペに与えた。そして、五十六歳にして修道院入りする前に行った最後は、弟でハンガリーの王であったフェルディナンドに、神聖ローマ帝国の皇帝位を譲り渡したことである。最晩年を修道僧として送ったカルロスが世を去ったのは、一五五八年だった。

ドーリアも、老いていた。一度だけトルコ海軍がコルシカ領有を策したときは、さすがに四十隻を率いて出陣した。コルシカまでがイスラム化されようものなら、そのコルシカと向き合うジェノヴァは開門したも同然になるからである。だがこれも、一時的な成果をあげただけで終わってしまう。トルコ海軍が引き揚げてくれたので、大事にならなかっただけだった。

このドーリアも、カルロスに遅れること二年で、一五六〇年に世を去る。九十四歳という、まれなる長寿の後の死であった。

フランソワ一世の後を継いでフランスの王位に就いたアンリ二世は、老いたカルロスが消極的になっている機を利用してスペインの優位をくつがえす策に出る。だがそのやり方は、前王フランソワのまねにすぎなかった。敵の敵は味方、と考えるのはまちがってはいない。だがその進め方となると、何とも政治的感覚を欠いていたのだった。

トルコ海軍と共闘して艦隊を組んでスペイン支配下にある国々を荒らしてまわるのだが、トルコが送り出したガレー船百二十隻に対し、フランスの参加戦力は二十隻である。攻める地の選定も攻め方も、そして略奪した人と物の分配も、多くリスクを負った側に決定権があるのは当然だ。トルコと共闘したことでフランスが得たのは、またしてもキリスト教世界からの非難と軽蔑《けいべつ》だけであったのだった。

これで弱気になったのか、それとも前年の戦闘でまたもスペイン軍に負けたので観念したのか、一五五九年の四月、アンリ二世はスペイン王フェリペ二世と講和を結ぶ。キリスト教世界の二大国の間の平和は誰もが歓迎したので、フランスで催された祝賀行事の数々は久々にヨーロッパの人々の眼をひきつける華やかさのうちに進んだ。

だが、アンリ二世という王様は、政治的にも浅薄だったが個人的にもその性向が強かったようで、祝賀の催しの一つとして行われた馬上槍試合に自ら出場したのである。それも、相手方の騎士に手加減するなと言ったらしく、それはそれでフェアだが、言葉どおりに受けとった相手がそのつもりで突いてきた大槍が王の右眼を貫通した。落馬した王は、まもなく息を引きとる。王妃のカトリーヌ・ド・メディシス（メディチ家のカテリーナ）の面前で起った事故であった。アンリ二世が遺したのは、宗派のちがいを旗印にかかげての血で血を洗う国内抗争のフランスである。そのフランスの統治者たちにとって、地中海などは、つまり対イスラムなどは、かまってはいられない問題であったろう。結局、ヨーロッパ第一の実権者は、スペイン王のフェリペ二世になったのであった。

「ジェルバの虐殺《ぎやくさつ》」

ところが、このフェリペ二世も、評価の高かった父の後を継ぐやその父をしのぐことしか考えない息子の例外ではなかった。カルロスができないで終わっていた、リビアのトリポリの奪回を決めたのである。ただし、この父と子のちがっていた点は、カルロスは自ら軍を率いる場合が少なくなかったのに、息子のフェリペにはその性向がない。スペインの全盛期は、カルロスとフェリペの時代と言われているが、フェリペ二世は、自らの手を汚す型の、言ってみれば自らもリスクを負う型の、君主ではなかったのだ。

また、トリポリを奪回するとのフェリペの主張も、考えてみればおかしな言いがかりであった。

リビアのトリポリが、ある程度の歳月を通して、スペイン領であったという過去はない。一五三〇年にカルロスは、聖ヨハネ騎士団にマルタ島を与えた際、トリポリも与えている。いずれも、少数にしても住んでいるイスラム教徒を追い払って自分たちの領土にせよ、という感じの、実に無責任な譲渡であったのだ。

マルタ島は、行くところのなかった騎士団が全力をつくして本拠地に造り変えたが、トリポリまでは手がまわらなかった。マルタは海に浮ぶ島だが、トリポリは北アフリカの一部だけに、建設もその防衛も容易ではなかったのである。城塞《じょうさい》だけは建設し一隊を駐屯させていたが、それも一度攻められただけで撤退している。マルタの城塞化と防衛だけでも大変な苦労なのに、海をへだてたトリポリまで騎士団の防衛圏に入れるのは、純戦力である騎士の数が一千を越えたことのない、マルタ騎士団には重荷すぎるのであった。

それをフェリペ二世は、代わりにやってやろうと考えたのである。これまた幾度もくり返すが、スペインの王たちの信仰心は厚く、同時代のイタリア人と比べれば、天と地ほどの差があった。だが、それだけになお、神のためという一言で盲進してしまうところがある。

それに、「キリスト連合」と銘打ったこの企ては、世代交代の時期と合致した、という点も見逃せない。なにしろ、世代が交代したのはキリスト教側で、イスラム側は交代していなかったからである。トルコのスルタンはスレイマンでありつづけ、海軍総司令官として現場の指揮をまかされていたのも、ドラグーでありつづけたのだから。

スペイン王フェリペ二世は一五二七年の生れだから、トリポリ奪回が企図される年からそれが失敗に終わる一五六二年までは、三十三歳から三十五歳の時期にあたる。一国の王としては、若すぎる年齢ではない。だが、自らは戦場に出ないこの最高司令官が、現場の指揮を託したのは次の二人だった。

一人は、この時期は「副王」の名でスペイン王の代わりにシチリアを統治していた、メディナチェリである。この人は、武将というよりも宮廷官僚であった。リスクを取りたくない人物が、リスクを取りたくない人の命令がなければ動かない、となったらどういうことになるか。だがこの人物を、フェリペ二世は、現場での自分の代理、つまり「キリスト連合」軍の総司令官に任命したのである。

もう一人は、かのアンドレア・ドーリアの後を継いでいたジャンアンドレア・ドーリアである。二十代に入ったばかりの若さだが、大伯父にあたるアンドレア・ドーリアから、所有する船と船乗りを始めとするすべてを譲られていた。ドーリアには息子はなく、後継者にするつもりでいたジャンネット・ドーリア、あのドラグー捕獲の功労者、は、ジェノヴァ中を混乱に陥れた「フィエスキの乱」のときに殺されていた。

この二人に、フェリペ二世は、「キリスト連合」の運命を託したのである。後に、非凡なる二将よりも凡なる一将のほうがマシ、と言うことになるナポレオンが知ったら、何と言ったであろうか。

「キリスト連合」とは銘打ったが、フランスは参加していない。ヴェネツィア共和国も、フランスとはちがう理由にしても参加しなかった。結局、このときもいつもの顔ぶれになる。戦艦であるガレー船の数をあげれば次のようになった。

法王庁――三隻
マルタ騎士団――五隻
ジェノヴァ――十三隻
ナポリ――五隻
シチリア――八隻
フィレンツェ――四隻
計三十八隻

ジェノヴァからの十三隻は、スペイン王に傭《やと》われているドーリア下の船団であり、ナポリとシチリアは、スペイン支配下の南伊からの参加になる。フィレンツェからの四隻は、トスカーナ大公のメディチが力を入れている海港リヴォルノからの船。メディチ家は、この頃から対イスラムには何かと積極的にかかわるようになっていた。

この三十八隻に、モナコ公の二隻やチカラ子爵の二隻のように、各地の小領主が率いるが費用はスペイン王持ちという十五隻が加わるから、総計五十三隻になる。スペイン本国からの参加はないが、ジェノヴァとナポリとシチリアとこの十五隻で、スペイン王フェリペ二世としては、四十一隻のガレー船を参戦させたと思っていたのだろう。この全船に乗船する兵士一万四千の多くもスペイン兵であったから、スペインは全軍の五分の四を負担しているとフェリペ二世が思ったとしてもまちがいではなかった。

それでもこの規模の戦力ならば、ドラグーと対等に闘うことは充分に可能だった。ただしそれも、時間を無駄にしなければ、という条件つきではあったのだが。

まず、全船がメッシーナに集結するまでに日数がかかりすぎた。それで、メッシーナを後にしたときはすでに秋に入っていた。地中海でも、天候が不安定に変わる季節である。おかげで、マルタ島の南まで進んだまではよかったが、そこで天候が悪化し、マルタの港に緊急避難せざるをえなくなった。

だが、もっと悪いことは、マルタを出ては引き返す、を五度もくり返してしまったことである。有能で強力なリーダーを欠いていたので、壁に突き当っても挑戦をくり返せばいつかは道は開けると思いこみ、打開には曲がり道を行くこともあるのを知らなかったのである。その結果、時間だけが無駄に過ぎていき、それがドラグーに、防衛体制の強化のための時間を与えることになった。

キリスト教軍が攻めて来ると知るやドラグーは、北アフリカの全域に呼びかけ、対キリスト教の戦いへの志願兵を募っていたのである。おかげで日が経《た》つにつれてトリポリ中が、「聖戦《ジハード》」ということで志願してきたイスラムの男たちであふれんばかりになっていた。北アフリカの原住民であるベルベル人は、トルコの支配を喜んで受け入れていたわけではない。しばしば反旗をひるがえしている。だが、キリスト教徒が攻めてくるとなれば、そのような想《おも》いは忘れてトルコの旗の下に馳《は》せ参ずるのであった。

そうこうするうちに、冬に入った。この時期のマルタ島はまだ、イタリア人のエンジニアを招いての城塞化を始めたばかりで、大勢の兵士の滞在に適した町づくりができていない。マルタ島自体も、冬を過ごすのによいのは気候だけで、他には何もなかった。滞在が長びくにつれて兵士たちも、段々と嫌気が増してくる。

しかもドラグーは、トリポリの防衛にだけ集中していたのではなかった。配下の海賊に命じて、南イタリアを襲わせるというやり方で、後方攪乱《かくらん》作戦も展開していたのである。キリスト教軍の兵士には、南伊から志願してきた者も多い。故郷が荒らされ家族が拉致《らち》されているのかと心配する彼らの中で、船を盗んで脱走する者が出るようになった。

ジャンアンドレア・ドーリアが、トリポリ遠征は中止して帰国してはと言い出した。だが、スペイン王の代理としての任務をまっとうすることしか頭にないメディナチェリは、王には指令を仰いだから、それへの回答が届かないかぎりは変更できない、と言い張る。そして、王からの指令はいっこうに届かなかったのである。こうしているうちに年が明け、一五六一年になった。

一五六一年二月十日が、トリポリ遠征の再開の日になった。二月に海に乗り出すなど狂気の沙汰《さた》だが、なぜこれが決まったのかはわかっていない。実際、冬に出港する危険はすぐにも現実になった。出港から数日後には早くも嵐に見舞われたのだ。それで、トリポリに向って南下するところが大きく西南に流され、ジェルバに近いアル・カンターラという名の浜辺に漂着してしまったのである。

やむなくそこに上陸し、飲料水の補給ぐらいはしようということになる。だが、海賊たちの巣窟《そうくつ》として名高いジェルバ島のすぐ近くだ。またそこには、ベルベル人の集落があった。

海賊と土着民の襲撃を受け、水の補給どころか、百五十人もの兵士を殺されてしまう。それに加えて悪質な水を飲んだためか、病人が続出した。ジャンアンドレア・ドーリアも、病床から離れられなくなる。

これでは発《た》つしかないとなったのだが、発つ船という船に負傷者と病人が収容され、まるで病院船のようになる。これがまた、兵士たちの士気をさらに低下させた。

それでも二月十七日、発つには発ったのである。だが、向ったのは、マルタ島でもメッシーナでもなくトリポリだった。スペイン王代理のメディナチェリが、王がトリポリ攻を撤回してこない以上はそれをつづけるしかない、と言って譲らなかったのだ。メディナチェリは遠征軍の総司令官であり、最終決定権は彼にあった。

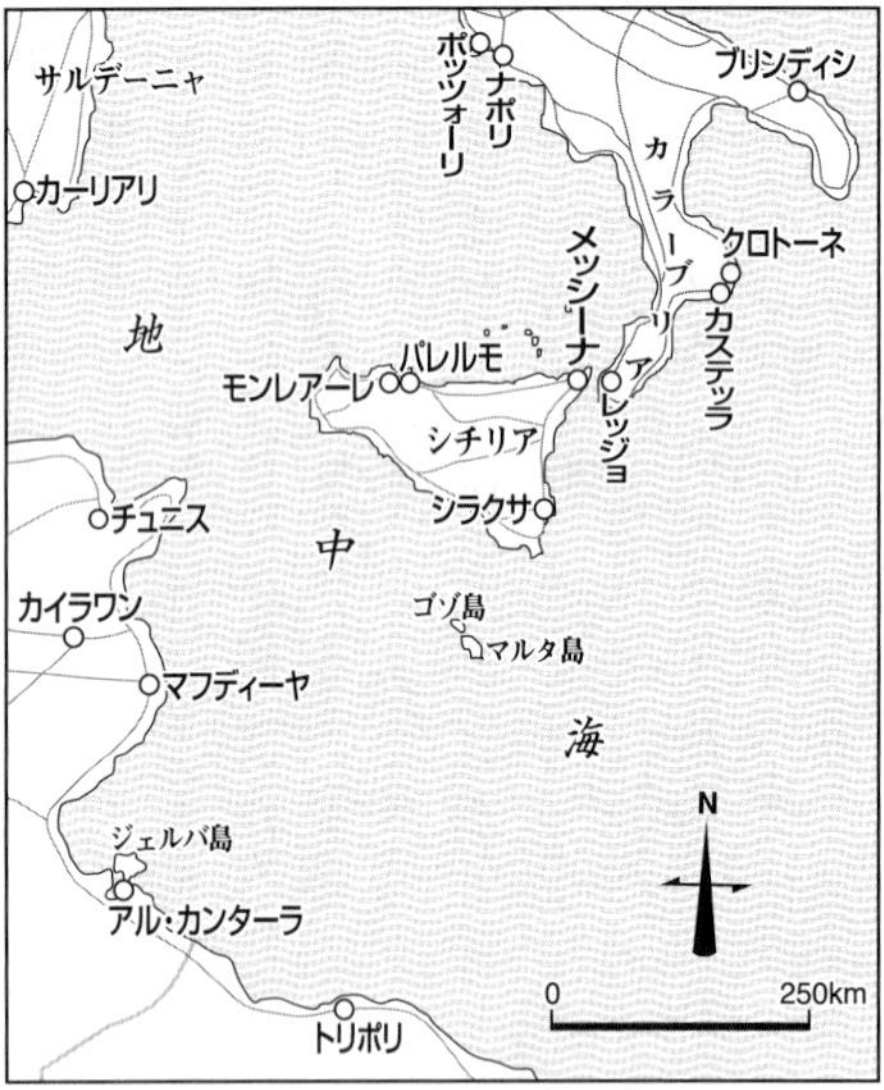

シチリアとその周辺

アル・カンターラからトリポリへ向う間も、常識では考えられないことがくり返された。途中の浜辺で艦隊を止め、トリポリ攻撃に使える人間を数える作業を始めたのだ。しかも、この作業だけに十三日もかかる。これも、王の兵士を率いていくからにはそれが何人になるかは知る義務がある、というメディナチェリの主張から始まったことであった。

三月二日に将たちを召集して開かれた作戦会議で、二千人という、使えない兵士の数が判明した。敵の顔さえも見ていないというのに、二千人もの兵士が戦線から脱落したことになる。

これに仰天したメディナチェリが、トリポリはやめてジェルバ島に目的地を変えると言い出した。ただ単に、ここから向うにはトリポリよりジェルバが近いということを根拠にしただけの、目的地変更だった。作戦会議では、マルタ騎士団の団長に就任していたラ・ヴァレッテを始めとして反対意見が多かったが、それでもメディナチェリは譲らない。この、地位ならば他の誰よりも高位になる男の頭を占めていたのは、手ぶらでフェリペ二世の前に出るわけにはいかない、という一事だけであったのだ。

作戦会議の席上、メディナチェリに反対したのは、ラ・ヴァレッテ一人ではなかった。法王庁海軍を率いていたオルシーニも、遠征続行に反対した。赤ひげ時代のオルシーニではなく、同じ一門だが別のオルシーニである。

とくにオルシーニは、その直前にヴェネツィアからの極秘の知らせを受けていたのだった。ヴェネツィア共和国はトルコとの通商条約のほうを重視して参加しない場合でも、トルコの首都に常駐させている大使から本国政府に送られてくる情報を、キリスト教側に流すということをしばしばやっていた。これは、キリスト教国同士という連帯感からではまったくなく、キリスト教世界とのつながりを決定的に切らないための策ではあったのだが。

オルシーニの許《もと》に極秘にもたらされたのは、ドラグーが、信頼する部下のウルグ・

アリをコンスタンティノープルに送り、スルタン・スレイマンに、「キリスト連合」軍を迎え撃つに際しての援軍の派遣を要請した、という情報である。

ローマの有力貴族であるオルシーニ一門は、長年にわたってのライヴァルのコロンナ一門への対抗上、スペインよりもフランスに近いとされている。ヴェネツィアはフランス派ではなかったが、反スペインということならばオルシーニと利害が一致した。それで、トルコの情報をキリスト教世界に流すならば、オルシーニに流したのである。その証拠に、スペイン王代理のメディナチェリにも、スペインの傭兵《ようへい》隊長であるジャンアンドレア・ドーリアにも、ましてやスペインの前衛部隊のようなマルタ騎士団にも流していない。だが、それがために、作戦会議でオルシーニは情報の出所を明かすことができなかったのだ。それに、この時点ではいまだ、ピラル・パシャが率いてくるという援軍が、コンスタンティノープルを発ったという確報までは手にしていなかった。

これが、メディナチェリの続行案に、反対はしても従《つ》いて行かざるをえなかった要因である。そして、偵察に出した船がもどって来て報告した、敵はトリポリ防衛に集中しているのかジェルバの防衛は手薄、という情報で、ジェルバ攻撃が決まった。

実際、ジェルバの守りは手薄だった。三月七日、海上からの砲撃を浴びせた後で上陸作戦が始まる。十日に及んだ白兵戦の結果は、「キリスト連合」の勝利で終わった。海賊側の死者は二百、負傷者は六百を越えたのに対し、「キリスト連合」側の死者は二十五人、負傷者は三十人であったのだ。三月十九日、「浴場」から解放した人もふくめた全員で、城塞の建設工事が始まった。

なぜかスペイン人は、攻め落とすやすぐに城塞の建設工事に着手する。城塞にこもらないと、安心できないのかもしれない。

というわけで城塞の建設は進行中だったのだが、それと同時に、「キリスト連合」軍の心胆を冷やす情報がもたらされたのである。

ピラル・パシャ率いるトルコからの援軍は、やはり現実であったのだ。しかも、ガレー船だけでも八十隻になる大軍である。トルコの宮廷の高級官僚であるピラル・パシャは、西地中海の地勢に通じていない。だが、もともとはイタリア人だがドラグー配下の海賊になっていた、ウルグ・アリが同行していた。

南イタリアのカラーブリア地方は、隣りのプーリア地方と並んで、古代では「大ギリシア」と呼ばれるくらいに繁栄した地方である。紀元前六世紀にはピタゴラスが、学校を開いていた。今では円柱が一本残るだけだが、古代では地中海有数と言われた壮麗なヘラ神殿が建っていたのも、ピタゴラス学校があったクロトーネである。ローマ時代に入っても繁栄がつづいていたが、それも「パスク・ロマーナ」が機能していたからであった。中世に入ると古《いにしえ》の「大ギリシア」(Magna Grecia)も、海賊の波に洗われる地方の一つでしかなくなる。十六世紀になっても、その状態はいっこうに変わっていなかった。

このクロトーネから岬をまわったところに、カステッラという名の小さな漁村がある。そこが、トルコ風にウルグ・アリと改名する前はルカ・ガレーニという名であった男の生れた地であった。

まだ少年であった頃、襲ってきた海賊に両親とともに拉致される。父も母も「浴場」内で死んだ後、残された少年は奴隷《どれい》市場で売りに出され、海賊の一人に買われたらしい。どういう経過を経てかは不明だが、イスラム教徒に改宗してウルグ・アリと名のるようになったルカ・ガレーニは、海賊の世界で注目されるようになる。腕力よりも知力で抜きんでていたからだと言われているが、成人するにつれてドラグー配下の中でもひときわ目立つ存在になっていた。このウルグ・アリが、ドラグー亡《な》き後のトルコ海軍を率いていく人になるのである。

ピラル・パシャもこのもとキリスト教徒の海賊の意見を入れたのか、コンスタンティノープルから来たトルコの八十隻は、そのままトリポリには直行しなかった。それよりも、マルタ島に近接しているゴゾの島を襲撃したのである。ゴゾが攻撃されていると知れば、マルタ騎士団はただちにジェルバ攻撃から脱けてマルタの防衛にもどってくる、と見たのかもしれない。実際、そのとおりになった。

四月四日、マルタの五隻を率いて参加していたラ・ヴァレッテの許《もと》に急報が届いたのである。ただちに彼は、作戦会議の召集を求め、その席で、マルタの防衛に帰る必要から、一隻は残しても他の四隻は攻撃から脱けざるをえない、と言った。列席していたオルシーニは、このとき初めてヴェネツィア情報が現実になったのを知った。それで、マルタ騎士団のみでなく全軍の撤退を主張したのである。メディナチェリは、もはや決断力を喪失してしまったかのように、頭をかかえるばかりだった。ラ・ヴァレッテは、結論が出るまで待たなかった。マルタ騎士団の四隻はこの直後、ジェルバの港から発って行った。季節は四月、無事帰還のみを考えて全員で逃げるとすれば、今がその好機だった。

しかし、このときも時間を空費する。作戦会議は毎夜のように開かれていた。だが、結論のほうは、そのたびに先送りをつづけたのである。撤退を主張するのはオルシーニ一人ではなく、病いが癒《い》えて会議に出るようになっていたジャンアンドレア・ドーリアも、今では明らかに撤退派だった。だが、シチリアの「副王《ヴィーチェ・レ》」でスペイン王の代理格のメディナチェリの、不決断はいっこうに改まらない。それでなんと、マルタ騎士団が発った後も一ヵ月、空費してしまったのである。こうなれば当り前だが、ピラル・パシャの八十隻は、ラ・ヴァレッテが四隻とともにもどってきたために守りが一層強化されたマルタ島には手を出さず、もともとの目的地であるジェルバに向って南下し始めていた。

いっこうに決断を下そうとしないメディナチェリを前にして、若いドーリアが新戦略をもち出した。

おそらく明朝、ピラル・パシャの八十隻はジェルバの前に姿を現わす。それゆえ、ジェノヴァ船十三隻は、自分が率いて今夜のうちに出港し、岬の反対側に隠れて夜明けを待つ。そして、敵の八十隻がジェルバ港に入るや、その背後を断つ。敵は八十隻でも、前面の城塞と港内の味方の船からの砲撃と、後方を押さえるわが十五隻からの砲撃を同時に浴びて、手をあげるしかなくなる。これが、二十二歳の若きドーリアの戦略だった。

メディナチェリはこの案を、全面的にしりぞけたのではない。だが、そのままでは同意しなかった。スペイン王の代理ともあろう自分が二十代の若者の意見をそのまま受け入れては、面子《メンツ》にかかわるのだ。トップよりもトップの代理のほうに、面子を重んずる人が多い。それでメディナチェリが提案したのは、いや総司令官でもあるので命じたのは、彼に言わせれば、折中案であるがゆえに最良の案というものだった。

それは、ドーリア率いる十三隻の出港は、今夜ではなくて明朝早くにする、というものである。それでジェノヴァ船の出港は、翌五月十一日の早朝と決まった。

ところが、夜明けが近づく頃になって、風が北風に変わったのである。この風では、出港には逆風になる。逆風でもジグザグならば進める三角帆と現代のモーターに当たる櫂《かい》で行くのがガレー船なので、出港がまったくできないというわけではない。だが、敵が間近に迫っているときに、速度の落ちた状態での出港が危険であることは、漕《こ》ぎ手でさえも知っていた。

全員が、パニック状態になった。

それでまたも時間を無駄にしているうちに、若きドーリアが予想したように敵が姿を現わしたのである。敵の八十隻は、北風を背に受けている。この順風を活《い》かして、ウルグ・アリ率いる前衛の二十隻が、ジェルバの港内に突入してきた。

港内は大混乱に陥った。誰もが、城塞に逃げこもうとする。船上にいた者までが、船を捨てて城塞に向って走った。

ウルグ・アリは、率いてきた船のトルコ兵たちを上陸させて、逃げるキリスト教側の兵士を追わせなかった。それよりも、港内に停泊していた「キリスト連合」の船の捕獲を先行したのである。防衛兵が逃げてしまったので、多くの船は事実上、無防備の状態になっていたのだ。たちまち、港の入口の近くに錨《いかり》を降ろしていた二十隻が囲まれた。

この間に、ピラル・パシャ率いる本隊も港の中に入ってきた。八十隻が一団となっての、「キリスト連合」艦隊の〝狩猟〟が始まったのである。これは、「戦闘《バトル》」ではなく「狩り」でしかなかった。

この場から逃れるには敵船の間をすり抜け、しかも逆風を突いての脱出になる。よほどの舵《かじ》さばきと一糸乱れぬ漕《こ》ぎ手の技能でもなければ不可能だった。

まず、マルタの一隻が、敵中を突破して港の外まで逃れ出た。オルシーニが乗る法王庁の旗艦が、それにつづく。フィレンツェの一隻もその後につづいた。そして、他の二十四隻も、友船が開いてくれた道を突っ走って港外に逃れたのである。最後は、スペインから送られてきていた数隻が、これらのガレー船の後を追う。だが、こちらは帆船だ。櫂というモーターをそなえていない。それでも港の外にまでは、逃れ出ることはできた。

しかし、トルコ側も黙ってはいない。早速、追撃の三十隻が後を追ってくる。こちらはガレー船なので、スペインの帆船との距離は見る間に縮まった。

ところが、追ってきたトルコのガレー船団に、猛烈な砲撃が浴びせられたのだ。港外に出はしたもののそこで船を止めて待っていた、法王庁海軍の旗艦からの砲撃だった。

これは、追撃してきたトルコ船の勢いをくじいた。こうなると、トルコ船の船乗りの技能の程度が露《あらわ》になる。あわてた彼らは、友船同士で激突を始めたので、たちまち五隻が戦線から脱落した。しかし、追撃してくるトルコ船に起《た》ち向ったのは、オルシーニが指揮をとるこの一船だけだった。その一隻に、二十五隻のトルコ船の砲撃が集中することになったのである。

法王庁の旗艦は、三本の帆柱のうちでも「主たるマスト《アルベロ・プリンチパーレ》」と呼ばれる中央の帆柱が真二つに折れ、折れて落下してきたのを受けて、船腹の右側に並ぶ櫂のほとんどが折れてしまった。この状態は、航行不能を意味する。オルシーニには、二つの選択肢しか残っていなかった。

第一は、身代金《みのしろきん》を払って釈放されることを期待して、ここは降伏する。法王庁海軍司令官という彼の占める地位と、ローマの二大貴族の一方のオルシーニ家の当主である身分で、それは充分に可能だった。

第二は、味方を逃がすための盾になることである。味方の船のすべてが安全圏に達するまで闘い抜くのだから、死と同じことだった。

フラミニオ・オルシーニが、どちらを選択したのかはわかっていない。だが、この後の彼のやり方から、どうやら第二の道を選んだようである。

旗艦ゆえに三本マストの大型ガレー船なので、大砲も船尾と船首だけでなく、船腹にも並んでいる。それらがすべて、全開した。

航行不能なのだから動けない。だが、海上の城塞にはなったのだ。トルコ船は、十隻を越えると統制がとりにくくなる。そこを、オルシーニ命ずる砲撃が直撃した。トルコ側も、遠ざかっていくキリスト教側の船を追うどころではない。砲撃をかわしながら、それでも必死に法王庁旗艦に近づこうとする。だがこれも、木端微塵《こっぱみじん》しか待っていなかった。

海上での激闘は、捕われた数人の一人だった料理人の証言によれば、一時間は優につづいたという。兵士にかぎらず船乗りから漕ぎ手までが、まるで地獄のふちにでも立たされたかのように、絶望の中で闘いつづけた。

この激闘の末にトルコ兵が手中にできたのは、焼けただれ、もはや船の形さえも残っていない法王庁の旗艦だった。最後まで激闘をつづけ、敵兵が船上に登ってきてからの白兵戦でも自ら剣をふるって闘いつづけたオルシーニも、船橋の前に倒れたまま動かなくなっていた。

敵兵はその彼の首を半月刀を一閃《いっせん》させただけで斬《き》り離し、頭髪をつかんだ頭部を高々とかかげると、トルコの船上からは歓声がわき起った。頭部を斬り離されたオルシーニの身体《からだ》は、戦死した兵士や船乗りや漕ぎ手たちの遺体とともに、その場で海に投げこまれた。そして、ようやく激闘にケリをつけることができたトルコの船団は、船の形も残していないほどに破壊された法王庁海軍の旗艦の折れた帆柱に、オルシーニの首をくくりつけて、ジェルバの港に凱旋《がいせん》したのである。

建設したばかりの城塞に逃れた「キリスト連合」の兵士たちと、それを攻めるトルコ兵との間の攻防は、その後も一ヵ月つづいた。こちらも、待つ運命がわかっているだけに必死であったのだ。しかし、四方八方から攻められても援軍到着の望みがあれば持ちこたえることもできるが、その望みはなかった。

攻防戦が一ヵ月を過ぎた頃、メディナチェリとドーリアの二人が、少数の部下たちを連れて脱出し、船に乗ってシチリアまで逃げ帰った。一説では、ウルグ・アリが逃がしたという。その真偽はまったく不明だが、誰かがシチリアまでの船を提供したのは事実だった。司令官二人に去られてもまだ一週間は抵抗をやめなかった城塞も、七月三十日には陥落した。

トルコ兵は、容赦しなかった。息をしている者すべてがその場で殺されたので、陥落の模様を伝える証人はいない。

戦死した「キリスト連合」の兵士たちの遺体は市外の一箇所に集められたが、埋められたのでも焼かれたのでもなかった。ただ単に武装も何もかも剝《は》ぎ取られて積み上げられ、そのままで放置されたのである。「キリストのイヌどもの塚」と呼ばれる骨塚になったのも歳月が過ぎた後で、頭《ず》蓋《がい》骨《こつ》や骨だけになると寄せ集められ、それがピラミッド型に積み上げられて骨塚になっただけであった。

この骨塚は、十九世紀の半ばまで、見ることができたという。なぜなら、一八四六年に、チュニジア駐在のフランス大使の撤去の求めに応じて、消し去ったという記録があるからだ。二百八十五年間も存在しつづけていたというが、これほども長年にわたって風雨にさらされても、人骨は残るのであろうか。それとも、チュニジアの人々のごみ捨て場にでもなっていたのではないだろうか。「キリスト教徒のイヌどもの塚」という言葉だけが残って。

スペイン王フェリペ二世の提唱で始まった、トリポリ奪回を目的にした「キリスト連合」は、こうして終わった。損失は、次のとおりである。（　）内は、この遠征に出発したときの数を示す。

ガレー船　　――二十九隻（五十三隻）
輸送用の帆船　――十四隻（四十隻）
戦死者総数――一万八千人（二万五千人）

これが、一五六一年に行われた遠征の、厳しい現実である。ドラグーが守るトリポリを攻めるはずが、ドラグーと顔を合わせることなく自滅してしまったという、「キリスト連合」の結末であった。

もちろん、この敗北の責任を、スペイン王に問う声すら起らなかった。その王の代理として参戦していたメディナチェリの「副王」の地位もゆるがず、以後もシチリアの統治者でありつづける。ジャンアンドレア・ドーリアも、スペイン王の傭兵隊長でありつづけた。

しかし、歴史上では「ジェルバの虐殺」と呼ばれるこのときの敗北が、地中海世界に影を落とさないはずはなかった。人は、自信をつけると、その人のもっていた資質以上の働きをすることがある。「ジェルバの虐殺」以後の海賊たちが、まさにそれだった。

だがそれも、当然ではなかったか。

二十年前にはアルジェ攻略を期したカルロスを敗退させ、今度は、トリポリ攻略を期したフェリペの軍を敗退に追いやったのである。わずか二十年の間に、ヨーロッパ最強のスペインの王である父と子を、二度までもつづけて敗退させたのだ。海賊たちが、オレたちの天下、と思ったとて当然である。いかにトルコ帝国の後援があろうと、前線で闘ったのは彼らであったのだから。

海賊産業

利益のためだけに海賊をやる「ピラータ」でも、海賊行に実際にたずさわる人間の数自体は少ない。だが、その数でもつづけていけるのは、この「核」の周辺に、シンパであったり利害が一致しているとかの、多くの人々がいるからである。家族親族に留まらず、逃げてきたときはかくまい、奪ってきた物を売り、拉致してきた人々の処遇に関与し、船の建造や修理を行う人であったりするが、これらの関係者がいるから海賊業も産業として成り立つのだ。

一方、「コルサロ」となると、国の公認を受けて海賊をしている人々なので、「核」の周辺もより大規模になる。もはや、企業体と考えてよいくらいで、その内部もより組織化されてくるのは、大規模な組織を機能させようと思えば当然の帰結である。その典型がアルジェだが、十六世紀後半のアルジェの繁栄は目ざましく、街や港の造りは、同時代のジェノヴァやナポリに迫ると言われたほどであった。

それでいながら、イタリアの各海港都市から、このアルジェを始めとする北アフリカの港町に輸出される物産と、その船が帰途に北アフリカから持ち帰る物産のちがいは、印象的ですらある。一言で言ってしまえば、ヨーロッパから北アフリカへは、鉄鋼製の武具から帆布に至るまでの工業製品が輸出され、北アフリカからヨーロッパへの輸出は、そのほとんどが農産物になる。それも、小麦やオリーブ油という主要農産物ではなく、これだけはヨーロッパでは産しないという理由で、なつめやしが多い。

これでは、ヨーロッパ側の完全な輸出超過だ。「サハラの黄金」の輸入で輸出入の秤《はかり》は均《つ》り合っていたとはいえ、この状態は十世紀以来変わってはいなかったのである。それでいて北アフリカは、衰退するどころか繁栄している。海賊が一大産業化し、しかもその状態が、長年にわたってつづいてきたからであった。

海賊による収益の分配方法も、時代を経るにつれて〝進化〟していた。

海賊が本拠地にしていたのは地中海に面する港町だが、その港町をふくめた周辺一帯を統治していたのは、以前ならば「首長《アミール》」、その後は「首長《ベイ》」、そして十六世紀からは「総督《パシャ》」と呼ばれるようになった人々である。

その「総督《パシャ》」に、海賊を行って得た収益の十二パーセントが上納される。

他に、港の整備費用として、一パーセント。

そしてこれが重要なのだが、モスクやモスクに附属する学校の費用に、一パーセントは必ず出すと決まっていた。

また、これは寄附なのでパーセンテージまでは決められていなかったが、貧者の救済のための寄附、というのも払わねばならない。コーランにもあるように、貧しき人々に助けの手を伸ばすことは、イスラム教徒の重要な責務とされていたからである。これは、貧者救済を実際に行っている組織や団体に、寄附するのが普通のやり方だった。

こうして支払った後に残るのは収益の八〇から八五パーセント前後と思われるが、

それは二分され、半分は船主や船長の間で分配される。船長は、「ライース」と呼ばれたが彼が海賊の頭《かしら》なので、収益の四〇パーセント以上が資本家と経営者の分け前になるのだった。

残りの半分は、海賊船に乗っていた全員に、「ライース」の決定に従って払われる。漕ぎ手は奴隷なので、「ライース」は出港前に、「浴場」の管理人に、借り出す代金を払わねばならない。「浴場」の管理運営は、「総督」の管轄《かんかつ》であったようである。

これを見ていて思うのは、法人税がないからというわけではないとしても、北アフリカにとっての海賊業は、主産業ではあっても国営企業ではなかったということである。何やら、国の設備を貸し出してその使用料を払わせるという感じで、同時代のヴェネツィア共和国の、国有のガレー商船を個人の交易商人に貸し出す制度を思い出す。北アフリカの海賊業も、国があらゆる面で規制する国営企業ではなかったのだから、生産性も高かったであろう。優秀な人材が集まったのも、これでは当然ではなかったかと思う。

それに加え、海賊の世界は、同時代のキリスト教に比べれば、よほど開放的ですらあった。

合理的ではあっても社会の敗者への配慮も忘れない国造りを実現した、当時では唯《ゆい》一《いつ》のヨーロッパの国であったヴェネツィアでも、指導層に入るには、実績だけでは充分でなかった。「ヴェネツィア共和国市民」という、ヴェネツィア人の血をひく者にしか与えられない資格をもつ者でなければならなかった。

それに対してイスラムの海賊の世界では、市民権は「血」ではなく、「能力」に与えられるのである。赤ひげのようにギリシア人でも、シナムのようなユダヤ人でも、ウルグ・アリのようにイタリア人でも、イスラム教に改宗さえすれば道は無限なのであった。

この男たちが自信をつけたらどうなるか。そして、この男たちの活用に何のためらいも感じない大国が、後ろに控えていればどうなるか。

十六世紀後半になってもキリスト教世界は、この難題にどう対処するかを迫られつづけることになるのである。

「ジェルバの虐殺《ぎやくさつ》」直後の影響は、まるで「ジェルバ・ショック」と呼んでよい状態で、こうなると、誰もがまずやるのは自分の家族を守ることになる。

この十年後にレパントの海戦で法王庁海軍の司令官を務めることになるマーカントニオ・コロンナは、領地のアンツィオとネットゥルノ、不幸にして二つとも海辺の町、の住民代表に向けて、滞在先のローマから次の手紙を送っている。「ジェルバの虐殺」のわずか十日後の日附だが、ローマ法王の許にはニュースも早く届いたのだろう。

「われらが王（フェリペ二世）の軍が、北アフリカでトルコの軍に対し、悲惨きわまる敗北を喫したという知らせを受けとった。三十隻《せき》以上の船を失ったというから、これらの船はそのまま海賊船団の増強につながると思ったほうがよい。これ以後はなお、海賊の来襲が一段と激化するということだ。

それで、町の住民の山地への避難を、すぐにも始めてほしい。とくに、女と子供は全員だ。どこに避難させよとは、山岳地帯に領地を持っていないわたしには指示できないが、皆で話し合って、安全と思う地を選んで、可能なかぎり早期に避難を実施するように。また、避難先での生活は長くなるにちがいないので、必要なものはすべて持って避難すること。

防衛のために男たちだけでも町に残るというのには、わたし自身は賛成も反対もできない想いでいる。お前たちが、効果ある、と思えば残るのもよいが、それも、もしも神が、お前たちの死をまだ望んではいない場合にのみ、効果を期待できると考えてほしい。

法王猊下《げいか》と話したが、猊下もわたしの考えに同意だと言われた」

これは、イタリア半島の南端のように、海賊に襲われてもニュースにもならないような地方の話ではない。ローマからは五十キロしか離れていない、アンツィオやネットゥルノの話である。この二つの港町の前に広がる海は法王庁海軍のパトロール海域に当っていたが、トリポリ遠征にガレー船だけでも三隻参加させていた法王庁海軍は、そのうちの二隻まで失い、司令官のオルシーニも戦死していた。住民の安全に責任のある領主としては、住民全員の避難を勧告することぐらいしかできなかったのである。

海賊ウルグ・アリ

しかし、自信をつけた海賊たちの行動は、南伊や中伊にかぎらなくなっていた。ドラグー配下のウルグ・アリは、わずか数隻のガレー船だけで地中海を北上し、ジェノヴァの責任海域である北イタリアの海ぎわの町や村を次々と襲うという大胆な行動に出る。

ちょうどその時期、ニースに近いヴィッラフランカの港に、サヴォイア公爵《こうしゃく》が公夫人を連れて滞在していたのである。サヴォイア公国はトリノを首都にするイタリアの小王国だが、イタリアよりもフランス王家との縁が深い。公夫人も、フランスの王家から嫁いでいた。公夫妻がいるということは、サヴォイアの宮廷全部がいるということだ。近辺を荒らす途中で情報も集めていたウルグ・アリが、それを見逃すはずはなかった。

このときの公爵は、歴代のサヴォイア公の中でも武勇で知られたエマヌエル・フィルベルトである。監視塔から海賊の接近を告げられても、逃げようとせず、部下たちを総動員して海賊と対決することに決める。公の手許には、三百の歩兵と二十五人の鉄砲手に百人足らずの家臣がいた。

だが、緒戦が優勢に展開したことで気を良くしていたすきに、ウルグ・アリが山陰に隠していた第二軍に背後から襲われ、広くもない海岸ではさみ撃ちになってしまう。結果は、兵士百人と四十人の家臣が捕虜にされてしまった。

海賊に捕われた人々の運命は、当時の人ならば誰でも知っていた。奴隷に売られて鉱山で酷使されるか、ガレー船の漕ぎ手となって一生を鎖につながれるか、である。

その彼らを見放しては、彼らの主君であるサヴォイア公の名に、一生ぬぐい去れない傷がつく。公は、身代金交渉の使いを、ウルグ・アリに送るしかなかった。

海賊からの答えは、ただちに返ってきた。合計百四十人の捕虜の身代金として一万二千ドゥカート、というのである。莫大《ばくだい》な金額に驚いた公は、次いで、ウルグ・アリがつけ加えてきた条件を読んで、屈辱のあまりに蒼白《そうはく》になった。

「身代金の支払いは、サヴォイア公国の通貨ではなく、お手持ちの金銀の道具や宝石類でもなく、ヴェネツィアかジェノヴァの金貨で払われるよう。それを準備するのに若干の日数を要するであろうから、その間われわれは、港で待っている」

サヴォイア公が怒り狂ったのも無理はなかった。あなたの国の通貨は信用置けないし、あなた方の持参している金銀や宝石もたいしたものではないだろうから、身代金の支払いは、通貨としての信用度が高いヴェネツィアかジェノヴァの金貨で払われたし、という意味であったからである。しかも、そういう信用置ける金貨もたいしてお持ちでないだろうから、それを調達する間、こちらは港で待っていよう、とまで言われたのだから、腹が煮えくり返ったのも当然だった。だが、ウルグ・アリは、公国とは言ってもアルプス近くの小国でしかない、サヴォイアの内情を知っていたのである。公には、急ぎの使いを、ジェノヴァの銀行に走らせるしかなかった。

ところが、金貨さえ着けば何もかもが終わる、と自分で自分に言いきかせて我慢していた公爵に、またも頭が痛くなる難題が、港に待つウルグ・アリから持ちこまれたのであった。

「トルコのスルタンの家臣の一人として、わが主君とは同盟関係にあるフランス王の伯母上にあたるサヴォイア公妃に、主君のスルタンに代わって表敬の訪問をすることを許されたい」

ウルグ・アリのボスであるドラグーは、トルコ海軍の総司令官の地位にある。ゆえにウルグ・アリにとっての主君も、トルコのスルタンになる。その人による表敬訪問の申し出は、道理にかなっていたのだった。

しかし、公夫人を海賊に会わせようものなら、公夫人の実家のフランス王家に申し開きが立たなくなる。屈辱的な敗北、その後の身代金、そのうえさらに公妃を海賊に会わせたとあっては、世間の物笑いになるのは必定で、サヴォイア公爵は修道院にでも引っこむしかなくなる。かといって海賊の申し出を拒否すれば、捕われている百四十人は、その場で首をはねられるかもしれなかった。武勇で鳴るサヴォイア公も、この窮状には頭をかかえてしまった。

その公を家臣たちは見守るしかなかったのだが、一人の女官が進み出て、公に向って言ったのである。

「公妃さまの代わりは、このわたくしがつとめましょう」

ここから、ヨーロッパ中の宮廷で一時期格好な話の種になった替え玉事件が始まるのだが、ここでその詳細まで書いていては脇道《わきみち》にそれすぎる。またこの話は、ずいぶん前に、『愛の年代記』と題した一冊の中の、「エメラルド色の海」と名づけた小話で書いているのだ。この替え玉事件のその後を知りたい方には、小説仕立てにしたその一文を読んでいただくとして、ここでは先をつづけるが、いずれにしても、「ジェルバの虐殺」以後、海賊の横行は一段と大胆になり、反対にキリスト教側の対応は、ますます内向きになったのであった。

しかし、その中でほとんど唯一、イスラムの海賊に対しても果敢に立ち向っていたのが、マルタ騎士団である。常に数隻のガレー船しか使えない状態でも、騎士たちの戦闘意欲はいっこうに衰えなかった。伝統的にフランス出身の騎士が多く、騎士団の公用語もラテン語とフランス語に決まっていた騎士団だが、そのマルタ騎士団に志願してくる騎士の三分の一の出身地がフランスであるというのも興味深い。この人たちの主君のフランス王がトルコと同盟を結んでいることに対する、反撥心《はんぱつしん》の現われかもしれなかった。

聖ステファノ騎士団

そしてこの時期、もう一つの騎士団が創設されるのである。正式の名称は「聖《サント》ステファノ海上騎士団」と言う。トスカーナ大公のコシモ・デ・メディチの熱心な関与でつくられた、「騎士団」であった。

目標とするところはただ一つ、イスラムの海賊の撃破、である。もはや「マルタ騎士団」が通称になっている「聖ヨハネ騎士団」には、医療という任務もあったが、「聖ステファノ騎士団」には、イスラムの海賊相手の戦闘、しか目的はない。

マルタ騎士団の団員は、ヨーロッパでは「青い血」と呼ばれる貴族出身であることが条件だったが、聖ステファノ騎士団の団員になるには、普通の「赤い血」で充分なのであった。メディチ家からして商人の出であり、フィレンツェが繁栄したのは経済によってである。そのフィレンツェ人が中心になっての騎士団が、貴族の血を資格条件にしようものならヨーロッパ中の物笑いになるだけであった。メディチ家からフランス王に嫁いだカトリーヌ・ド・メディシスでさえ、商人の娘という陰口を常に浴びていたのだから。

聖ステファノ騎士団の本部はピサに置かれたが、この騎士団所属の船の基地は、リヴォルノの港になった。リヴォルノが、トスカーナ大公国の外港になっていたからである。つまり、新設された「聖ステファノ騎士団」は、気の強いことでは人後に落ちないトスカーナっ子が、イスラムの海賊相手に存分にあばれまわる組織として、創設されたようなものであった。だが、それであったからこそ、海賊たちがわがもの顔にのし歩くようになった地中海で、「マルタ騎士団」とともに、勇猛果敢にぶつかって行く海上の勢力になりえたのである。ちなみに、この両騎士団の間では、連帯し合っての共闘は、しばしば行われた。

とは言っても、この二つの騎士団とも、海に出せる戦力は常に三から五隻のガレー船で、二桁《けた》になることはまったくなかった。これでは、海賊の一隊を率いて行動する際の、ウルグ・アリ率いる戦力と同程度でしかない。しかもイスラムの海賊のほうは、この規模の船団を同時に五つか六つ、地中海の各地に送り出していたのである。

西地中海で、海賊船団を見ても逃げずに向ってくるキリスト教勢力がこの二騎士団のみとなれば、イスラム教徒ならば誰でも考える。この機に一気に地中海の西方までも「われらが海」に変え、その勢いで、七十年前に一掃されたイベリア半島に再上陸して、ヨーロッパ一の大国スペインをイスラム化してやろう、と。トルコのスルタン・スレイマンも、そのように考えたのである。

存命中からスレイマンは、「大帝」の尊称づきで呼ばれてきた人であった。大帝とは、古今東西の別なく歴史上では、領土を拡大した君主に贈られる呼称である。スレイマンも、四十年以上という長い治世の間に内政も充分に整備した人だったが、領土拡大の面でも前任者たちに劣っていない。陸上ではベオグラード、ブダペストと征服し、ウィーンですらトルコ軍を遠望するのが普通という状態になっている。海上でも、地中海の東方は「トルコの海」と言ってよかった。

このスレイマンにとって、西地中海制覇への道に立ちはだかったのが、マルタ騎士団であったのだ。騎士団のこれまでの実績からも、小さな島にこもる小規模の戦力だからと言って、無視して通り過ぎることは許されなかった。なにしろ騎士団の船は、イスラムの船と見れば、それが軍船であろうと商船であろうと関係なく襲いかかってくるからだ。まず先に、マルタを落とす、と決める。先にマルタを落とした後で、西に向う、と決めたのである。

第六章　反撃の時代

マルタ島攻防記

　スレイマンにとって、騎士団との戦闘は初めてではなかった。四十三年前になる一五二二年に、彼自らが率いたトルコ軍はロードス島を攻撃し、半年後に攻略を果して いる。そのスルタンにトルコ宮廷の高官たちは、ロードス島とマルタ島の広さのちがいをあげて、ロードスでも半年で攻略できたのだから、マルタならば一ヵ月で充分でしょう、と言うのだった。

　これをスレイマンが、信じたかどうかは知らない。ただ、ロードス攻略当時よりもマルタの攻撃には、半ば程度の戦力しか投入していない。そのことからも、スレイマンもまた、マルタならば簡単に落とせる、と考えていたのかもしれない。しかし、半ば程度の戦力でも、精鋭を選んで投入している。ゆえにスレイマンも、ロードス島攻略が簡単にはいかなかった経験から、今度はマルタにこもる騎士団の実力の過小評価だけは、してはいなかったように思われる。

医師として現場にいた人が攻防戦の二年後に書いたという記録によれば、スレイマンがマルタに投入した戦力は、三万人を越える兵士と二百隻《せき》に迫る数の船であった。

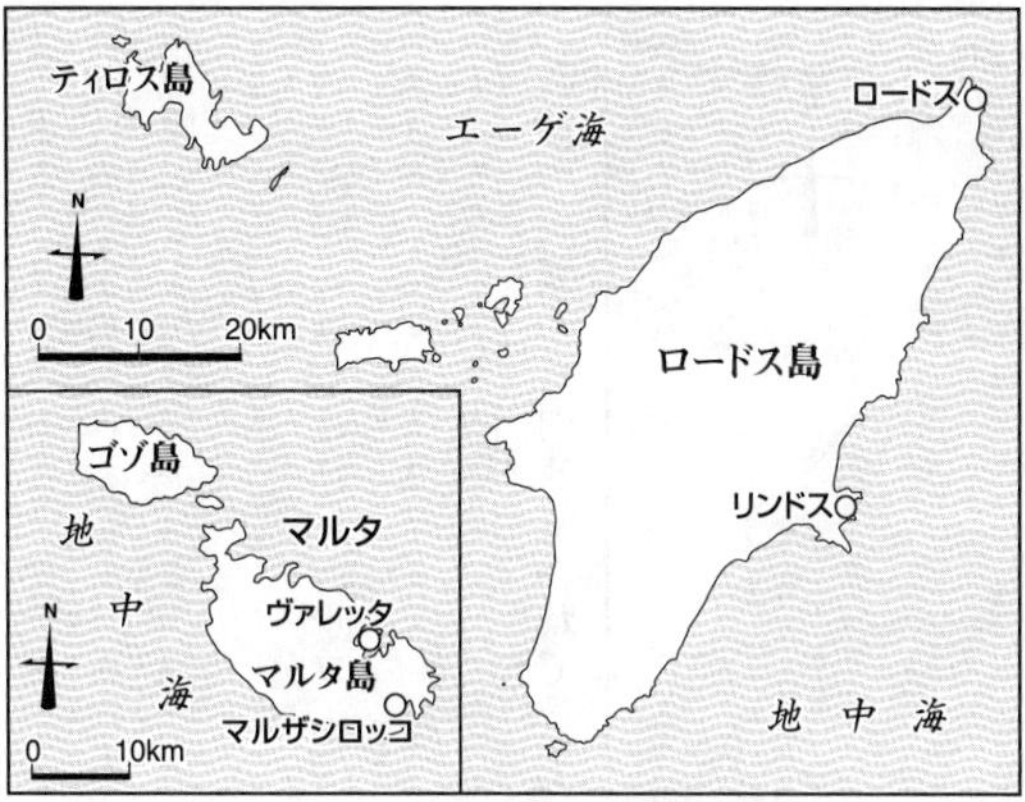

マルタ島とロードス島

その三万人の内わけだが、主戦力の中核を成すのは、トルコ軍の華と言われたイェニチェリ軍団兵の六千。

これに、トルコ語では「シーパーヒー」(Spahi) と呼ばれていた、トルコに征服されてトルコ帝国に併合されたバルカン諸国の兵士たちが一万。

それに「ヤヤ兵団」(Iayalar) と呼ばれた、トルコ帝国の東方からの兵士の五千が加わる。

これですでに、二万一千になる。この二万一千が、主戦力ということだ。この他には、北アフリカ全域から海賊たちが召集されており、他に、戦争を稼ぎどきと解して各地から集まってくる冒険者の群れも加わる。特別の技能を求められる船乗りや砲手までも加えれば、総勢五万というところが現実的な規模ではなかったか。これでも、ロードス攻当時の半分だった。

興味深いのは、これらトルコ軍の兵士たちには、生れながらのイスラム教徒は少数派であったということである。

イエニチェリ軍団兵は、先にも述べたように、少年の頃にトルコ国内に住むキリスト教徒の両親から引き離されて兵士に仕立てあげられた男たちで、イスラム教には改宗はしたものの、もともとはキリスト教徒であった。また、「シーパーヒー」も、トルコに征服された東欧諸国から召集された男たちだから、こちらはいまだにギリシア正教のキリスト教徒のままであった可能性が高い。帝国の東方か

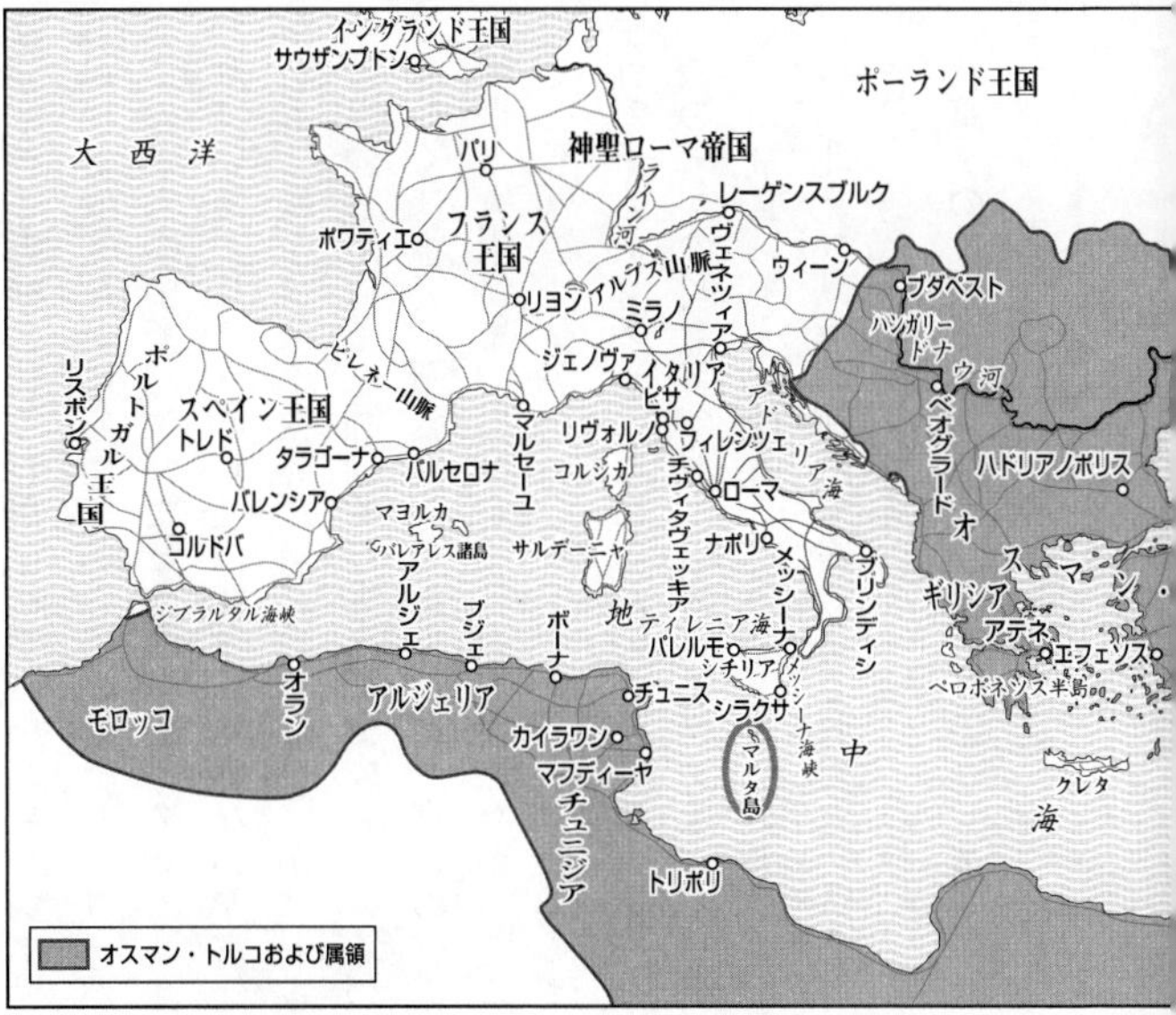

スレイマン時代の地中海世界

ら召集されてきた「ヤヤ兵団」の五千だけが、生れたときからのイスラムではなかったか。

トルコ帝国では、宗教は、スルタンへの忠誠への絶対の条件ではなかったのである。生れたときはどの宗教を信じていようと、その後イスラムに改宗すれば問題はないということだ。このトルコでの考え方は、スレイマンがマルタ攻略を託した、二人の司令官にも現われていた。

陸上軍の総指揮は、戦場の

経験も多く勇将としても知られていたムスタファ・パシャ。一方、海上軍を託されたのは、スレイマンの娘婿《むすめむこ》にあたるというピアリ・パシャである。

この二人の中で、生れたときからのイスラム教徒は、ムスタファ一人であったと言われている。ピアリの戦歴は知られていないが宮廷の高官であったということからも、もともとはキリスト教徒だったのではないか。トルコ帝国に住むキリスト教徒から少年期に達した男子を強制的に集めて編成しているのがイェニチェリ軍団だが、その中でもとくに容姿も頭脳も秀《ひい》でた少年は、宮廷の官僚になるよう特別に仕込まれる。この中から大臣にまで出世する者も少なくなかったので、スルタンの娘婿に収まる者がいても不思議はなかった。スレイマンのハレムには三百人もの女がいたというから、生れる子の数も多かったにちがいない。

この二人の司令官の他に、スレイマンは、トリポリの総督に任命していたドラグーも、司令官の一人に任命していた。ドラグーが加わったということは、マルタ攻略戦には、北アフリカの海賊も総動員されたということである。

マルタの攻略は一気にやり遂げたいと、スレイマンが考えていた証拠はもう一つあった。

それは、大軍の遠征行には欠くことは許されない、兵站《ロジスティクス》面での配慮である。

まず、ロードス島攻略の際は島自体が広く豊かな土地でもあったので、兵糧《ひょうろう》ならば現地調達は可能だった。また、武器やその他の補給は、ロードス島がトルコ領の小アジアに近接しているので、そこから島までのピストン輸送は容易であったのだ。

しかし、マルタ島ではそれは期待できない。島も小さくそのうえ荒れた土地なので、食糧や飲料水ですら現地調達はできない。かといって、コンスタンティノープルやエジプトのアレクサンドリアから運ぶにしても遠すぎた。近距離にある北アフリカの諸都市は、海賊業は盛んでもその他の産業は発達していない。

というわけで何もかも、コンスタンティノープルからの出港時に積みこんでいくしかなかったのである。食糧はもとよりのこと、大砲も砲丸も火薬も武器も武装も、戦争に必要なものはすべて持っていくのだ。トルコ人の好きな蜂蜜《はちみつ》入りの濃厚な菓子まで持っていったというのだから、トルコ軍も、全盛期のトルコ帝国の生活水準を前線でも維持するつもりであったのかと思ってしまう。

それにしても、何ヵ月分を用意したのであろうか。二百隻もの船のほとんどは輸送船として使われたということだが、まさか、トルコの高官たちが豪語したように、一ヵ月でマルタが落ちると信じ、その一ヵ月分か、慎重に考えても二ヵ月分程度を用意したのであろうか。

いずれにしても、これが現実に移されるのは、一五六五年になってからになる。それまで延期されたのは、スレイマンの長男がペルシアの地で反旗をひるがえし、それを鎮圧するためにムスタファ・パシャが、東方へ行かざるをえなくなったからである。鎮圧に成功したムスタファがもどってきた翌年になって、マルタの攻略を目指すトルコの大軍は、首都のコンスタンティノープルを後にすることができたのだった。

スルタン・スレイマンはその年、七十歳になっていた。しかし、迎え撃つマルタ騎士団の側にも、七十歳がいたのである。団長としてマルタ騎士団を率いる、ジャン・ド・ラ・ヴァレッテ・パリゾン。フランスはオーヴェルニュ地方の名家の出身で、若い頃から騎士団に入団し、その後は一度も生家に帰らなかったというほど、騎士団に全生涯を捧《ささ》げた男であった。

だが、この二人の七十歳は、共通していたのは年齢だけで、まったくちがう歳月を歩んできた。最盛期のトルコ帝国の君主として、栄光と名声と権力と豪奢《ごうしゃ》に囲まれて生きてきたスレイマンに対し、フランス人の騎士のほうは、このうちの一つとして味わったことのない人生を送ってきたのである。だが、この二人は、これまでに一度だけ顔を合わせたことがあった。それも、二人ともが二十八歳であった年の一五二二年に。

ロードス島をめぐる攻防戦が半年にわたった激戦の末に終わったとき、勝利者のスレイマンは、敗者になった騎士たちに対して、実に紳士的に対応したのである。武器をもっての島からの退去を、認めたのであった。これは、ヨーロッパでは「武人の名誉」と言われ、敗者に対する最高の礼になる。トルコのスルタンは騎士団の団長に言った。

「わたしは勝った。だが、それなのに、あなたとあなたの部下たちのように勇敢で義に厚い人々を、その棲家《すみか》から追い出さなくてはならないようになってしまった事態に、心からの悲しみを感じないではいられない」

その席には、騎士団長の秘書官でもあったラ・ヴァレッテもいたのである。だが、スレイマンは、自分とは同じ年齢の一人の騎士に、眼も止めもしなかったであろう。

なぜならラ・ヴァレッテは、騎士団長に同行していた十八人の騎士の一人にすぎなかったのだから。だが、ラ・ヴァレッテのほうは忘れなかった。

マルタ攻防戦の間中、ラ・ヴァレッテが見ていたのは、ムスタファ・パシャでもなくピアリ・パシャでもなく、スレイマンであったと確信する。七十歳は、その場にいない七十歳を見すえながら、闘いつづけたのである。なぜなら、二十八歳のあの年からの四十二年間、ラ・ヴァレッテのたどった人生は、あの二十八歳の年の出来事がなければたどる必要はなかった、険しくも厳しい道であったからだった。

ロードス島を追い出された騎士団に待っていたのは、八年にもおよんだその後の流浪《るろう》の歳月であった。クレタ島、シチリアのメッシーナ、ナポリ、チヴィタヴェッキアと転居をつづけたが、いずれも長つづきしなかった。時代は、理知を重んじたルネサンスの洗礼を受けた後である。聖ヨハネ騎士団を、十字軍時代の遺物と見なす人は多かった。法王庁海軍の基地であったチヴィタヴェッキアに居候《いそうろう》していた数年間は、それでも存在理由を示すことはできたのだ。法王庁海軍の規模も数隻程度なので、それと合同して海賊の撃退に活躍できたからである。だが、居候の立場であることでは変

スレイマン
現代アメリカの議場の浮彫りから。ソロンや『ローマ法大全』を編纂させたユスティニアヌス帝等とともにかかげられているところから、歴史上の立法者の一人とみなされていたのにちがいない

ラ・ヴァレッテ
I. C. Lochhead 著 "The Siege of Malta, 1565" (1970) より

わりはない。騎士団には、自分たちの本拠を置ける地を求めて各国に働きかける苦労がなおもつづいた。

　ようやく一五三〇年になって、スペイン王カルロスが、マルタならば与える、と伝えてきたのである。スペイン領でもなくスペイン兵が駐屯していたわけでもない孤島を与えるというのだから無責任な話だが、騎士団には他に選択肢はなかった。カルロスの出した、鷹狩《たかが》り用の鷹を一年に一羽献上するという条件で、マルタ島を譲り受けたのである。カルロスは、チュニスを攻略し、失敗に終わったにせよアルジェの攻略も試みた人である。別にマルタの鷹が欲しかったわけではなく、イスラム憎しで一貫してきた騎士団を、対イスラムの最前線に置く意図でマルタを与えたのにちがいない。「マルタ騎士団」の騎士たちは、敵と向き合う辺境の地に送りこまれた兵士のようなものであった。

カルロスに譲られた当時のマルタ島には、移ってきた騎士たちも呆然《ぼうぜん》としただろう。その中の一人だったラ・ヴァレッテは、三十六歳になっていた。

後に残して来たのは八年前だから、騎士たちの頭の中にはまだ、ロードス島がはっきりと残っていたはずである。一年を通じて気候は温暖で、気温も二十五度を越えることは珍しく、一日中どこからか吹いてくる微風が、肌を優しく愛撫《あいぶ》していく。ロードス島とは、バラの花咲く島を意味し、美しいこの島には何よりも歴史があった。

長い歴史をもっているということは、人々が常に好んで住んできたということである。広大な耕作地には恵まれてはいなかったが、地味は豊かで水も豊富。良港に恵まれていたので、古代の昔から海運と通商で栄えてきた。

住民はギリシア系であったので、文化的にも豊穣《ほうじょう》。今なおヴァティカン美術館の至宝の一つと言われているラオコーンの群像も、ロードス島の芸術家の手になったものである。島の東側の崖《がけ》の上にそびえ立つリンドスの神殿の跡に立ち、眼下に広がる地中海を眺めたならば、古《いにしえ》の文明に想《おも》いを馳《は》せないではいられないだろう。ローマ時代になってもロードス島の存在価値はいっこうに薄れず、この島に移り住んだギリシアの高名な学者の学塾に、ローマの知的上流階級に属す若者たちはそろって学を究めに出向いたものである。知識人とは、豪奢である必要はなくても快適ならば好む人種で、この生き方を日本では「清貧」と言う。キケロもカエサルもロードス留学組だったが、古代のロードス島は、穏やかなうちにも品位ある快適さで人を魅《ひ》きつけてきたのである。このロードス島が、騎士団にとって、二百年にわたった棲家であったのだ。

マルタの騎士たちの戦闘用の制服の胸は、創設以来の赤地に白の十字でおおわれている。だが、日常にまとう服の胸には、黒地に白の変形十字が附けられるのが、ロードス島を去らねばならなくなって以後の騎士団の制服になった。地を黒にしたのは、失ったロードス島をしのんでの喪の想いを表わしている。喪服をまとうようになったのも、スレイマンのトルコのせいなのであった。

「マルタの鷹」

マルタ島には、ロードス島にはあった何もかもが存在しなかった。現在のわれわれの眼に映るマルタは、攻防戦の後にラ・ヴァレッテが改めて築きあげたものを主体にして、その後の長年をかけてつけ足しをつづけた結果である。一五三〇年にこの島に移ってきた騎士たちの眼に映ったマルタを想像するには、今あるものすべてを消し去る必要がある。つまり、まったく何もないマルタが、騎士団の本拠地になろうとしていた当時のマルタであった。

岩だらけの土地。水も少なく、雨水を貯《た》めてそれを濾過《ろか》でもしないかぎり、飲めたものではない。荒れた土地だから、雨も少ない。気温も、夏は四十度に迫る暑さがつづき、アフリカから吹きつけるシロッコ（南東風）が、それを酷暑に変える。それが冬になると一変し、厳しいマエストラーレ（北西風）が吹きまくる。岩だらけでは耕作にも適さず、全島に散らばって生きる一万人足らずの島民は、牛や山羊《やぎ》を飼って生きていた。海に囲まれていながら、漁業も盛んではない。海岸近くに住もうものなら、海賊に拉致《らち》されるだけであったのだ。

このような土地に、歴史が作られるわけがなかった。ロードス島に残してきたすべてが思い出される毎日だったが、十字軍時代に創設されたテンプル騎士団やチュートン騎士団のような末路をたどりたくなければ、このマルタを新たな棲家に変えるしかなかったのである。

新たな棲家に変えるための資金は、騎士団としてヨーロッパ各地に所有していた不動産からの収入と、名家の出だけに私産の豊かな騎士たちの寄附と、海賊業をやることでの収益があてられたのである。だが、テンプル騎士団のように独自の金融事業には手を染めなかったのは、資産目当てのフランス王によって壊滅させられた、テンプル騎士団の運命をたどりたくなかったからだろう。それに聖ヨハネ騎士団には、ロードスにいた当時と同じに、イスラム船と見れば襲って奪うという収入源があった。これを、マルタに移ってからもつづければ、収入源になると同時に、キリスト教世界の前線の砦《とりで》の役目も果せたのである。

現在見るマルタ島の騎士団関係の建物はバロック式に豪華だが、一五六五年のマルタ攻防戦当時の騎士たちの生活は、このような豪奢とはまったく縁のない質素なものだった。教会は建てた。マルタ騎士団の特質である、医療をほどこすための病院も建てる。また、ロードス時代と同じように、それぞれの母国語別に分れた、騎士館も建てた。だがそのいずれも、良くても今なおロードス島に残る建物の水準、悪ければそれ以下、であったのだ。絶対に、今のマルタに残る華麗で豪華なバロック建築ではなかった。なにしろ、環境劣悪なうえに何一つない島に移ってきて、いまだ三十五年しか経《た》っていなかったのである。

だが、このように、以前とは一変した苛酷《かこく》な環境で三十五年間生きてきた騎士たちは、同時代のヨーロッパの国々の宮廷で華やかに生きる同類とはちがって、いかなる状況にも耐えうる精神と肉体の持主に変貌《へんぼう》していた。

日々海賊と相まみえる騎士たちにとっては、死も、鎖につながれての捕囚の生活も、特別な事件ではまったくなかったのだ。ラ・ヴァレッテも、四十七歳であった年の一年間を、イスラムの海賊船の漕《こ》ぎ手として過ごしている。どうやら自由回復は捕虜交換のおかげであったらしいが、そのままマルタにもどり、何ごともなかったように以前の生活を再開したのだった。

マルタ騎士団では、団長は騎士たちの選挙で決まる。ただし、決まった以上は全権は団長のみに集中するのは、法王庁の仕組みと似ていた。騎士団長に選出された年、ラ・ヴァレッテも六十六歳に達していた。だが、普通の六十六歳ではなかったのである。ただしこのことは彼一人に言えることではなく、母国での優雅で安楽な生活を捨ててマルタに来ている、他の騎士たちにも言えることであったのだ。

スレイマンが、長男の起した反乱でマルタ攻略を延期したのは、結果としてラ・ヴァレッテに、防衛の準備に集中できる期間を与えることになる。七十歳の騎士団長は、冷徹に準備を進めた。多くのことを、同時に進行させる必要があった。

飲料水は、マルタに移ってすぐに、岩地を深く掘り下げた広い貯水溝を作っている。それを清潔に保つ責任は、騎士団に属す医師の仕事になっていた。地中海性気候では、秋の終わりと春の初めが雨期になる。雨が降るたびに、貯水溝に貯められていった。

食糧は、近くのシチリアや南イタリアに、前年の収穫期からすでに買いつけ先を確保していた。と言っても、必要不可欠な品に限られる。小麦とオリーブ油と玉ねぎに塩漬け肉とチーズが、備蓄食糧の大半を占めた。葡萄酒《ぶどうしゅ》は贅沢品《ぜいたくひん》で、ましてや菓子などに関心を払う余裕はない。甘味は蜂蜜だ。この他に、荒れ地でも育ってしかも安価なカルーバの実も必要だった。乾燥したこれを粉にすれば、小麦粉の代用になったのである。チーズとカルーバはマルタでも産したが、これをマルタの農民から買うことはしなかった。島民たちも、いつまでつづくかわからない籠城《ろうじょう》生活を、耐えねばならなかったのである。

マルタの住民の中でも老人や女や子供たちを、ラ・ヴァレッテは、島の中央に位置して昔からの城壁がめぐる山中の村に、避難させることにした。敵を迎え撃つ三ヵ所の城塞《じょうさい》は、純戦闘員の男のみで固めることにしたのだ。騎士団に属す騎士は妻帯を禁じられているので彼らには妻子はないが、医療に従事する医師にはそこまでは求められていない。騎士団に属しても騎士ではないこれらの人々の妻子も、山中の村に避難させられたのである。

ラ・ヴァレッテは、翌春にはトルコの大軍を乗せた大船団がマルタを目指すとはっきりする前に早くも、ヨーロッパ各国に向けて援軍派遣の要請を送っている。それに、国として応じてきたのはスペインだけで、フェリペ二世は、シチリアを統治する「副王《ヴィーチェ・レ》」のドン・ガルシア・デ・トレドに対し、一万六千の兵士を集めるよう命令を出した。ただし、いつこの援軍をマルタに送るとは明言されていなかったのである。

聖ヨハネ騎士団の騎士になっても、全員が本拠地につめているわけではない。騎士になる誓いをしても、その後は母国に住みつづける人も少なくない。ローマ法王だったクレメンテ七世も、聖ヨハネ騎士団の騎士だった。

ラ・ヴァレッテは、騎士団存続の危機であるとして、これら在宅の騎士たちも召集したのである。だが、宗教騎士団の団員になること自体が志願なので、召集にも強制権はない。しかし、在宅の騎士も、危機に知らん顔でいるわけにはいかなかった。それで、マルタには馳せ参じない代わりに資金援助をする騎士も少なくなかったのである。こうなるだろうと見越していたらしいラ・ヴァレッテは、それでも喜んで受けるよう命じていたので、ヨーロッパへ向ったマルタの船は、召集に応じた少数の騎士の他には、その資金で買い入れた大量の武器を積んで帰ることになるのだった。

マルタ騎士団の援軍要請に応ずる国が少なかったのは、本格的に出てくるトルコ軍の前に、マルタ騎士団といえども運命は決まったと、誰もが考えたからである。しかし、船は送ってこなくても人は送ってきた。マルタに到着し始めていた四千人にものぼる志願兵のほとんどは、イタリア半島やシチリアから来た兵士たちで、地方の領主たちが傭《やと》って送り出した男たちであった。

こうして、戦雲が水平線上に現われるにつれて、地中海の中央に浮ぶ小さな島マルタにも人々が集まり始めていた。以前からマルタで生活していた者も加えて、騎士の総数は五百一人になる。その内わけは、フランス出身者の二百人とイタリア出身者の百七十一人が大勢を占めていたが、この他にスペイン人も少なくなく、プロテスタントの勢力の強い中部ドイツからも十三人、英国国教会を設立してカトリックからは分離していたイギリスからも三人の騎士。これに、騎士団関係者としては、従僕やその他の雑務を行う百人が加わる。さらに、イタリアからの四千の志願兵が加わり、マルタの島民の五千人も、防衛戦に参加することになっていた。

参戦を申し出た島民たちだが、戦闘は経験したことがない。その男たちを兵士に仕立てるのは、騎士たちの役目だった。おそらく、『七人の侍』に描かれたのに似たやり方で、訓練をほどこしていったのだろう。しかし、いかに訓練しても即席では、一人前の兵士の働きはできない。それでも、補助にしろ彼らが任務を果してくれさえすれば、主戦力である騎士も活躍できるのであった。

防衛側の兵士の数は、これらのすべてを総計しても九千六百にしかならない。これで、五万を迎え撃つことになる。だが、主戦力の騎士ならば、五百人しかいない。トルコ側の主戦力がイェニチェリ軍団とすれば、この五百人で六千人を向うにまわして闘うことになる。ヨーロッパの各国が、マルタ騎士団の運命もこれで終わりだ、と考えたとしても無理はなかったのである。

しかし、ラ・ヴァレッテは、玉砕の想いに酔うリーダーではなかった。自ら経験したロードス島の攻防戦を参考にして、戦略と戦術を考えたのである。

ロードス島攻防戦当時、防衛側にとって最も痛手であったのは、城壁を直撃してくる大砲よりも、城壁の下まで掘ってきた坑道に火薬を詰め、それを爆発させることで城壁を根もとから破壊してしまう、トルコ側の戦術であった。

この戦術は、マルタでは使えない、少なくとも容易には使えない、とラ・ヴァレッテは見たのである。ロードス島の土壌はやわらかだったが、マルタは岩地で、坑道を掘り進むのは大変な難事になる。トルコ軍のいつものやり方で人海戦術を駆使したとしても、岩地を掘り進む工事には相当な時間を要する。それは、同時に何本も坑道を掘ることは不可能、ということでもあった。坑道の数が少なければ、それを見つけ、対処できる率も上がるのだ。

また、マルタ島は岩地だが、一枚岩ではなくて岩石地帯ということである。大砲の先進国であったトルコ軍の砲撃のすさまじさは、それを向けられつづけたウィーンの人々が何世紀も忘れなかったほどであったが、巨砲といってもよいトルコの大砲を活用するには、それをそなえつけるに充分な確固とした地盤が必要になる。岩石地帯では、それが容易ではない。砲台が安定しないのでは、砲撃も威力を発揮できなくなる。ロードス島では容易であったこのことが、マルタ島では容易ではないのだった。

この一事が、いまだロードスのように堅固な城塞づくりが出来ていないマルタを防衛するに際して、ラ・ヴァレッテの戦略を決めたのである。大砲に直撃されるのはあらかじめ計算に入れて、堅固な一重の城壁で守るのではなく、幾重にも重なる防壁で防いでいこう、と。一つを破っても、その前にはもう一つが立ちふさがるというように。これはもう、心理作戦だった。

そうなれば、補給線の長いことも、トルコ軍の兵士たちが慣れ親しんでいる生活水準の高さも、防衛側には立派な武器になる。補給するのに最短距離はシチリアを攻めて奪うことだが、「ジェルバの虐殺《ぎやくさつ》」以降、シチリアの南岸も防衛を強化している。容易には奪って帰ってくるわけにはいかない。一方、北アフリカの港町には、大軍が必要とするものすべてを供給できる力はなかった。そして、マルタ島には、水さえもない。結局、トルコの大軍も、運んできたものだけで、五万以上の人間を食べさせ、攻撃を続けていかねばならないのである。

この「マルタ攻防戦」に賭《か》けるラ・ヴァレッテの戦略を一言で言えば、マルタ島がもつ不利を防衛に活用することで有利に転化する、につきるのだった。

ラ・ヴァレッテが最も怖《おそ》れていたのは、ロードスのときがそうであったように、大軍を上陸させて陸伝いに攻めてくる敵ではない。それよりもトルコ側が、これら大軍を運んできた船を使って、シチリアへの海路を断つことであった。フェリペ二世が約束した一万六千の援軍がマルタに到着する道は、なんとしても開けておかねばならなかった。それで、騎士団にとっては最も重要なガレー船の五隻すべてを、シチリアの方角にあたる北西の海に送り出したのである。スペイン出身の騎士ロメガスの率いるこの五隻は、マルタ本島の北西の端にある湾を基地に、トルコ海軍がこの方角に向ってこようものならただちに立ちふさがる任務を与えられた。

ラ・ヴァレッテは、外地からの志願兵と島民を入れても一万に達しない兵力で、トルコ軍に勝てるとは考えてはいなかった。シチリアからの援軍到着まで、持ちこたえることしか考えていなかったのだ。それで、パレルモにいるスペイン王の代理ドン・ガルシアの許《もと》には、特別に任命した騎士を送りこんだ。援軍の少しでも早い出発をシチリアの「副王」に迫るのが、この騎士の役割だった。

マルタ騎士団の船は、数こそ少ないが、いずれも二本マストの大型ガレー船である。それを戦力にするには、一隻につき最低でも二十人の戦闘員が必要になる。この役割も、ベテランの騎士でなければ務まらなかった。ゆえにこの段階で早くも、ラ・ヴァレッテの許には、四百人足らずの騎士しか残っていなかったことになる。この四百人の中には、マルタに来たばかりで、イスラム教徒との闘いはこれが初めてという若い騎士も少なくなかった。この、勇気だけは充分な若者たちの活用には、ラ・ヴァレッテも少しばかり苦労することになる。

七十歳の「マルタの鷹《たか》」は、中世の騎士と聴けば誰もが思い浮べる、鋭く光る鋼鉄製の甲冑《かっちゅう》で頭から足の先まで固め、華やかな羽根飾りのついた兜《かぶと》を着けた、騎士などは必要としていなかった。派手な馬衣におおわれた馬を御し、堅固な城壁を背に大槍《おおやり》をかまえる騎士も必要ではない。

防御のすべてを半島の先端を城塞化した三箇所に集中すると決めていた彼は、一つが陥《お》ちても次で、そこが陥ちてもその次で、という進め方で守りきると考えていた。このやり方では、華やかさなどはどこにも見られない、不屈の意志と地道な忍耐力だけが勝負を決める。

ラ・ヴァレッテは、騎士たちに、兜に羽根飾りをつけることを禁じた。また、全身をつつむ甲冑の着用も禁止する。許可したのは、頭部を保護する兜と胸甲のみ。胸甲も、腕の部分はつけはずしが可能なように作られているので、着用が認められたのは、腕なしの胸甲だけだった。また、馬も、連絡用でないかぎりは騎乗は禁止だ。つまり、騎兵を歩兵に変えたのである。ヨーロッパから到着したばかりの若い騎士たちは不満気だったが、団長の命令は絶対だった。だがこれで、重武装が軽武装になり、より闘いやすくなる。予想される攻防戦は夏、マルタの夏は厳しい。その酷暑の中で激闘が展開されるのであった。

攻防始まる

一五六五年五月十八日、三月二十二日にコンスタンティノープルを出たというトルコの大軍が、マルタの前の海上に姿を現わした。予想どおり、マルタ島の南東部に口を開けた、マルザシロッコ（Marsaxlokk）の湾に入る。マルタには、百九十三隻からなる船が運んできた大軍でも、上陸できるところはここ以外になかった。二十四キロもの砲丸を撃ち出せるという、五十門の大砲も陸揚げされる。十万回の砲撃も可能という、砲丸と火薬も陸揚げされた。もちろん、少なく見つもっても三万といわれた兵士たちの上陸も、そして攻城戦に必要とされるすべてを陸揚げするのにも、十日以上がかかった。超大国の威容を映して、何もかもが大規模で大げさであったのだ。

ところが、上陸と陸揚げを終えた船団はそこに錨《いかり》を降ろさず、島を西側からぐるりとまわって北に向い始めたのである。その監視にラ・ヴァレッテは、気ばかりはやる若手の騎士たちに対イスラムの初体験をさせようと送り出した。馬で行くことが許されて満足した若者たちは、海上を行くトルコ船団と並行する形で陸上を進んだ。

これでは当然、敵に気づかれる。上陸したトルコの一隊との小ぜり合いで、彼らの中の二人、フランスとポルトガルの騎士の二人が捕われてしまった。厳しい拷問《ごうもん》にもポルトガルの騎士は耐えたが、フランスの騎士は、マルタ防衛の手薄な箇所がビルグであると白状した。

海上軍の司令官は、スルタンの娘婿のピアリ・パシャである。陸上軍を率いるベテランのムスタファ・パシャに先駆けて初勝利をあげられると思ったピアリは、その言葉にとびついた。

もはや全船は、ビルグを目指す。そしてそこに着くや船上の兵士たち全員を上陸させる。ピアリ・パシャは、赤地に白の半月のトルコ国旗がマルタに初めてひるがえるであろうその初戦を、旗艦の上から観戦することにした。

だが、フランス人の若い騎士は、嘘《うそ》を白状していたのである。ビルグには、マルタ側の兵が詰めていたのだ。彼らによる迎撃は激しく、苦戦を強いられて退却する自軍

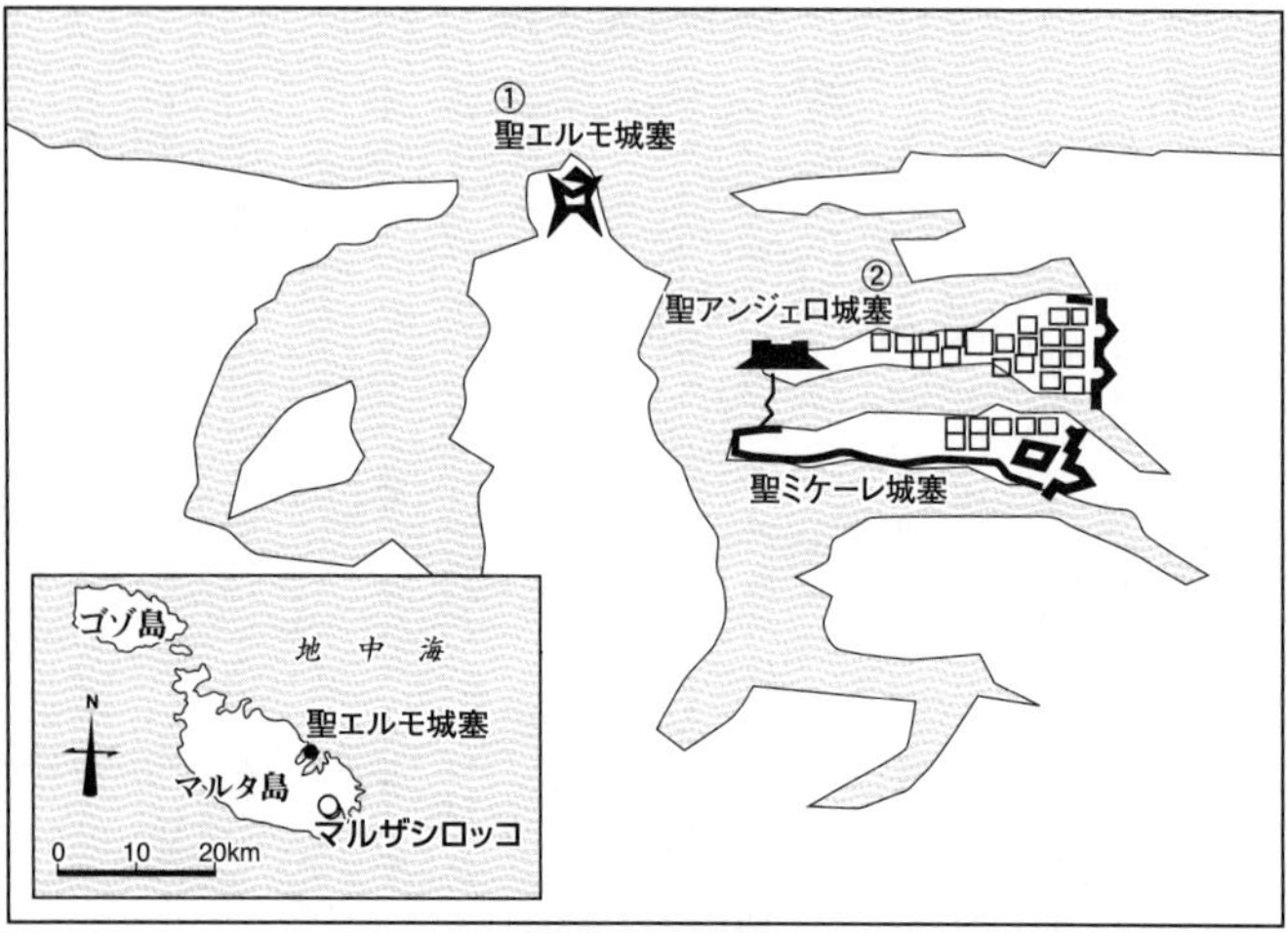

攻防戦以前の城塞

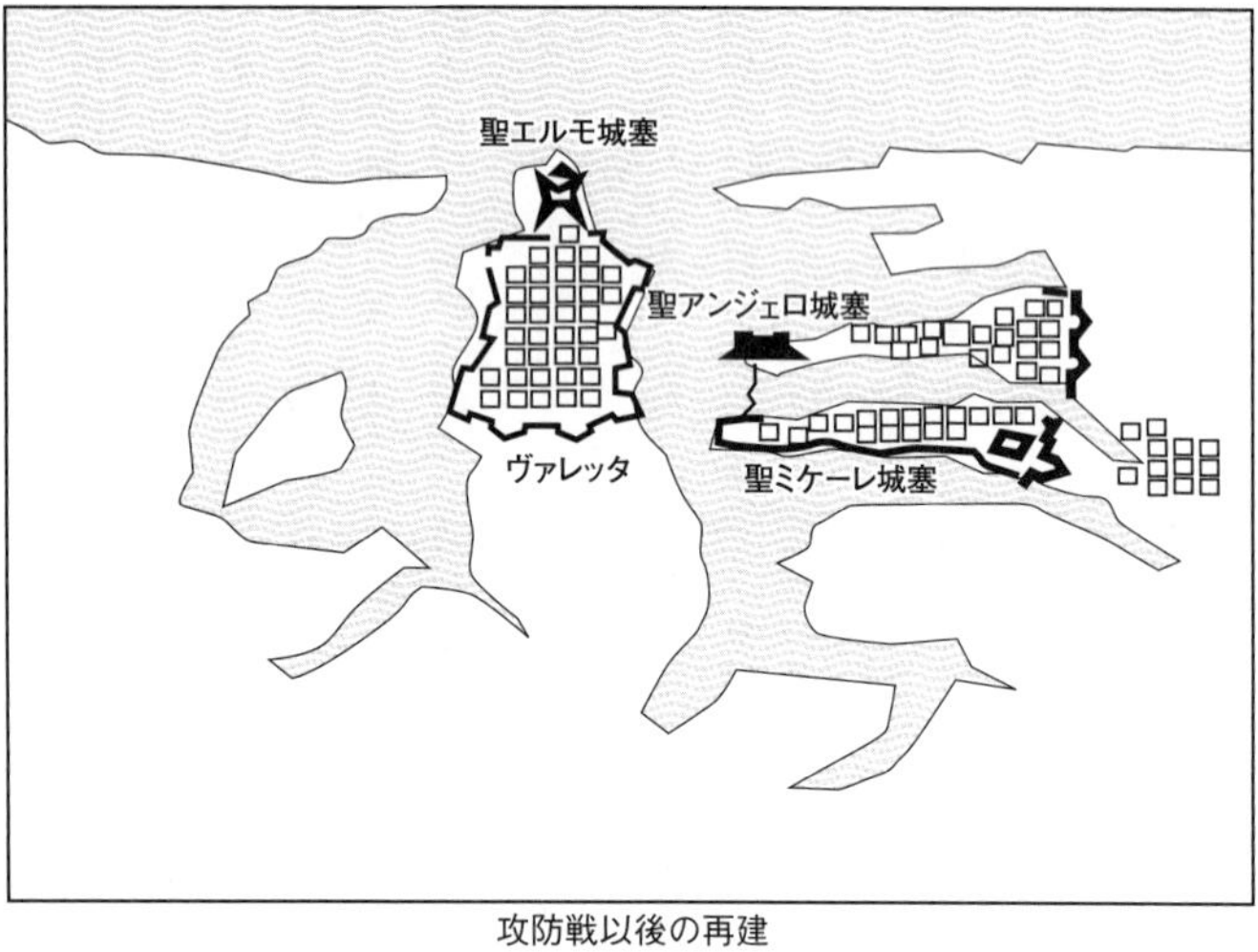

攻防戦以後の再建

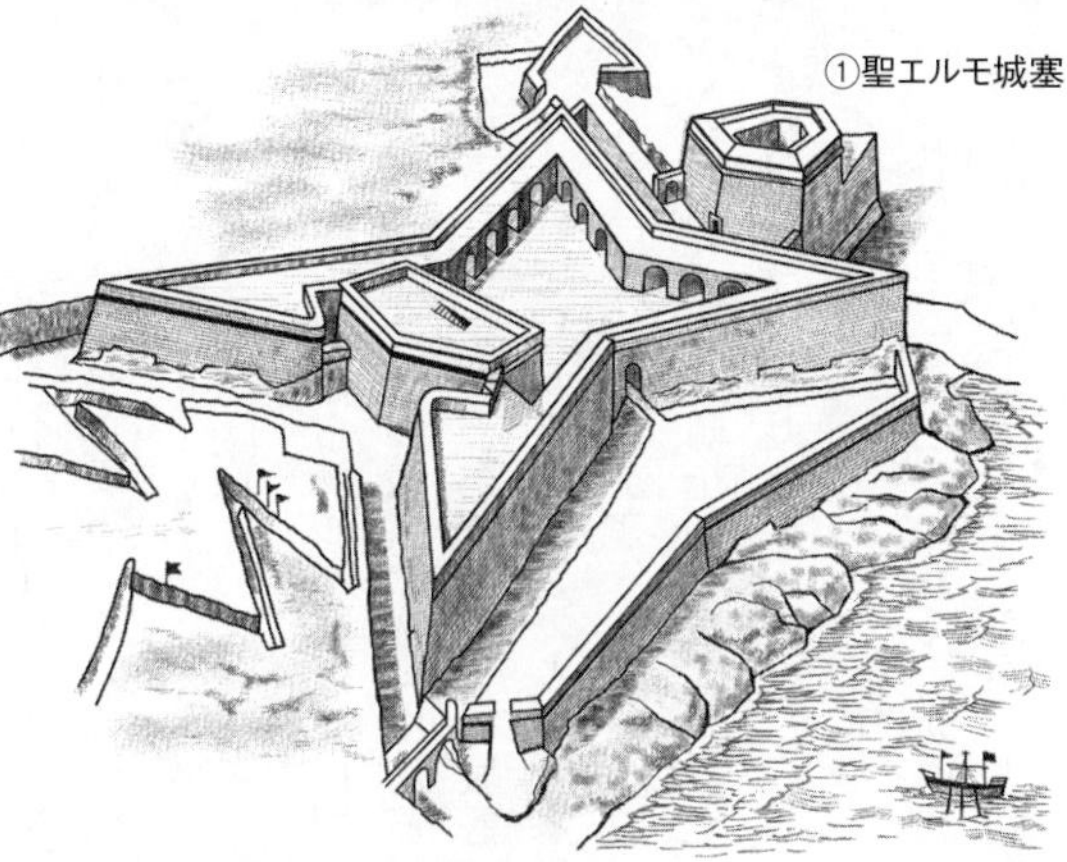

①聖エルモ城塞

②聖アンジェロ城塞

S.C. Spiteri 著“Fortress of the Cross, Hospitaller Military Architecture (1136-1798)”より（4点全て）

の兵士たちを、ピアリ・パシャは観戦することになってしまった。その横で縛りつけられながらも自分の臼状の成果を冷笑を浮べながら見ていたフランスの騎士には、肉体を傷つけながらゆっくりと死に至るという、処刑の中でも最も残酷な死が待っていたのである。

現在でも海からマルタに近づいて行くと、まず眼の前に迫ってくるのが、聖エルモの岬の先端に立つ城塞の威容である。この城塞を陥とさないかぎり、その奥に位置する聖アンジェロと聖ミケーレの城塞に達することはできない。

ラ・ヴァレッテも、聖エルモ城塞の重要度は熟知していた。いつもならば六人の騎士と六百人の兵士が守るこの城塞に、新たに四十六人の騎士と二百人の兵士を送りこんだのである。騎士五十二人と兵士八百から成る防衛の指揮は、ベテランのイタリア人騎士のブローリオが引き受けた。

五月三十一日と言われるマルタのトルコ軍の攻撃開始も、この聖エルモ城塞への砲撃で始まったのである。だが、大砲を並べた場所は、聖エルモの城塞が先端に立つ半島ではなく、海をへだてて北側に立つ岬だったのだ。崖の上なので、足場が悪い。し

トルコ軍の大砲

かも間には、海が横たわる。トルコ軍自慢の巨砲も、これでは海に水煙をあげるだけだった。

それがわかったムスタファ・パシャは、海上に突き出た半島の先端にあるために陸上から攻めることができる、聖アンジェロと聖ミケーレの城塞への攻撃も同時に行うことを命ずる。ラ・ヴァレッテが防衛を集中している城塞の三つともを、一度に陥とそうと考えたのだろう。だが、ここでは間の海という邪魔はなかったが、岩石地帯に砲台をすえる苦労がより大きかった。また、聖アンジェロと聖ミケーレの城塞の間には、ロープと鉄鎖で作った橋が海の上に渡されているので、孤立した城塞を攻めることにはならない。孤

イェニチェリ軍団兵

立していれば、ずっと攻めやすいのだ。

こうして陸側から攻撃するトルコ軍に対して、ラ・ヴァレッテの考えた奇妙な新兵器までが活躍した。

それは、焔《ほのお》を噴きあげる輪で、麻か木綿の布を巻いた輪を油にひたして作る。これを多量に、イェニチェリ軍団に向って投げるのである。イェニチェリ軍団の兵士たちは、スルタンの近衛《このえ》兵《へい》であるところから、軍装も華麗な長衣で、闘うときは長衣のすそをベルトにはさんだ姿で闘う。だが、この豪華な軍装が彼らの誇りであったので、敵が眼の前に来ないかぎりは長衣のままでいる癖があった。

しかし、火焔輪《かえんりん》作戦は、イェニチェリの兵士相手でなくても効力を発揮した。酷暑の中の戦いというのに、トルコ帽もターバンもはずそうとしない彼らは、派手な布地製の軍装も脱がなければ、色とりどりの天幕に火が点《つ》いただけで動転する。これを見たラ・ヴァレッテは、騎兵の一隊を送り出し、兵士たちが出払った後の天幕村に火を放ってまわらせたのである。これには一層、トルコ兵は浮足立った。自分の大切な私物が灰燼《かいじん》に帰すからだった。

ドラグー、到着

六月二日、ドラグーが、十三隻《せき》のガレー船とともに到着した。北アフリカの各港町をまわってより抜きの兵士を集めていたので遅れたのだが、より抜きの兵士とは、「マタシエテ」(Matasiete) と呼ばれ、アラブ語では、キリスト教徒の兵士を最低でも六人殺すと、アラーに誓いを立てた兵士という意味である。北アフリカのイスラム教徒の中では、最も狂信的で獰猛《どうもう》な男たちとして知られ、武器は大ぶりの半月刀だった。その男たちをドラグーは、一千六百人集めてきたのである。この翌日、八百人の海賊を連れて、ウルグ・アリもマルタ入りした。

海賊たちの参戦によって、聖エルモの城塞への攻撃が一段と激しくなった。海を間にはさんでいたこれまでの砲撃に加え、半島の陸側からの攻撃が加わったからだ。この戦術の変更はドラグーの意見を入れてのことであったというが、それだけにこの箇所での戦闘には、ドラグー自ら先頭に立つ。「イスラムの狂犬」と怖れられていた一千六百のマタシエテを率いて、ドラグーは聖エルモの城塞に襲いかかったのである。

しかし、海をへだてての砲撃でも、数多く撃ちそれを際限なくくり返せば効果はあらわれてくる。物量作戦はトルコ軍の得意とするところで、連日の砲撃を浴びた聖エルモの城塞は、夜中の補修も間にあわないまでの被害をさらしていた。とはいえ、ドラグー発案という陸からの攻撃にも、欠陥はあったのだ。右方に位置する聖アンジェロと聖ミケーレの城塞からの砲撃を、まるで船腹を敵にさらしつづける船のようにモロに浴びてしまうことなのだ。マルタ騎士団は、大砲の数こそトルコ軍に劣ったが、命中率では優れていた。海に浮ぶ船の上から撃つのに、長年の経験で慣れていたのである。

六月十七日、そのうちの一発が、ドラグーが率いていたマタシエテたちが盾にしていた大岩を直撃した。それを受けて砕け散った岩の破片が、先頭に立って闘っていたドラグーの頭を吹きとばしたのだった。

ドラグーの死で、聖エルモ城塞への攻撃も、ムスタファ・パシャの手にもどった。大砲による砲撃と崩れた城壁に兵をとりつかせての攻撃が、連日のようにくり返された。

聖エルモの城塞は見るも無惨《むざん》に崩れ果てていたが、その死守を誓った防衛側の兵士たちも、騎士兵士ともに八百五十二人であったのが、二百を切るまでに減っていた。だが、その二百は、最後まで手をあげなかったのである。そして、トルコ側は、聖エルモの城塞の攻撃だけで、四千人を失っていた。

眼には眼を

六月二十三日、聖エルモの城塞からの砲撃が沈黙した。一ヵ月近くもの間くり返されてきた激闘の末に、ついに陥落したのである。その日城塞内になだれ入ったトルコ兵は、負傷者でも捕虜にしなかった。その場で全員が、首を斬《き》られて殺された。だが、十人は残っていたと言われる騎士たちには、より残酷な死が待っていた。生きたままで皮をはがれ、丸太に縛りつけられて海に投げこまれたのだ。海流は、聖エルモの城塞の前を通って湾内に流れこむ。その海流が、騎士たちを、聖アンジェロの城塞のある岸辺まで運んでいくのを見越しての処刑であった。

この直後、トルコ陸上軍の司令官であるムスタファ・パシャは、ラ・ヴァレッテの許に使節を送って言わせた。騎士団長もこのような死を迎えたくなければ、ロードス島攻防時にスレイマンが許したと同様の名誉ある退去をわたしも許すから、それを受けられよ、と。

ラ・ヴァレッテは、その使者に言った。

「もどってムスタファに言え。ムスタファが手にすることのできるマルタの土地は、ムスタファの墓だけである、と」

しかもラ・ヴァレッテは、使者がそれをムスタファ・パシャに告げた頃を見計らって、次の行動に出たのである。これまでに捕虜にしていたトルコ兵の全員を敵から見える城壁の上まで引き出させ、次々と首を斬り落とす様子を敵に見せつけたのだ。そして、砲丸代わりに彼らの首を、トルコ軍の陣営に向けて撃ちこんだのである。こうしてマルタ攻防戦は、眼には眼を、歯には歯を、でつづくことになった。

マルタ騎士団は鉄の意志の団長の下でゆらぎもしなかったが、ゆらぎ始めたのはトルコ軍のほうである。攻防戦はすでに、スレイマンに約束していた一ヵ月を越えていた。

一ヵ月の攻撃でマルタ島に赤地に白の半月旗が高々とひるがえるはずであったのが、ひるがえっているのは聖エルモの城塞の上だけである。本丸と考えてよい聖アンジェロと聖ミケーレの城塞の上には、今なおへんぽんと、赤地に白の十字の騎士団の旗がひるがえっていた。

攻撃の進め方に非を鳴らしたのは、ピアリ・パシャである。海上にいなければならない彼は陸に上がり、陸上軍の司令官のムスタファ・パシャに、ことあるごとに異論をぶつけるようになった。もちろんムスタファが、それを喜ぶはずはない。馬を並べながら言い争いをつづける二人を見守る兵士たちの間に、厭戦《えんせん》気分が頭をもたげ始めてきたのである。

非凡なる二将よりも凡なる一将、ではないが、二人の司令官にそれぞれ別の任務を託す場合に考慮すべきことは、最終決定権はどちらにあるかを、任命時に明らかにしておくことである。これをスレイマンは、怠ったようであった。

それに、マルタ攻防戦時のトルコ側の二将は、非凡でもなかったのだ。ムスタファ・パシャの戦場経験は豊富だったが、それは、ドナウ河に沿うハンガリーやメソポタミア地方のように、広大な平原に大軍を展開しての戦闘である。狭く複雑な地勢のマルタ島で、その中でも狭い岩だらけの地帯で闘うのには慣れていなかった。このような地に敵を集めて勝負に打って出ると決めたラ・ヴァレッテの、戦略に完全に乗ってしまったのである。

一方、ピアリ・パシャのほうは、非凡どころか凡でさえもなかった。まず、二百隻に迫る船の指揮をゆだねられていながら、その活用を知らなかった。シチリアへの海路を封鎖してシチリアからの援軍を阻止するなど、頭のすみにもひらめかなかったようである。おかげで、マルタ騎士団の五隻は、攻防戦の末期になるまで失業状態で過ごす。

だが、それよりも重大な怠慢は、聖アンジェロと聖ミケーレの城塞への海側からの攻撃を、試みもしなかったことであった。聖エルモを陥としたことで、湾内への出入りは自由になっていたのだ。湾内に船を入れ、船上にそなえつけた大砲を使っての砲撃を浴びせていたとしたら、二つの城塞とも、海陸両面からの砲撃を浴びることになっていたのである。にもかかわらず、彼指揮下の船は、離れていて安全な湾内に錨を降ろしたままであった。味方のトルコ兵たちでさえ、ピアリ・パシャは妻の父のスルタンから託された海軍を、一隻も失うことなくコンスタンティノープルに連れ帰ることしか考えていない、と言い合ったほどである。

それでいてピアリ・パシャは、攻略の遅れの責任はムスタファ・パシャにあると言い張って、年長で経験も豊富な武将に対して一歩も退《ひ》かなかった。この二者の関係は、野戦でたたきあげた司令官と参謀本部のエリート参謀に似ている。だが、このような場合に居丈高になるのは、常に後者のほうなのである。

しかし、守る騎士団側の苦境も、深まる一方であった。執拗《しつよう》に忍耐強い闘いはつづけていたが、戦力は確実に減りつつあった。ヴェネツィア共和国と並んで当時の最高水準と言われた騎士団の医師たちも、運びこまれる負傷者が息を引き取るのを見守るしかなくなっていた。運びこまれたときはすでに、手をほどこしようもない状態であったのだ。ということは、片足が吹きとぼうが矢が腹部に深く突き刺さろうが、動けるうちは闘いつづけたということである。

そして、待ち望むシチリアからの援軍は、一ヵ月が過ぎても到着しなかった。シチリアから届く知らせは、集まらない、というものばかりだった。


フェリペ二世が約束した一万六千の兵士を、シチリア全島から集められないはずはなかった。「副王《ヴィーチェ・レ》」の官位でスペイン王からシチリアの統治を託されているドン・ガルシアは、トルコ軍による攻撃は必至となった頃に自らマルタを訪れ、ラ・ヴァレッテと防衛を協議し合ったのだから、当初は援軍派遣に積極的であったのだ。だがこの人は、スペイン王下の官僚である。直属の上司であるフェリペ二世が、ヨーロッパでの戦争に気を取られてマルタへの関心が薄らぎ始めているのを敏感に感じとり、マルタへの援軍派遣に消極的になっていたのだった。もしも以前と同様に積極的であったなら、格では自分と同等のナポリの「副王」にも呼びかけるなどして、一万六千ぐらいは容易に集めることはできたのだから。

もはやラ・ヴァレッテは、一万六千という数に固執しなかった。集めた数だけ送ること、の要請に切り換えたのである。そして、シチリアからの援軍のマルタへの海路は、騎士団の五隻を護衛につかせる、とまで伝えたのだ。だが、ドン・ガルシアのはっきりしない態度は、それでも変わらなかった。

こうして、七月が過ぎ、八月に入る。サハラ砂漠の砂が混じって黄色になり、しかも海の上を吹いてくるために湿気を大量にふくんだシロッコ（南東風）は、それに慣れていないトルコ兵たちを苦しませた。また、トルコ式の服装は、なぜか冬に適するように作られている。軍装とて文化だから、戦闘をする地域に応じて作り換える、というたぐいのものではない。ローマ帝国の軍団兵も、腕と脚部をむき出しにしたあの軍装で、北部ヨーロッパでも闘っていたのである。

トルコ軍の兵士たちに、食糧が不足していたわけではなかった。しかし、豊富であったのが減っていくのを見るだけで、人は欠乏感をもつようになる。戦場ではそれが、飢餓への恐怖につながる。彼らの胸中に、二ヵ月は要する母国への帰りの船路への心配までが去来するようになった。

絶対に欠乏していたのは、新鮮な水である。地中海の南では、夏には雨はほとんど降らない。もともとからして緑の少ないマルタ島には、自然のわき水もなかった。新鮮な水の欠乏は、疫病《えきびょう》の発生につながる。トルコ軍の兵士たちには、二つの城塞からの砲撃やしばしばゲリラ行動を仕かけてくる騎士たちによる攪乱《かくらん》作戦の犠牲になるよりも、疫病の犠牲者のほうが増えていった。これがまた、トルコ軍の兵士たちの士気を一段と落としていたのである。

ムスタファ・パシャも、さすがにあせっていた。マルタに到着した五月十八日から数えれば、すでに三ヵ月間もマルタに釘《くぎ》づけなのだ。戦況の打開を考えるならば、戦術を変える必要があった。

二つの城塞が突き出している湾内に、初めて船団を入れたのである。海側からも攻撃をかけようというわけだが、船上からの砲撃を浴びせておいて、その後に兵士を上陸させるのではない。城塞の海に面している側は、猫のひたいほどの狭い帯状の土地がめぐっているだけで、そこからすぐに城壁が高くそびえ立つ。ムスタファが命じたのは、猫のひたいほどしかないその地に兵士を上陸させ、網ばしごを使って城壁にとりつかせるというやり方だった。海将のやる戦法ではない。あくまでも彼は、陸戦の将であったのだ。

この動きは、早くも騎士団側に気づかれる。ラ・ヴァレッテの命令で、参戦していたマルタの島民の中でもとくに農民出身の兵たちが選ばれた。猫のひたいほどの地に陣取った農民兵には、上陸してくるトルコ兵に襲いかかってその首をかっ切る任務が与えられた。常には牛や羊を飼っている彼らだ。剣を振るうことには慣れていなくても、短刀のあつかいには慣れていたのである。それで、この海側からの攻撃も、ムスタファが期待した効果まではあげることはできなかった。

八月に入ってから行われた二つの城塞に向けてのトルコ軍の総攻撃は、ことごとく実を結ばずに終わる。十分の一程度の戦力でそれに起《た》ち向う騎士団側の犠牲は、当然大きかった。だが、トルコ軍も、一万五千、次は二万と投入したにかかわらず、陣営にもどってくるのは、よくてその三分の二、になっていたのである。総攻撃を指揮した後で天幕にもどってくるムスタファ・パシャを、口うるさくピアリ・パシャが責めたてる。その様子は、兵士たちにも見慣れた情景になっていた。

守る騎士たちも息絶え絶えの状態だったが、攻めるトルコ側も、情況は悪化する一方であったのだ。こうしてその年も、九月に入った。

九月七日、船員まで動員して、自分たちでももはや何度目かわからなくなっていた総攻撃を指揮していたムスタファ・パシャの許に、ピアリ・パシャからの知らせが届いた。シチリアからの援軍を乗せた船団が、マルタの五隻に護衛されながら接近してくる、というのである。

この知らせは、防衛の陣頭指揮をしていたラ・ヴァレッテの許には、それよりも早く届いていた。マルタの五隻を率いるロメガスが知らせたからだが、それには援軍が、一万六千ではなく六千足らずであることが記されてあった。

だが、ラ・ヴァレッテは、一万六千の援軍が到着しつつある、と公表したのだ。そして、そのことを明記した結び文をつけた矢を、大量にトルコ陣営内に射こんだのである。

これが、ムスタファ・パシャから、最後の闘志を奪い去った。主戦力ならば三万、それ以外を加えても五万もいたトルコ軍は、そのうちの二万人を、戦闘と疫病によって失っていたのである。

ムスタファ・パシャは、全軍の乗船を命じた。ピアリ・パシャも、これには同意した。兵士たちも、もういっときもマルタにいる気がなくなっていたのだろう。天幕も素早くたたまれ、乗船も、驚くほどに速やかに進んだ。

ところが、去って行ったはずのトルコ軍が、二日後の十三日になってもどって来たのである。どこでどう知ったのかは不明だが、シチリアから到着した援軍は、一万六千どころか六千足らずとわかって、あきらめきれないムスタファ・パシャが、それならば闘えると、全軍にUターンを命じたからだった。

しかし、マルタ島の北部に上陸し、戦場に向って行軍を始めていた援軍は六千足らずだったが、たとえそれが一万であっても、トルコ軍はもう完全に闘志を失っていた。ムスタファ・パシャの眼の前で、蹴散《けち》らされただけである。トルコ軍の司令官は、再び乗船を命ずるしかなかった。そして今度こそはほんとうに、トルコ軍は去って行ったのである。

防衛成功

援軍の兵士たちが眼にしたのは、各所で崩れ落ちた城壁と、大砲の直撃を受けてもはや形を成していない城塞だった。そして、すさまじいまでに破壊された石塊の間から現われた、汚れ、傷つき、血がこびりつき、地獄を見た者しかしない形相の騎士と兵士の姿は、それを見る者を一瞬たじろがせたほどであった。

騎士団の正式記録にも、生存者の正確な数は記されていない。『イタリア年代記』と題されたムラトーリ編集の古い記録を集めた書の中に、キリスト教徒、つまり防衛側の死者の数は四千、と記され、そのうち、一説では二百四十人、別の説では三百人、の騎士が戦死した、とあるだけである。

仮に、その中間をとって二百七十人としても、ラ・ヴァレッテ下で実際に戦闘に参加した騎士は四百人足らずなので、実に、七〇パーセント近くもの騎士が命を失ったことになる。三人に二人が戦死したのである。これが、四ヵ月におよんだ攻防戦を耐え抜いた代償であった。

マルタ攻防戦の勝利の知らせは、またたくまにヨーロッパの全域に広まった。

スペイン王フェリペ二世は、騎士団長ラ・ヴァレッテあてに、賞讃《しょうさん》の言葉で埋まった親書を送ってくる。

神聖ローマ帝国皇帝でハプスブルク家出身のマクシミリアンからも、祝辞と賞讃が寄せられた。

ローマ法王ピオ四世も、病床に就いていたが、祝福の使節をわざわざマルタに派遣し、ラ・ヴァレッテには、枢機卿《すうきけい》の位を贈ると伝えさせた。

フランスでは、息子の王の摂政をしていたカトリーヌ・ド・メディシスが、騎士団長がフランス生れであることはフランスの誇りだと、ラ・ヴァレッテが聴いたら苦笑したにちがいないことを得意気に言いふらしたという。

しかし、これら各国の権力者たちの反応よりも、庶民のほうがよほど率直だった。ヨーロッパ中の教会の鐘という鐘が、イスラム相手の久々の勝利を祝って鳴らされたのである。教会の鐘は、鳴らし方によって、喜びの鐘か警鐘か弔鐘かを区別する。当時の人々は、鐘の音を耳にしただけで、そのちがいがただちにわかる。英国国教会を設立してカトリック教会から分離していたエリザベス女王統治下のイギリスでも、教会の鐘は歓喜を告げて鳴りひびいたということだ。

その中で唯一《ゆいいつ》舞い上らなかったのは、ラ・ヴァレッテと、その指揮下で闘い抜いた騎士たちであったろう。

ラ・ヴァレッテは、キリスト教会では法王に次ぐ高位聖職者であり、しかも安楽で優雅な余生を送るに充分な収入までも保証された枢機卿に任命するという法王の申し出を、丁重ながらも断わった。そして、ヨーロッパ中の王侯からの讃辞の中に、必要なものがあれば援助したい、とあるやただちに、資金の援助を求めたのである。四ヵ月近い攻防で破壊されつくしたマルタの再建には、賞讃の言葉よりも枢機卿の地位よりも、資金と技師が必要だった。招《よ》び寄せた技師は五人とも、この面では当時の先進国であったイタリア人である。そのうちの一人は、スペインの王室建築師であった人を、フェリペ二世が送ってきたのだった。

これ以降、現在に至るまで、マルタ島の首都は「ヴァレッタ」(Valletta) と呼ばれている。この命名は当然すぎるくらいに当然だと思うくらいに、現代の「ヴァレッタ」は、攻防戦の後にラ・ヴァレッテが建てさせたものが骨格になっている。その後の二百年間に数限りなく改築され飾られたが、それでもなお、攻防戦後に再建されたものが基本になっている。

トルコのスルタン・スレイマンは、攻防戦の翌年に世を去った。だが、同年だったラ・ヴァレッテには、老いて安らかな死を迎える余裕などはなかった。攻防戦の間中陣頭指揮を取りつづけたこの男は、戦後の復興にも陣頭に立って指揮しつづけたのである。

超大国トルコを向うにまわして闘い抜いたことによって、マルタ騎士団の名声はヨーロッパ中に広まり、騎士団には資金も人も集まるようになったのである。その騎士団を象徴していたのが、ラ・ヴァレッテであった。マルタが再建されるまでは、彼は死ぬわけにはいかなかったのだ。狂的な男ではあった。だが、現実的で合理的な男でもあった。


ラ・ヴァレッテは、攻防戦の三年後の一五六八年に、マルタで死んだ。その彼の遺体は、攻防戦の勝利を祝って建てられた、ヴィクトリア教会に葬《ほうむ》られた。マルタ騎士団のほうは、一七九八年にナポレオンによってマルタを追い出され、今はローマに本部がある。だが、ラ・ヴァレッテの墓だけは、そのままマルタに残っている。

聖エルモも聖アンジェロも聖ミケーレも、完全に再建された。今なお海からマルタ島に入る場合は、朝日を浴びた、というのはヨーロッパとマルタを結ぶ連絡船はなぜか早朝にマルタに着くのだが、それで朝日を一面に浴びた聖エルモの城塞が、マルタ島を訪れる人を最初に出迎えることになる。

この城塞の威容には、誰でも圧倒されるにちがいない。一八〇〇年からの百五十年間イギリスが領有していた時代に補強されたということだが、それとて航空機時代に適応するように強化されたのであって、攻防戦後にマルタ復興に実際に従事したイタリアの技師の残したスケッチを見ても、十六世紀後半の時期ですら、すでにその威容は圧倒的であったことがわかる。マルタ島は、英国がその基地化に執着したことからも想像できるように、地中海の中央に浮ぶ航空母艦になったのである。空母は動く城《じょう》塞《さい》であり、城塞都市は動かない空母であると思っているが、マルタは、独立国になりEUの一国になっている今なお、戦略要地であることをやめてはいない。

マルタ攻防戦の失敗を知ったスレイマンは、若かった頃にロードス島でやった紳士的な振舞いを、後悔したのではないだろうか。あのときに紳士ぶって騎士たちに名誉ある退去を許したことで、猛々《たけだけ》しい「マルタの鷹《たか》」を空に放ってしまったのだから。

歴史でも政治でも軍事でも経済でも、その下に「学」とつくやいなや、人間の心情への配慮が薄れるように思われる。心情という形もなく数字でも表わせないことに配慮していては、厳密でなければならない学問にふさわしくないということであろうか。

もちろん、何の対策も立てないでおいて精神主義のみ唱えるのは、愚策中の愚であることは言うまでもない。しかし、対策を立てる力はありながらあきらめてしまい、もう何をやっても無駄だと思っていた人々に、無駄ではないと思わせる役に立つならば、精神主義も捨てたものではなくなる。

広大な領土を有し、陸上軍とその大砲の威力で東欧を制覇し中欧にまでその勢力を広げつつあったトルコ帝国と比べれば、マルタ島はケシ粒ほどの土地でしかなく、マルタ騎士団の軍事力も、ひと吹きで吹き飛ぶ程度でしかなかった。

だが、このマルタ騎士団が、トルコのスルタンが鳴り物入りで送りこんできた大軍相手に闘い抜き、撤退を勝ち取ったのである。ヨーロッパ中が「不可能」と思っていたことが、「可能」であることが示されたのだ。無敗のトルコ軍が、無敗ではないことが示されたのであった。

また、海賊たちも、長期にわたる攻防戦では、戦況の決定要素にはなれないということも、庶民の眼にさえも明らかになる。海賊とは所詮《しょせん》、弱い者を襲っては奪う場合にだけ脅威になるのだ。それは、海上で堂々と正面から対決する海戦では、海賊勢はほとんど勝ったことがないという、これまでの長年の歴史が実証していた。

その気になりさえすれば勝てる、とわかれば、人間は、迎え撃つ体制の強化にも真剣になる。とは言ってもそれは、庶民の水準ではなく沿岸に領地を持つ領主の水準ではあったが、高い崖《がけ》の上にしろ、海に面して城塞を築くようになったのだ。いまだに名は「サラセンの塔」と呼ばれている監視塔から、海賊船が水平線に現われたと告げられても、人々は山地に逃げなくなった。逃がすのは女子供で、少なくとも武器を手にできる男たちは逃げなくなったのである。城塞にこもって、領主の指揮下、海賊を迎え撃つように変わったのであった。

イタリア半島の海ぎわに立つ城塞の多くが、十六世紀後半のこの時期に大幅に改造されている。後に補強が重ねられたものも多いが、それでも大改造はこの時代に成されている。十六世紀後半のこの時代、最も多忙であったのは城塞技師であったにちがいない。マルタ攻防戦を境に、需要が一段と増したのだから。

防衛力の増強に、精神面でも資金面でも努力を惜しまなくなるのは、人々の心情が、何をやっても無駄だ、から、無駄ではない、に移行した証拠ではないかと思っている。ヨーロッパ史全体から見れば、マルタ攻防戦は、ローカルな一事件にすぎなかった。

しかし、地中海世界に住む人々にとっては、フランスでの新旧教徒の血で血を洗う争いや、スペイン軍を苦戦させたオランダ人の抵抗や、エリザベス女王の許《もと》で台頭いちじるしいイギリスよりも、マルタの勝利は重大な影響をもたらしたのである。ちなみに、英国が大英帝国になる時代を象徴する人になるシェークスピアは、マルタ攻防戦の一年前に生れている。

だが、トルコ軍がマルタから撤退を余儀なくされたとは言っても、それが即、地中海での海賊の勢いの低下につながったわけではなかった。

ムスタファ・パシャもピアリ・パシャも、罰されるどころか解任もされていない。スルタン・スレイマンはこの後一年もしないで世を去るので、トルコ軍解体につながる怖《おそ》れのあることを決断する気になれなかったのかもしれない。

スレイマンも老いたが、その下で各地を歴戦したムスタファも老いたのだろう。ピアリ・パシャは以前と同じにトルコ海軍をまかされていたが、こちらのほうは若くても能力がなかった。それで西欧も、ピアリ率いる八十隻に襲撃されても、海賊が相手のような被害まではこうむらないですんだのである。

ドラグー亡《な》き後にトリポリの総督に任命されたのはウルグ・アリだが、「ディヴァン」と呼ばれるトルコ帝国の政府は、この時点ではまだ、いかにイスラムに改宗はしていても生れはイタリアのこの海賊を、トルコ海軍の総司令官に任命しようとはしなかった。ピアリとて改宗前はキリスト教徒だったはずだが、四十五歳前後という同年代のこの二人の昇進の速度の差は、トルコにおける人材登用システムの硬直化の始まりを思わせないでもない。トリポリを基地にしてウルグ・アリはあい変わらず精力的に海賊行をくり返していたが、トルコ帝国からの強力な支援は以前ほどではなくなっていた。もしも以前と同じであったならば、ラ・ヴァレッテもあれほど、攻防戦直後の復興に専念できたはずはなかった。

治世四十六年と、半世紀近くもの間スレイマンは、トルコ帝国の絶対君主として君臨してきたのである。長年にわたって慣れ親しんできた才能豊かな君主の統治が終わった直後は、どこの国でもどの民族でも停滞期に入る。それによってトルコ帝国の攻勢が弱まったことは、地中海世界のキリスト教側の人々にとっては、比較的にしろ、穏やかな日々の到来を意味したのである。こうして、一五六五年のマルタ攻防戦後の、五年間が過ぎていった。

トルコとヴェネツィア

マキアヴェッリが言ったのかそれともグイッチャルディーニの書にあったのかは忘れたが、長年にわたって私の頭から離れない一句がある。
「現実主義者《リアリスト》が誤りを犯すのは、相手も自分と同じように考えるだろうから、バカなまねだけはしないにちがいない、と思ったときである」

ヴェネツィア共和国は、東方と西方を物産によって結ぶ交易国として繁栄してきた。十六世紀に入ってからは自国でも生産する工業国にもなっていたが、西欧の製品と東方の物産の仲介役としての立場は変わっていない。

このヴェネツィアにとっては、経済関係が良好に進むことが最重要事なのであって、必要もないのに領土を拡大して得意がる領土欲には無縁だった。船の寄港地と物産の交流拠点だけが必要なので、他民族への支配欲はなかったのである。同時に、その他民族が自分たちとちがう宗教を信じていようと、これにもまったく関心を持たなかった。ローマ法王が、自分は全キリスト教徒にとって神の地上での代理人だが、ヴェネツィア人にとってだけはそうでない、と言って嘆いたくらいである。

一方、トルコのスルタン・スレイマンも、イスラム世界の盟主として、「イスラムの家」の拡大には熱心だったが、その実現に際しては狂信的ではなかった。彼こそが騎士団をロードス島から追い出した張本人だが、ロードス島時代の騎士団はイスラムの船と見れば襲い奪うことこそ宗教騎士団の責務と思いこんでいた集団であり、こうなると、宗教上の問題ではなく治安上の問題になる。騎士団が本拠にしていたロードス島は、トルコ帝国内の二大都市である、首都のコンスタンティノープルとエジプトのアレクサンドリアを結ぶ海上に位置していたからであった。

もはやトルコ帝国が、自分たちの海と思って疑わない東地中海域に、ヴェネツィア帝国も領土を持っていた。大きなところのみあげるとしても、キプロスとクレタの二つの島である。

もしもスレイマンが、アラビア半島制覇で苦労していた当時のマホメッドの考えを投映しているコーランの言辞を、オリエント全域の制覇まで成し遂げて大帝国になった今でも守らねばならないと考える狂信的なイスラム教徒であったならば、ロードス島につづいてキプロスもクレタも、キリスト教徒の手から奪回して「イスラムの家」

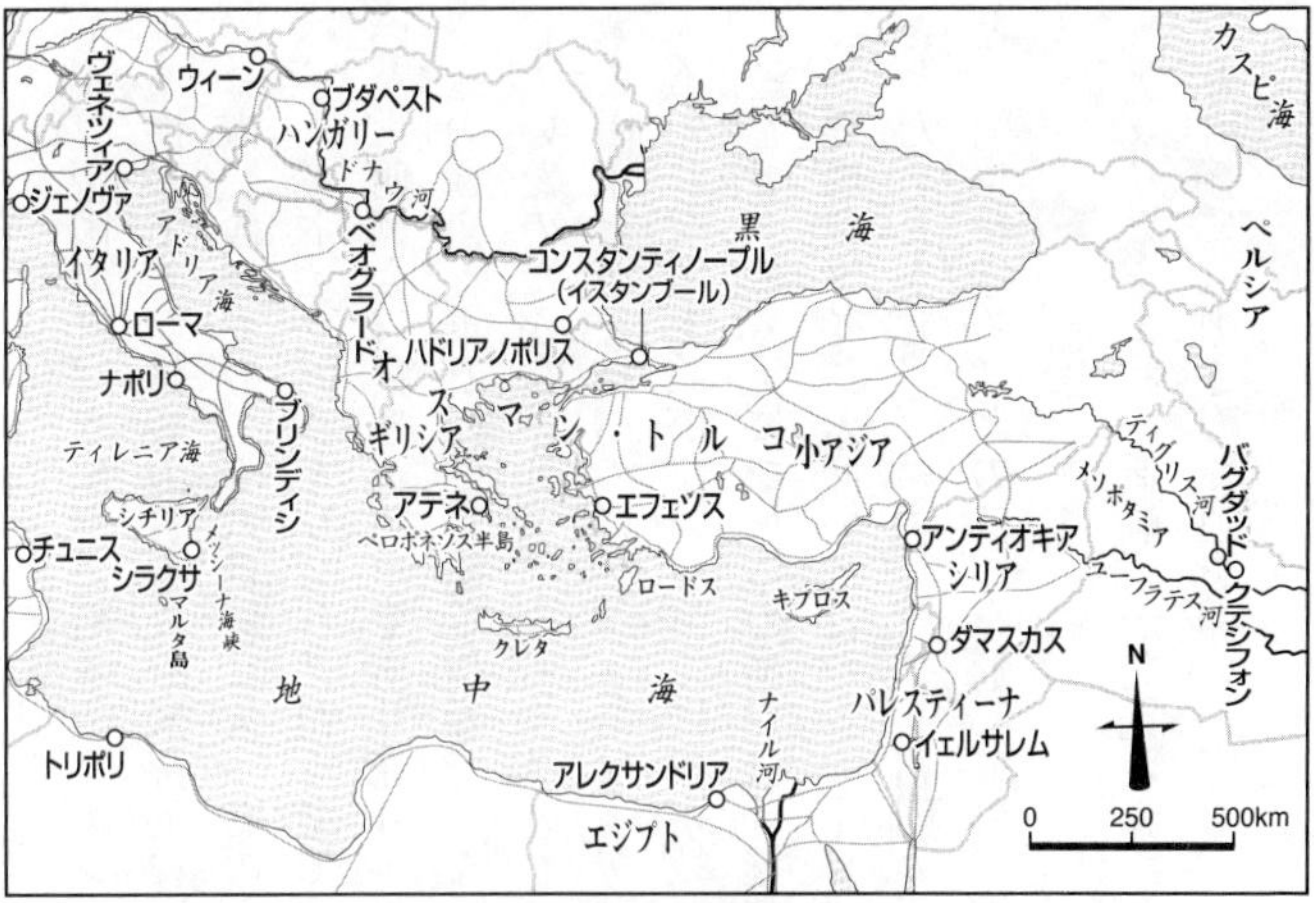

イタリアおよび東地中海

に併合していただろう。

だが、スレイマンはそこまではしなかった。現実路線と言うかバランスの取れた外交と言うか、その線を越えることなしに半世紀を統治してきたのである。もちろんスレイマン時代でも、キプロスやクレタへの軍事を使った脅しは、ときには行われた。だがこれも、交易をつづけていかれるのはトルコが認めているからだということを、ヴェネツィアに思い出させるデモンストレーションの域を出なかったのである。

スレイマンは、ヴェネツィアの存在価値を知っていた。彼の治世下で、トルコ帝国は最盛期を迎えていた。この時代のトルコ帝国では、支配下にあるオリエントの全域までが、政治的に安定し、その結果、生産性が上り、物産の質も量も飛躍的に向上していたのである。

一方、西側でも、十六世紀に入ったのが出発点でもあるかのように、フランス、スペイン、ドイツ、イギリスと、領土型で中央集権的な国家がいっせいにスタートしていた。西側も、良き買い手であり売り手になりつつあったのだ。

そのうえ、東と西は、競争相手でもなかった。東も西も、それぞれちがう物産を産していたのだから。

この東と西を結ぶのに、ヴェネツィアは最適任者であったのだ。

第一に、領土欲がない。第二に、宗教に捕われない。

そして、最も重要な彼らの利点は、継続性を最重要視していたことにあった。

一発勝負タイプの商いでは、ヴェネツィア人はしばしば、ライヴァルたちに遅れをとった。しかし、ヴェネツィア共和国の経済政策は常に、相手にももうけさせることと、約束を守ることの二つを通しての、継続性を重視することで一貫してきた。

アフリカをまわる新航路が発見されたことでポルトガルが、香辛料の原産地のインドと直接に取引きする道を開いた際も、これまで香辛料市場を独占してきたヴェネツィアは、この危機を、次のやり方で克服している。

それは、ポルトガルの介入で仲介業を失業してしまったアラブ人に再び職を保証するためにも、これらアラブ商人が砂漠を越えて地中海の東岸まで運んでくるのを、櫂《かい》というモーターづきのために到着日を守るのも相当な程度に可能なガレー商船で待ちうけ、西欧に運んでくるというやり方で克服したのである。リスボンが香辛料貿易の中心であったのは、ヴァスコ・ダ・ガマによる新航路発見直後の一時期にすぎない。その後は再び、香辛料市場の中心はヴェネツィアにもどった。

もしもトルコ帝国が、かつてのローマ帝国のように、学問芸術は、それを得意としてきたギリシア人にまかせ、商いはユダヤ人とギリシア人に、騎兵力は、騎馬民族であるムーア人やガリア人に、弓矢はオリエントの男たちに、という具合に、それぞれ得意な分野をまかせるという方針で一貫していたのならば、トルコ帝国とヴェネツィア共和国の間も良好に進んでいたはずであった。

ローマ人はこの自分たちのやり方を、「寛容」(クレメンティア)と呼んだ。「寛容」と聴くと、強者が弱者に対して「施し」を与えることのように聴こえる。だが、古代のローマ人にとっての「クレメンティア」は、そのような情緒的感情ではない。共生していかねばならない相手にも得意分野で力を発揮させることでその人の存在理由を確認させ、それを基盤に運命共同化にもっていこうとする、冷徹な支配哲学であったのだ。

しかし、一神教徒のトルコ人は、多神教徒のローマ人ではなかった。神は、自分の信ずる神のみ、と考える一神教では、信仰に熱心であればあるほど、自分とは異なる信仰を持つ者を同等には考えられないのである。

ゆえに、ヴェネツィアとトルコの関係は、常に緊張をはらんで進むしかなかった。ヴェネツィアの「十人委員会」（C・D・X）に秘《ひそ》かに送られてくる、トルコの各分野に潜入したスパイたちによる情報と、駐在大使からの極秘情報を一読するだけでも、友好通商条約を結んでいる間でさえもトルコが、ヴェネツィアにとっては仮想敵国のナンバー・ワンであったことがわかる。このヴェネツィアがトルコに派遣する大使は、フランスやスペインの大使を歴任してきたベテラン中のベテランを送るのが常になっていた。しかも、いざという場合を考えて単身赴任で。

しかし、海上戦力ならば優位にあったが、陸上戦力ではトルコは、スルタンの一声でヴェネツィアの全人口に匹敵する数の軍勢の編成も容易にできる国である。このトルコ帝国との外交は、当時のヴェネツィア大使の言った、「ガラス玉遊技」に似ていた。ただし、ヴェネツィア側には、「ガラス玉」を落とす気はまったくない、ということをつけ加えたうえでの、「ガラス玉遊技」であったのだ。それゆえトルコ側に、「ガラス玉」を落とす誘惑に駆られる人物が出てくるやいなや、「遊技」は「遊技」でなくなるのであった。

キプロスの葡萄酒《ぶどうしゅ》

スレイマンの後を継いでトルコ帝国のスルタンの座に就いたのは、息子のセリムである。父親が長命だったので、大帝国の最高権力を手中にした年には、四十五歳になっていた。

しかし、皇太子時代が長かったのではない。長子で異母兄で、しかも有能な兄が後を継ぐと思われていたので、むずかしい地方の統治のような要職はすべてこの兄に集中し、セリムのほうは部屋住みの身で、快楽一方の生活を送ってきたのである。

それが、二年前に兄が失脚したので、スルタンの座が弟のセリムにまわってきたのだ。異母兄のバヤゼットがペルシアで起した反乱というのも、セリムの生母でスレイマンの寵妃《ちょうひ》だったロクサーナが仕組んだ謀略だとは、ヴェネツィアの諜報《ちょうほう》機関による情報だが、真相はわかっていない。いずれにせよセリムは、自分が坐《すわ》るとは想像もしていなかったスルタンの玉座に、四十五歳になって坐ったのである。

スルタンになった直後のセリムは、祝いを述べに参上したヴェネツィア大使に向い、共和国とは亡き父のときと変わりない関係をつづけたい、と言ったりして、表面的には変化は見られなかった。しかし、相手の言葉を頭から信用していては、国益を背負う外交官は務まらない。ヴェネツィア大使は早くも、新スルタンの言動には特別な注意が必要であると、本国政府に伝えている。「ディヴァン」と呼ばれる内閣に連らなる大臣たちの大使への態度の微妙な変化が、その前兆である危険は大きかった。

「偉大なるスレイマン」と生れた年から四十五年もの間聴かれされてきた息子の心情は、同情できないでもない。だが、コンスタンティノープルを落城させビザンチン帝国を滅亡させたことで「征服王」と讃《たた》えられたマホメッド二世の後を継いだバヤゼット二世は、父の偉業の定着だけに専念したのである。彼がいなかったならば、次のスルタン・セリム一世によるエジプトの制覇も、その次のスレイマンによる中欧への大攻勢も、成されなかったか、それとも成されたとしてもよほど先になってからであったろう。拡大や改革の後にはそれを定着させることが不可欠だが、スレイマンの後を継いだセリム二世には、その認識が欠けていた。四十五歳にしてようやく陽の当る道に出たこの最高権力者には、父がしなかったことをすることだけが関心事であったのだ。

キプロスを攻める、と決める。

なぜ、クレタでなくてキプロスなのか。

キプロスのほうが補給線が短くてすむなどということは大臣たちがつけた後づけの理由で、スルタン・セリムの本音は、キプロスを我がものにすればあの島の葡萄酒も我がものにできる、ということにあった。

キプロス産の葡萄酒は、この島がヴェネツィア領になって以来の百年間に、ヴェネツィア人による効率的な農園経営と品質管理によって、最高の名酒の地位まで獲得するようになっていた。この島で産するマルヴァジア酒は、当時のヨーロッパでは、現代のシャンパンと同じ地位を享受《きょうじゅ》していたのである。

なにしろ、キプロス産の葡萄酒と、イオニア海に浮ぶこれまたヴェネツィア領のチェファロニアの島特産の乾《ほ》し葡萄は、新興国のイギリスへの主要な輸出商品でもあった。これらはジブラルタル海峡を通ってイギリスのサザンプトンの港に荷揚げされ、その売上げ金で買い求めたイギリス産の羊毛の粗毛を乗せてヴェネツィアにもどってくる。これをヴェネツィアの工場で最上級の布地に製造し、それをまたイギリスに持っていって売るというわけだ。当時のイギリスは、エリザベス女王もイタリア語を解したと言われるくらいにイタリア熱が高く、ヴェネツィア産の高級織物にとっては最上の市場の一つになっていた。シェークスピアの劇作品の多くがイタリアを舞台にしているのも、エリザベス時代のイギリス人の好みを反映しているのである。

しかし、それほども有名になっていたキプロス産の葡萄酒も、ヴェネツィア人による経営があってこそであった。キプロスを手にすればそのまま上等な酒も手にできる、というものではない。だが、イスラム教徒の戒律は守って公然とは飲まなかったが私的な場では大酒飲みだったセリムは、そこまでは考えなかったのである。

キプロス征服という父のやらなかったことをやり、上等の葡萄酒まで我がものにする、という想《おも》いが、「ガラス玉遊技」を終らせることになってしまう。そして、トルコの首都コンスタンティノープルでの、十万を越える大軍と二百隻《せき》もの船の集結は、ついにヴェネツィアに、長年苦労しながらも維持してきた中立を捨てさせることになった。

「強国とは、戦争も平和も、思いのままになる国家のことであります。わがヴェネツィア共和国は、もはやそのような立場にないことを認めるしかありません」

これは、この世紀の初めにヴェネツィアの外交を第一線で担当していた、フランチェスコ・ソランツォが政府に送った報告書の中の一句である。ヴェネツィア共和国は、東ではトルコが台頭し、西ではフランスとスペインが強大化しつつあった十六世紀初十六世紀初頭にすでに、自国の占める位置を冷徹に見極めていたことを示している。だからこそ、現実的であると同時にときには一歩も退かない毅然《きぜん》とした外交が求められるのだが、それを、十六世紀も後半に入った一五七〇年に担当したのが、同じソランツォ家に属すジョヴァンニであったのは、単なる偶然であったろう。だが、ローマの法王庁に送られ、そこで対トルコの連合艦隊の実現に向けて努力する彼の頭によぎったのは、亡き父が言い遺《のこ》したこの一句ではなかったか。

レパントへの道

ヴェネツィア共和国は、中世盛期の十三世紀からすでに各国に大使や領事を常駐させてきた唯一の国だったが、重大な問題には、本国から特命全権大使が派遣される。駐在大使は、特命大使が赴任するや、その指揮下に入ることになっていた。

特命全権大使としてローマに赴任したジョヴァンニ・ソランツォの第一の仕事は、ローマ法王ピオ五世を説得して、対トルコの連合艦隊の結成を呼びかけてもらうことだった。だがこれは、そうは簡単にいくことではなかった。

ピオ五世は、法王に選出される以前は、その狂信的で残酷な追及で悪名高かった異端裁判所の判事を、三十年も務めてきた人である。スコットランドの女王のメアリー・スチュアートを捕えたイギリス女王のエリザベスを公然と非難したのもこの法王で、理由は、メアリー・スチュアートがカトリック教徒だということにある。フランスで進行中の新旧両派による宗教を旗印にした権力闘争にも、カトリックというだけでカトリーヌ・ド・メディシスへの支持を明らかにしていた。ドイツのプロテスタントもオランダの市民階級も、同じ理由でピオ五世には、異教徒以上の仇敵《きゅうてき》であったのだ。

このように反動宗教改革の申し子そのもののピオ五世が、経済上の理由とはいえイスラムの国トルコと協定を結んでいるヴェネツィアを、良く見るはずはなかった。それに、当時のヴェネツィアは、異端裁判所の牢獄《ろうごく》から幸いにも脱出できた者に助けの手を伸ばした人の誰もが、ヴェネツィアへ逃げよ、と言ったくらい、信教と言論の自由があった国である。ローマ法王庁が禁書にした書物も、ヴェネツィアの書店には堂々と並んでいた。

しかし、この時期のヴェネツィアは、ローマ法王を必要としていた。とはいえ、異教と異端の敗北を見るまではと肉を断ち、卵しか食べないピオ五世に対しては、キプロス救援を表面に立てたのでは説得はできない。それで、大使ソランツォは、老いた法王の胸中に燃える十字軍精神を利用することにしたのである。自分の命も長くないと思っていた法王は、それに完全に乗った。

ローマ法王の利用価値は、その持つわずかな軍事力にはない。神の地上での代理人の資格で強国の支配者をも動かせる影響力、にその価値がある。だが、当時のヨーロッパの列強は、神の代理人の呼びかけに容易に応《こた》える状態にはなかった。

フェリペ二世

神聖ローマ帝国皇帝マクシミリアンは、ハンガリーをめぐるトルコ軍への迎撃から手を離せない状態にあった。

カトリーヌ・ド・メディシスの摂政下にあるフランスは、この二年後に勃発《ぼっぱつ》する「聖バルテルミーの大虐殺《だいぎゃくさつ》」の前夜の状態。国外への関心などは、持つこと自体考えられなかった。

結局、三十年前に奇妙な敗れ方をした「プレヴェザの海戦」で苦汁を飲まされた経験は忘れることはできなかったが、頼りになれそうなヨーロッパの大国はスペインしかなかったのである。スペインとは少なくとも、地中海世界における利害が一致していたのだった。

しかし、狡猾《こうかつ》なフェリペ二世は、対異教徒を旗印にした十字軍などには欺《あざむ》かれなかった。彼は、連合艦隊結成の真意が、キプロス救援にあることを察知していた。と言って、歴代のスペイン王は「カトリック王」と呼ばれる栄誉をもつ。ローマ法王の要請を、無視しつづけることは許されなかったのだ。それでスペインは、自案を提案する。ヴェネツィアがどこよりも船を多く提供し、その連合艦隊の総司令官がジャンアンドレア・ドーリアであれば、スペインも参加する、と伝えてきたのである。

ジャンアンドレアは、スペイン王の下で働く海将だ。大伯父のアンドレア・ドーリア同様に、自前の船団とともに雇われる、海の傭兵《ようへい》隊長だった。プレヴェザ当時にアンドレア・ドーリアに苦汁を飲まされたヴェネツィアが、受け容《い》れられる人選ではない。フェリペ二世の提案に、ヴェネツィアは真向から反対する。交渉は、暗礁《あんしょう》に乗りあげてしまった。

キプロス攻防

だが、その年、一五七〇年の六月、トルコ軍によるキプロス島への大攻勢が始まったのである。海上封鎖を命じられた、ガレー船の数だけでも百六十隻。この他に、十万もの兵士を運ぶ数知れないほど多くの帆船がキプロスの海を埋める。これら兵士たちは、キプロス島のいくつもの浜から、同時に上陸を開始した。海に囲まれる島では、阻止のしようもない。トルコの大軍の総指揮は、ムスタファ・パシャが取る。五年前のマルタ攻防戦で攻めきれずに撤退するしかなかったこの老将は、今度も失敗すれば首がとぶというセリムの言葉に、必死の想いでキプロスの土を踏んだのであった。

受けて立たざるをえなくなったキプロスを守るのは、島民であるギリシア人を兵士にしていた五百人を入れても、四千に達しない数だった。ヴェネツィア本国は、ひとまずの援軍として、クレタから、補給物資を持たせた一隊をファマゴスタに上陸させることはできた。島の北東の端に位置していて城塞都市化されていたファマゴスタの守りは固く、いまだトルコ軍も、近づくことさえしていなかったからである。

同時に、ヴェネツィア本国からは、セバスティアーノ・ヴェニエル率いる百三十隻のガレー艦隊が出港した。また、クレタ島に常駐する艦隊の司令官マルコ・クィリーニには、急ぎコルフ島に向い、ヴェニエルと会い、トルコ軍の包囲突破の作戦を討議するよう命ずる。

ヴェネツィア本国からとクレタからの艦隊がコルフで合流したのは、八月四日だった。だが、アドリア海を南下中に伝染病に冒されたヴェニエル指揮の百三十隻では、

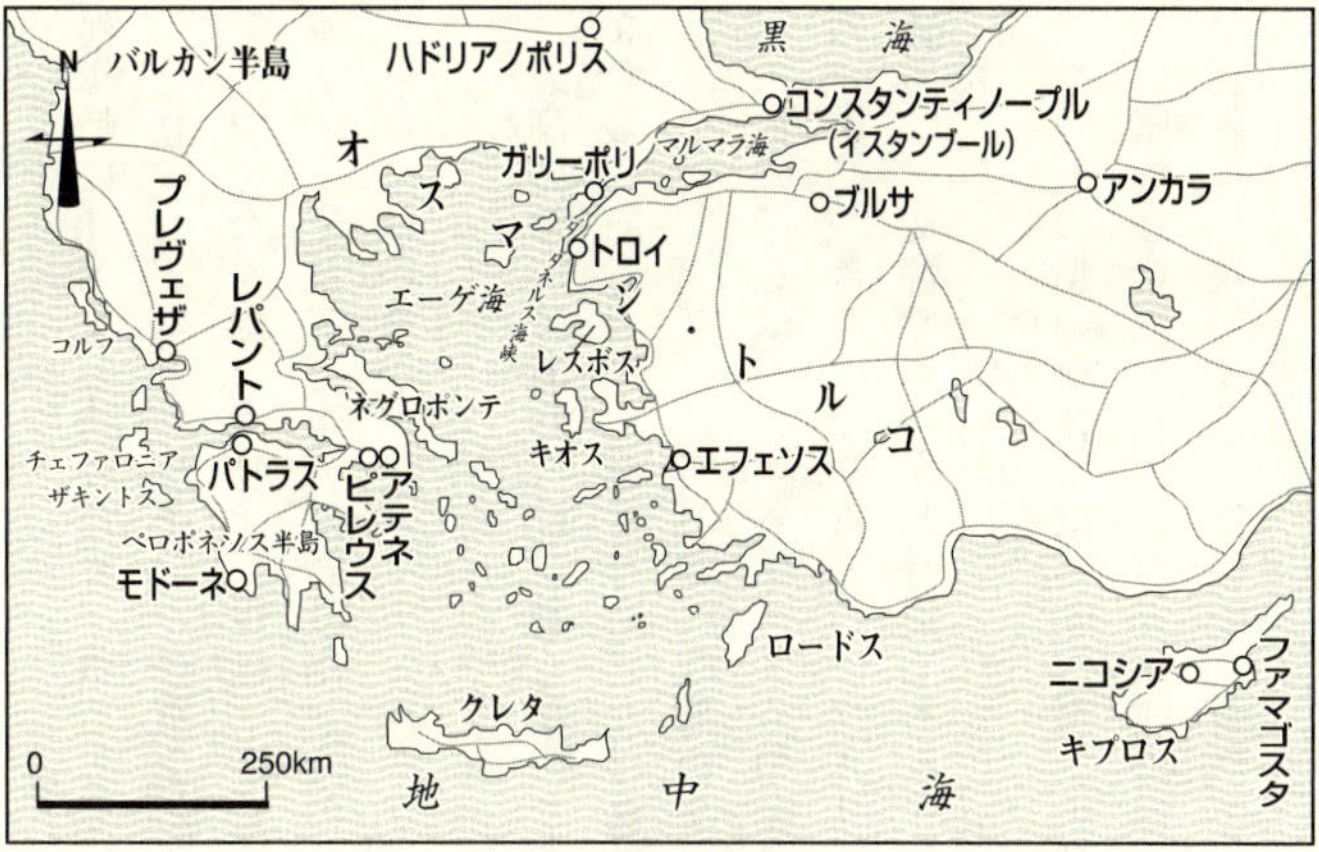

エーゲ海とその周辺

病人があい次ぎ、このままの状態ではキプロスへ向うことも、そしてトルコの百六十隻と戦いを交えることも不可能になっていた。

その間、大使ソランツォの努力も空《むな》しく、連合艦隊結成に向けての交渉は、はかどるどころか遅々として進まない。

法王ピオ五世は、矢つぎ早に親書を送ってはスペイン王をせき立てる。それでもフェリペ二世の態度は、いっこうに煮えきらない。その一方では、法王庁海軍の司令官に任命されたマーカントニオ・コロンナは、ヴェネツィアまで出向いて、スペイン王の提案を受け入れてはどうかと説得するが、ヴェネツィア政府は、自国の船と人間を傭兵隊長に託すなど論外だと、頑として拒否しつづける。
それでも、ローマ法王のたび重なる要請に対してこれ以上答えを先送りすることができなくなったフェリペ二世は、ひとまずは、スペイン船を率いさせてジャンアンドレア・ドーリアを東方に送り出したのである。だが、ドーリアには、明確な命令は与えられてはいなかった。

最高の地位にある人は、動くな、とでもいうような拒否の想いを明確にする必要はないのである。動くな、と命じたければ、態度をあいまいにしておくだけでよい。臣下はそのトップを見て、ここは動かないほうがよいと自分で判断する。そしてフェリペ二世の深意は、ヴェネツィア共和国の利になることにはスペインは手を貸さない、の一事につきたのである。このフェリペ二世は、非難の理由になりそうな危険のある証拠は、文書であろうと言葉であろうと、いっさい残さない君主でもあった。

その王の想いを背に東へ向ったドーリアは、クレタ島の港に移動していたヴェネツィア艦隊と合流した。だが、まず彼は、法王が出してきた妥協案の、コロンナの総司令官就任に反対する。次いで、ヴェネツィア艦隊の現状では、これ以上東へ進むのは月末まで無理である、という理由をあげて、自下の船団の出発を拒否した。

クレタ島に集結した戦力は、ドーリアの率いてきたスペイン船団を加えて、百八十隻のガレー船に十二隻のガレアッツァで、キプロスを包囲中のトルコ海軍に充分立ち向える戦力だった。だがドーリアは、それでも考えを変えなかった。また、伝染病によるヴェネツィア戦力の弱体化も事実ではあったのだ。

必死にクレタの島民を集めて乗員の不足を解消し終わったのは、九月半ばになってからである。九月十八日、全船はキプロスへ向って出港した。だがその直後に、キプロス島の首都のニコシアが陥落した知らせが届いたのである。

陥落は、連合艦隊がクレタを発《た》つ十日も前の、九月八日であったという。トルコの大軍の攻撃を、三ヵ月も持ちこたえた後の落城であった。陣頭に立って防衛戦を闘ったヴェネツィア人たちは、その全員が壮烈な戦死をとげた。百年もの間ヴェネツィア領であったキプロス島の運命は、島の北東に位置するファマゴスタが守りきれるか否《いな》か、にかかってきたのである。

ニコシア陥落の知らせを受けたとき、艦隊はすでにキプロスへの道半ばにまで来ていた。だが、たちまち意見のちがいが表面化する。ヴェネツィアの司令官たちは、このままキプロスへ向うべきだと主張する。一方、スペイン王の意を汲《く》むドーリアは、すでに大半がトルコの手に落ちたキプロスを救うために、わざわざ西から来たのではない、と反論する。結局、二千五百の兵を乗せた二十隻をファマゴスタへ援軍として送った後の全船は、西へ引き返すことになった。だが、この二十隻も、海賊ウルグ・アリ率いる海賊船団に行手をはばまれ、ファマゴスタに近づくこともできずに引き返すしかなかった。

そうこうするうちに、地中海に吹く風も冷たさを増し、敵よりも怖ろしい悪天候の季節が近づいてきた。と思ったとたんに、まるで海神ポセイドンが自分の存在を人間たちに誇示するかのように、暴風雨が襲ってきたのである。こうなっては、全船で一挙にファマゴスタの港に逃げこむか、それとも西へ引き返すしかない。このような場合、人はごく自然に、慣れ親しんだところにもどるほうを選ぶ。

ヴェネツィア艦隊はクレタとコルフに、スペイン艦隊はシチリアに、ドーリアは自前の船団だけを連れてジェノヴァに、それぞれもどって冬越しをすることになった。ドーリアは、来年はもっと早く来る、と約束する。ヴェネツィア艦隊のほうも、来春早々の集結と思ったので、本国にはもどらず、近くのクレタとコルフで冬越しをすることにしたのだった。

ファマゴスタを、見捨てたわけではなかった。冬は南の島キプロスでも厳しく、陸上の戦闘でも事実上の休戦状態になるのだ。ブラガディン総督以下五千が防衛するファマゴスタだが、城塞化は完璧《かんぺき》で、ヴェネツィアの海外領土の中ではコルフとクレタに次ぐ堅固なつくりで知られていた。そこを守る防衛戦力は敵の十万に対して五千でしかないが、兵糧《ひょうろう》は不足していない。冬の間は持ちこたえると思われたのである。

それにしても、百八十隻のガレー船と十二隻の「ガレアッツァ」を擁しながら、一五七〇年の連合艦隊は、一戦も交えずに解散したことになった。ときに動揺する人間の心を引きもどす役割もある、明白な契約を結んでいなかったことが大きかった。ローマに居つづける特命大使ソランツォの最大の任務は、どの国にも逃げ口上を与えないくらいに明確な、契約という形にしての連合艦隊の結成になったのである。

連合艦隊結成

一五七〇年から七一年にかけての冬の間、ヴェネツィア、ローマ、マドリードで、難航しながらも交渉はつづいていた。争点は、次の四点である。

一、総司令官を誰にするか。
二、副総司令官には、どの国の誰を選ぶか。
三、戦略目標をどこに決めるか。
四、経費の分担をどう決めるか。

総司令官だが、
スペインはジャンアンドレア・ドーリアを推す。ヴェネツィアは、断固反対だ。ヴェネツィアは、新たにヴェネツィア海軍の総司令官に任命されていた、セバスティアーノ・ヴェニエルを推してきた。スペインはこれに、断固反対する。

法王の提案したマーカントニオ・コロンナは、ヴェネツィアが受け容れず、スペインも、同じく拒否。

動きのとれない状態は、前年と少しも変わっていなかったのである。

副総司令官にマーカントニオ・コロンナを選ぶことには、ヴェネツィアもスペインも強いて反対しなかったが、総司令官にもしものことが起った場合、それにただちに代わって全軍の総指揮を取るのが副総司令官である。この地位を、陸将としては知られていても海戦は未経験のコロンナに、簡単に一任することはできなかった。それで、コロンナがこの地位を占めた場合は、他の二国、つまりスペインとヴェネツィア、の二国の司令官との協議で、作戦のすべてが決定されるという条件をつけることで、ようやくコロンナで落ちついたのである。

戦略目標も、総司令官の人選同様に、スペインとヴェネツィアの意見がなかなか一致しなかった。北アフリカを主張するスペインと、レヴァンテ（東地中海）を主張するヴェネツィアが、真向から対立していたのだ。ヴェネツィア側の代表が、東地中海でトルコに一撃を与えないかぎりは絶対に北アフリカには行かない、と言えば、スペイン王の交渉係が、それでは年内の連合艦隊出動は無理だろう、と言い返す一幕もあった。

だがこの問題も、ようやくにして結論にたどりつく。東地中海であろうと西地中海であろうと、出会うトルコ艦隊の主力と交戦する、と決まったのである。その後の行動は、海戦の後で討議する、ということになった。

集結地は、地中海の真中ということで、シチリアのメッシーナに決まる。集結時期は、可能なかぎり早く、とだけ決まった。

経費の分担と言っても、各国がそれぞれ資金を持ち寄ってその後で使う、というのではない。各国が、船と船乗りと漕《こ》ぎ手に大砲を始めとする武器等々の戦争に要するすべて、そして現代ならば「海兵」にあたる戦闘要員を独自に編成し、それがどのような割合になるかで決まる、負担率なのである。

この意味の負担率は、スペインが十八分の十一、ヴェネツィアが十八分の七と決まった。この二国以外の国の提供戦力は桁《けた》ちがいに少ないために、特記する必要もないと思われたのだろう。

問題は、参戦する船の数が決められていないことだった。ヴェネツィアとスペインが協定で決まった負担率を守るかどうかは、集結地に到着した船を見るまではわからなかったのである。

それでもついに、総司令官の人選も決着がついた。

スペインがドーリアに代えて推してきたのが、オーストリア公のドン・ホアンである。カルロス皇帝の庶子で、フェリペ二世の異母弟にあたる。二十六歳のこの貴公子は、陸戦ではいくらか実績はあったが、海戦の総指揮は未経験だった。だがヴェネツィアは、連合艦隊の結成を急いでいた。ドーリアを押しつけられるよりはまだましと、ヴェネツィアも、ドン・ホアンの総司令官就任を受け容れたのである。

それでもヴェネツィアは、条件をつけた。ヴェネツィア海軍総司令官のヴェニエルと、法王庁海軍総司令官のコロンナとの合意がないかぎり、連合艦隊総司令官ドン・ホアンは、作戦を決定することはできない、と。そして、海戦が行われる場合の布陣でも、中央に置かれるであろうドン・ホアンの旗艦に対して、ヴェニエルが乗るヴェネツィアの旗艦と、コロンナ乗船の法王庁の旗艦が、それぞれ右と左から脇《わき》を固めることも、条件にしたのだった。スペイン側も、これは了承した。

もしも、一五七一年の五月二十五日に、ローマとヴェネツィアとマドリードで同時に調印されたこの協定がただちに実行に移されていたのであったら、キプロス島のファマゴスタとそこを守る人々の運命は変わっていたかもしれない。だが、そうはならなかった。

集結地のメッシーナにどの国の船よりも早く到着したのは、ヴェネツィア艦隊である。だが、そのヴェネツィアが頼みにしていたのは、フェリペ二世のスペインであった。

　この時代のスペインは、ヨーロッパ一の強国であっただけでなく、新大陸までも支配下に収め、軍事面に留まらず経済面でも超がつく大国であったのだ。「スペインによる世界秩序の確立」だが、この時代、「パクス・ロマーナ」とは「ローマによる世界秩序の確立」が成り立ったとしても不思議ではなかった。スペインは、大植民地帝国にはなった。だが、「パクス・ブリタニカ」になる以前に、「パクス・ヒスパニカ」の時代は訪れなかったのだ。その要因の第一は、近視眼的、とするしかないスペイン人の政治感覚《センス》、にあったのではないかと思う。つまり、自分たち以外の他の民族を活用する才能に欠けていた、ということである。インカ帝国を滅ぼしたのもスペイン人だった。

　公式には「神聖同盟」と銘打った連合艦隊結成のための協定が調印されたのは、一五七一年の五月二十五日である。
　それに沿って、集結地と決まっていたメッシーナに、どの国よりも早くヴェネツィア艦隊が到着した。六月の初めにはすでに、全艦隊のメッシーナ入りは終わっていたのである。

法王庁海軍と言っても、実戦力は三隻を出ない。それで、トスカーナ大公メディチが費用を負担して九隻を整え、これと合わせた十二隻が、コロンナが率いる法王庁海軍ということになっていたが、その法王庁海軍がメッシーナ入りしたのは、七月の初めになってからである。

ところが、スペイン艦隊を率いて来るはずの総司令官のドン・ホアンが、いくら待っても到着しない。六月六日にマドリードを発って乗船地のバルセロナに向ったところまではわかっていた。だがその後、ジェノヴァに寄港してメッシーナに向うはずになっていたのだが、予定の到着日を過ぎてもいっこうに姿を現わさないのである。メッシーナで待つヴェニエルもコロンナも、またもフェリペの姑息《こそく》な妨害かと心配し始める。だが、ドン・ホアンは、王の家臣である宮廷官僚ではない。この若い貴公子には、フェリペ二世の意を汲むことに、関心がないというよりも、忘れてしまうところがあった。

それでも、バルセロナ、ジェノヴァと、異母兄フェリペの命じた諸事を終えるために二ヵ月近くも使ってしまったが、八月の二十三日になってようやくメッシーナに到着したのである。これで連合艦隊も、敵を求めて出陣できることになった。

メッシーナに集結した連合艦隊の実態は、次のようになる。

ヴェネツィア（六隻のガレアッツァを加えて）——百十隻
スペイン（本国スペインから）——十四隻
（支配地のナポリとシチリアから）——三十六隻
（ドーリア船団）——二十二隻
計七十二隻
法王庁（トスカーナ大公からの船も加えて）——十二隻
マルタ騎士団——三隻
サヴォイア公国——三隻
その他——三隻
総計　戦力であるガレー船——二百三隻
伝令や偵察用の小型ガレー船——五十隻
輸送用の大型帆船——三十隻
これらの船に乗る人々
指揮官クラス——三百人

イタリア兵 ――二万人
スペイン兵 ――八千人
船乗りその他 ――一万三千人
漕ぎ手 ――四万三千五百人
総計は、八万を軽く越えていた。

百十隻を投入するヴェネツィアに対し、スペイン王の投入隻数は、支配下にある南伊やシチリアからの船を加え、それにスペイン王の下で働くドーリア船団を加えても、七十二隻でしかない。これでは、両国の経費の分担率を反映していないどころか、かえってヴェネツィアの負担のほうが多くなる。だが、スペイン側は、陸戦のベテラン八千を参戦させていると言って、ヴェネツィア側の非難には耳も貸さなかった。

それでもなお、フェリペ二世の想いを反映してか、それともスペインという国がもともとからして海運国でないことを示しているのか、スペイン本国からの船が全体の十分の一以下でしかなかったという事実は、多くのことを考えさせるのである。

「ガレアッツァ」と呼ばれた船だが、帆船とガレー船を合体させた感じの大型船で、この時期のヴェネツィアが開発した新兵器である。櫂《かい》でも動くこの「ガレアッツァ」の特質は、前後左右にすき間もないくらいに並べた大砲にあった。「浮ぶ砲台」と呼ばれ、海戦ともなればまず先に、海上で一周しながら敵に砲撃を浴びせかけ、それで敵の陣営を崩すのが、これを開発したヴェネツィアのエンジニアたちの意図であったのだ。ゆえにヴェネツィアが投入した六隻のガレアッツァには、専門の技師たちも乗船していた。この新兵器が、「レパントの海戦」では緒戦を制することになる。

「レパントの海戦」

メッシーナの港を埋めたこれほどもの規模の大艦隊は、その威容で見る人を圧倒したにちがいない。そして、この総指揮をとるのは自分だという想いは、ドン・ホアンでなくても胸が熱くなったろう。若き王弟の監視役として従《つ》いてきていたスペインの高官が何と言おうと、ドン・ホアンの胸の想いを変えることはできなくなっていた。

九月二十八日、全艦隊はメッシーナを発ち、敵を求めて東へ向う。キリスト教世界での連合艦隊結成を知ったトルコのスルタンが送り出したというトルコ艦隊が、コンスタンティノープルを出て西へ向ったという情報も入っていた。

そのトルコ艦隊を率いるのは、スルタンから特別に総司令官に任命されていたアリ・パシャである。この人には海戦の経験はなかったが、宮廷でも最高位の高官ではあったらしい。その人の乗る旗艦には四百人ものイェニチェリ軍団兵が乗船していることだけでも、今度こそトルコ帝国は、海賊にまかせないで自国の精鋭を投入してきたことを示していた。戦力であるガレー船の数は、二百七十七隻。ただし、「フスタ」と呼ばれる小型ガレー船も加えての数なので、海上戦力としてならばキリスト教側と同程度になる。とはいえ、ちがいはやはりあった。

「レパントの海戦」の名で歴史上に残る海戦に、キリスト教側は、最左翼と最右翼という、戦術上では重要きわまりない位置に、ヴェネツィアの海将アゴスティーノ・バルバリーゴと、スペイン王に傭《やと》われる身でも海は知りつくしているジェノヴァ人のジャンアンドレア・ドーリアという、ベテラン中のベテランを配する。イスラム側でも同じ考えであったようで、これと相対する位置にベテランを配したのだが、それが二人とも海賊であったことだった。

バルバリーゴと相対する最右翼には、シロッコと綽名《あだな》されたシャルークが、そして、ドーリアと相対する最左翼に配されたのは、ウルグ・アリであったのだ。シャルークは、エジプトのアレクサンドリアの総督になっており、ウルグ・アリも、アルジェの総督という公式な地位をもつまでに出世していた。だが二人とも、過去に海賊をしていたのではなく、今でも海賊なのである。また、トルコ艦隊の後衛を指揮していたのも、マルタ攻防戦中に戦死したドラグーの息子だから海賊だ。この三人以外にも、要所要所には、ベテランの海賊が配されている。それどころか、各船の船長の名から推測しても、トルコ艦隊の半ば以上は海賊船であったと思われる。そして、こう書いてくれば改めて言う必要もないくらいだが、トルコ艦隊の船という船の漕ぎ手たちは、海賊によって拉致され今は鎖につながれて漕ぐキリスト教徒であった。

キリスト教側でも、戦闘が終れば自由にすることを条件に、漕ぎ手に囚人を使っていた船もある。だが、彼らでも戦闘開始となるや、鎖から解き放たれるのである。沈没する船と運命をともにすることだけは、避けさせてやろうとしたのかもしれない。

いずれにしてもこの二点が、戦力ならばほぼ同等であった「レパントの海戦」での、イスラム側とキリスト教側のちがいであった。総司令官には両軍とも、海戦のシロウトが就いていたのだから。

そのシロウトをクロウトたちが、イスラム側では海賊が、キリスト教側ではヴェネツィアの海将が、ささえる点でも似ていた。

考えてみれば、地中海世界最大で最後の海戦になる「レパントの海戦」とは、いずれも「海のプロフェッショナル」であることでは同じの、一方は海賊、他方は、常設の海軍を維持していた唯一《ゆいいつ》の国であるヴェネツィアの男たちが、初めて正々堂々と正面きって激突した、海戦であったと言えるかもしれない。

メッシーナを後に東に向ったものの、連合艦隊の行方を決める人々の心が、それで一つに固まったわけではなかった。

季節も、九月の半ばを過ぎていた。大艦隊の航海には危険な季節に入ったという理由をあげて、途中で寄港したコルフ島では、同行していたスペインの宮廷官僚たちによる来春までの先送り案が出され、一時はドン・ホアンさえも動揺させたほどであった。だが、ヴェネツィア側は、断固として続行を主張する。先送りされた末の、自然解消を怖《おそ》れたからであった。

だがそこに、キプロスで唯一残っていた、ファマゴスタが陥落したという知らせが入ったのである。

首都ニコシアの落城後も半年以上もの攻防戦に耐えてきたキプロス島最大の港ファマゴスタも、ついにトルコの手に落ちたのだった。

キプロス上陸から数えれば、トルコ軍はすでに、一年以上もの間キプロスで攻撃を続行していたことになる。総司令官のムスタファ・パシャは、マルタ島攻防戦の二の舞になることを最も怖れていた。それで、策を弄《ろう》したのである。兵糧もつき武器弾薬もなく、援軍の到着にも絶望していた防衛側に、無事に島から退去させることを条件に開城を進言したのだった。ロードス島攻略時に、先のスルタン・スレイマンが騎士団に対して行った、寛大な処置を踏襲したい、と言って。キプロス総督のマーカントニオ・ブラガディンは、キプロス在住のヴェネツィア人にかぎらず島民の身の安全までも絶対に保障するとの約束に、開城を決心したのである。

だが、ムスタファ・パシャは、スレイマンの紳士的な振舞いがその後どのような結果につながったかを、マルタから撤退したときのトルコ軍の司令官として、わが身で味わった男だった。約束などは、初めから守る気はなかったのだ。

開城後、まずヴェネツィア人が、貴族であろうと商人であろうと関係なく、全員が残忍なやり方でいたぶられた後で斬首《ざんしゅ》された。島民のギリシア人にも、ヴェネツィア側に立ってトルコと闘った罰が科される。島民の多くが、老人と幼児は殺され、他の全員は奴隷《どれい》に売りとばされた。

これらのすべてに同席させられたブラガディンには、一年もの間トルコ軍に抵抗しつづけた罰として、特別な死が用意されていた。

ヴェネツィア人の総督は、まず、生きたままで全身の皮膚をはぎ取られた。そして、そのままの状態で、海中に幾度となく突き落とされる。それでもまだ息があったブラガディンに休息が訪れたのは、首が切り落とされた後だった。

トルコの兵士たちは、はがした皮膚を縫い合わせ、その内部にわらを詰めこみ、切り落とした頭部を縫いつけた。この、人の皮膚をかぶった人形は、トルコの首都のコンスタンティノープルに送られ、中央広場でさらしものにされた後、見世物にするために、トルコ帝国の各地を巡回する旅に出たということだった。

これら一部始終の正確な報告が遅れたのは、防衛側が皆殺しにされたために、ヴェネツィア本国に伝える船も出せなかったからである。だが、それを知った今、それまでは一触即発の状態にあった、スペイン兵とヴェネツィアの船乗りとの対立も消えていた。誰もが悲痛な想いで、トルコの蛮行に怒りを燃やし、復讐《ふくしゅう》を誓ったのである。もはや誰一人として、引き返そうと言う者はいなくなっていた。

この後につづく海戦の詳細を、ここで書ききることは物理的に不可能である。それだけで終わってしまってその後の叙述の余地がなくなるからだが、戦闘《バトル》とは、それが陸上で行われようと海上を舞台にしようと、刻一刻と変わっていくすべてを追っていかないかぎり、全貌《ぜんぼう》が把握できないという性質をもつ。それゆえ要約して済むことではないのだが、かと言ってそれをも密度も薄めずに書きつづけたのでは、大筋を見失うという危険も内包する。

この問題には、ヴェネツィア共和国の誕生から死までを書いた『海の都の物語』の執筆当時にも、直面した問題であった。

それであのときに私が選択したのは、『海の都』中ではおおまかに言及し、この戦闘の詳述は、別に一冊に書く、という方法だった。ゆえに、『海の都の物語』の上下二巻を書き終えた後に、いずれもヴェネツィア共和国が関与した、『コンスタンティノープルの陥落』と『ロードス島攻防記』と、『レパントの海戦』の三作が書かれたのである。三作とも、地中海を舞台にして闘われたイスラムとキリスト教の激突の話だから、「マルタ島攻防記」も加えられる資格は充分にあった。だが、あの時期にそれを書かなかったのは、マルタ島をめぐる攻防戦にだけは、ヴェネツィアが関与していなかったからである。

というわけで、二十年以上も前に、「レパントの海戦」は一作に仕上っている。ゆえにここでは、それをお読みください、と頭を下げて願うしかない。実につまらない理由で、ということは、司令官の中で一人だけ戦死したのはかわいそう、などという感傷的な理由で、ヴェネツィアの海将バルバリーゴに恋をさせているが、あのフィクション部分がなくても、まじり気なしの海賊で固めたシロッコ率いる敵の右翼の五十六隻《せき》を、海深の浅い海域に追いこむことで壊滅させたアゴスティーノ・バルバリーゴの戦術は、当時でも高い評価を受けていたのだ。このバルバリーゴ指揮する左翼で、レパントの海戦の勝利を告げる旗が、他のどこよりも早く上がることになる。それに、恋物語という色づけがなくても、レパント前の海上を舞台にくり広げられた海戦は、それだけでも充分にドラマティックであったのだった。

一五七一年十月七日、ギリシア西部のパトラス湾の外の海上で闘われ、ガレー船同士の海戦としては最後になる「レパントの海戦」は、キリスト教側の圧勝に終わった。五時間を越えた激闘の結果は、イスラム側では次のようになる。

戦死者の数——海中に没した者を除いても八千。

総司令官アリ・パシャを始めとした、トルコ宮廷の高官のほとんど。イェニチェリ軍団の団長とその部下の四百人。また、レスボス、キオス、ネグロポンテ、ロードスと、トルコが攻略して自国領にしていた島の総督たちも、戦死者名簿に名を連ねていた。有名な海賊だった赤ひげの二人の息子も、このレパントで戦死している。右翼を率いて闘った海賊シロッコは重傷を負い、この二日後に死んだ。

指揮官クラスで逃げるのに成功したのは、左翼を指揮していたウルグ・アリ一人。海賊もふくめたトルコ艦隊の主だったところが、ほぼ全員戦死したことになる。

捕虜になった人の数――約一万。

この中に入っていたアリ・パシャの二人の息子は、ドン・ホアンからスペイン王への贈物として、フェリペ二世のいるマドリードに送られた。

イスラム船の漕ぎ手をさせられていて、この海戦後に解放されたキリスト教徒の数は、一万五千人にのぼったという。

炎上し沈没したイスラム側の船の数――ガレー船だけでも八十隻。

捕獲されたのは、ガレー船百十七隻と、「フスタ」二十隻の合計百三十七隻。この中には、これまでに海賊に捕獲され使われていたキリスト教国の船も、十隻近く入っていた。

しかし、勝利したとはいえ、キリスト教側の払った犠牲も、少ないとは絶対に言えなかったのである。

戦死した者の数――七千五百。

負傷した者の数――八千。

この中には、バルバリーゴ率いる左翼に配属された船の一つで奮戦し、左腕を銃弾で負傷した若きセルバンテスも入っていた。

戦死者と戦傷者の数を、主要参加国別に分けると次のようになる。

	戦死者数	負傷者数
ヴェネツィア	四八三六	四五八四
スペイン	二〇〇〇	二二〇〇
法王庁	八〇〇	一〇〇〇

ヴェネツィア側の数字だけがくわしいのは、伝統的に正確な統計を重視してきた国柄による。スペインも法王庁も、この点では実に大ざっぱだった。

それでもなお、ヴェネツィアの払った犠牲がいかに大きかったかは明らかだ。とくに、指揮官クラスの戦死者の多さが目立つ。それも、地位の高い武将となると、法王庁の旗艦に乗っていたオルシーニ家の二人を除けば、戦死者の大部分はヴェネツィアの統治階級に属す男たちであった。

各船の艦長クラスの犠牲者は、これはもう、十八人全員がヴェネツィア人である。バルバリーゴ家からは、左翼を率いたバルバリーゴを加えて四人。コンタリーニ家も二人。ソランツォ家もヴェニエル家も、艦長クラスの犠牲者だけでも一人ずつ出している。ヴェネツィア一千年の歴史を飾った名家中の名家が、レパントでも戦死者名簿を飾ったのであった。

全力を投入して闘ったのは、ヴェネツィアでは統治階級に属す男だけではなかった。職能別に分けられた戦死者と戦傷者の分類表を見るだけでも、技師から漕ぎ手から料理人に至るまでが、一丸となって敵に向って行ったことがわかる。

ヴェネツィア共和国はこれまで、「ガラス玉」でもあるかのように慎重に、トルコ帝国との正面からの激突を避けてきたのである。だが、それがもはや不可能と知ったとき、敢然と起《た》ち上ったのであった。それが、ヴェネツィアにとっての「レパントの海戦」であった。

「レパント」以後

勝利は、人々を心地良く酔わせる。しかし、勝利に酔った人はしばしば、それによって本来の目的を忘れてしまうことになる。

「レパント」が、ゴールではなくてスタートになりうることを知っていたのは、ヴェネツィア共和国だけであった。

今やトルコ海軍は、存在しないも同然だった。この機を活用して徹底的にトルコをたたく、というヴェネツィアの主張は、レパントでの圧勝に酔う人々の耳もとを通り過ぎただけで終わることになる。

たしかに次の年の春、ドン・ホアンは、約束どおりにメッシーナに入っていた。だが、一五七二年のドン・ホアンは、前年のドン・ホアンではなかった。スペイン王フェリペ二世からの、ヴェネツィアの利益になる戦いはしてはならぬ、との態度も、前年以上に執拗《しつよう》に若き王弟を縛っていた。

結局、出たり入ったりをくり返して戦期を空費したあげく、十月の二十日に、もはや航海の季節ではないという理由で、連合艦隊は解散したのである。スペイン王はローマ法王に、来年はより強力な艦隊を派遣し、イスラム勢にぶつけると約束してきたが、ヴェネツィアのほうが信じなくなっていたのだった。

もはやこれまでと、ヴェネツィアは、トルコとの間に単独講和を結ぶことを決意した。極秘にことを進める場合に全権を委託される機関である「十人委員会」は、コンスタンティノープル駐在の大使に、交渉の本格的な開始を指示する。キプロスを捨てることを明記した講和が調印されたのは、連合艦隊が何もしないで解散した日から四ヵ月が過ぎた、一五七三年の三月になってからであった。

ヴェネツィア共和国で、現代国家の国会にあたるのは元老院である。その元老院にさえ知らせずに極秘に進めた交渉の結果をヨーロッパ諸国が知ったのは、その調印が終わってからだった。裏切り者という非難が、ヴェネツィアに集中し、マルタ騎士団は、キリスト教国の船でありながらヴェネツィア船と見れば襲撃したほどである。

だが、ヴェネツィアは、この後の七十年間、トルコとの間では平和を享受《きょうじゅ》する。それによって再び西と東を結ぶ役割にもどり、その果実としての繁栄を享受することになる。

ならば、「レパントの海戦」での犠牲は、無駄であったのか。

無駄ではなかったのである。

トルコのスルタンは、逃げもどったウルグ・アリを、今度こそは正式にトルコ海軍の総司令官に任命し、トルコ海軍の再建を託した。ウルグ・アリも、コンスタンティノープル駐在のヴェネツィア大使が驚嘆したほどの早さで、それを成し遂げている。だが、再建されたのは、船の数だけであったのだ。それを活用する能力をもつ、人まではもとにもどらなかった。

「オスマン帝国の偉大なる海軍」と言われたトルコ艦隊は、レパントの海戦の直前に出現し、レパントの海戦とともに消滅したのである。

そして、父スレイマンがやらなかったことをやるという想《おも》いに執着していたセリムも、ヴェネツィアとの講和は受け容《い》れたのだった。現実路線に目覚めたというよりも、ヴェネツィア海軍を敵にまわした場合の不利は、認めざるをえなかったということだろう。

トルコの首都コンスタンティノープル駐在のヴェネツィア大使として、海戦に至るまで、海戦中、そして戦後と、五年もの間困難な任務を務めたバルバロは、講和の調印をやりとげた後に帰国した。ヴェネツィアでは、帰任後の大使は元老院で報告演説をするのが恒例になっている。彼もそれを行ったが、それは政府の方針を痛烈に非難したもので、並いる政府首脳や元老院議員たちの顔色が変わったくらいであった。敵国での五年の勤務で体力的には消耗しつくしていたが、大使はその中で、次のように言っている。

「国家の安定と永続は、軍事力によるものばかりではない。他国がわれわれをどう評価しているかも重要な要素になる。それには、他国に対する毅然《きぜん》とした態度も、大きな意味をもってくる。

ここ数年、トルコ人は、われわれヴェネツィアが、結局は妥協に逃げるということに気づいていた。それは、われわれの彼らへの態度が、礼をつくすという外交上の必要以上に、卑屈であったからである。ヴェネツィアは、トルコの弱点を指摘することを控え、ヴェネツィアの優位を明言することを怠った。

結果として、トルコ人本来の傲慢と尊大と横柄《おうへい》に歯止めをかけることができなくなり、彼らを、不合理な情熱に駆り立てることになってしまったのである。被征服民であり、下級の役人でしかないギリシア人に持たせてよこした、一片の通知だけでキプロスを獲得できると思わせた一事にいたっては、ヴェネツィア外交の恥でしかない」

遠方のイギリス人までが熱狂したというレパントの海戦での勝利は、トルコ海軍の壊滅を招いたことによって、トルコ帝国の西方への攻勢をくじくことにもなったのである。

陸上では、ウィーン防衛の成功が、西方への「イスラムの家」の拡大を阻止した。

レパントでの勝利は、海上での西攻を阻止したのである。トルコ帝国は、スレイマンの死とともに衰退し始めた、と言われている。眼に見える形では、衰退しなかった。だが、もうこれ以上は進攻しない、という形ならば、ちがいは確かにあったのだ。

そして、人間は、逃げずに立ち向ったときの効果を見せられれば、それ以後は逃げなくなる。レパントの海戦が及ぼした精神上の影響は、ただただ耐えきったマルタでの防衛以上のものであったのだ。レパントでは、激突して勝ったのだから。

トルコも所詮《しょせん》は海軍国ではないことがレパントで実証されたが、スペインもそれをまもなく実証することになる。有名なスペインの無敵艦隊がエリザベス女王下のイギリス海軍と激突して完敗するのは一五八八年、レパントからわずか十七年後のことであった。

トルコ艦隊も、海戦をしない間だけ「オスマン帝国の偉大なる海軍」であったが、スペインの「無敵艦隊」も、ヴェネツィアの参加もなしに彼らだけで闘うとなると、海戦しない間だけ無敵であったのだろう。

だが、スペインの無敵艦隊の敗北は、地中海から大西洋へ、世界の中心が移ることの前兆でもあったのである。

しかし、前兆は、未来に起ることが前もって現われる兆《きざ》し、にすぎない。統治者には、今現在眼の前にある事態への対策を怠ることは許されない。全ヨーロッパがレパントでの戦勝にわき立っている中で、そしてトルコとの好関係を再開した後でも、ヴェネツィア共和国だけは冷徹さを失わなかった。

まず、海軍を、量ではなく質的に強化する。レパントの海戦でも威力を発揮した新兵器「ガレアッツァ」が、各基地ごとに配属されるようになった。

そして、レパントの海戦の後に凱旋《がいせん》将軍として帰国したヴェネツィア海軍総司令官のヴェニエルを、共和国の元首《ドージェ》に選出したのである。これは、一言で言えば、好戦派は陸《おか》に上げたという、トルコへのメッセージでもあった。

しかし、それと同時に、特命全権大使としてローマに派遣され、レパントの海戦にまでこぎつけたキリスト教連合艦隊の実現に貢献した、大使ソランツォを海に送り出している。東地中海担当の海軍司令官として前線勤務に就いた元外交官は、トルコとの友好通商条約に怒ったマルタ騎士団に襲撃され、戦闘中に戦死した。ヴェネツィア共和国は、元首政時代のローマ帝国に似て、シビリアン・キャリアとミリタリー・キャリアを区別せず、才能ある人材はどこであろうと活用する国だったのである。

第七章　地中海から大西洋へ

人間世界を考えれば、残念なことではある。だが、戦争の熱を冷ますのは、平和を求める人々の声ではなく、ミもフタもない言い方をすれば、カネの流れが止まったときではないか、と思ったりする。

もちろん、人々の平和への願いは、間接的にならば効力を発揮する。なぜなら、厭《えん》戦《せん》気分が生れるのは敗北したからである場合が圧倒的に多いのも事実で、敗北は、人間を自己反省に向わせる。また、敗北の責任者である統治者も、敗北による圧力を感じずにはすまない。それで統治者側も消極的になり、それがカネの流れを止めることにつながっていくのではないだろうか。

「レパントの海戦」後、勝った側のキリスト教諸国は分裂し、ヴェネツィア共和国はトルコとは、レパント以前の関係にもどった。もしもトルコになおも西方への進攻を進める気があったならば、ヴェネツィアが中立にもどった以上は敵はスペインだけだから、海上での闘いならば断じて有利になっていたはずである。スペイン海軍の内実は、この十七年後の無敵艦隊の惨《みじ》めな敗北が示すものであったからだ。

スルタン・セリムも、レパントでの敗北の直後は、ウルグ・アリにトルコ艦隊の再建を託したのである。イタリア生れのこの海賊は、輸送船まで加えれば三百隻《せき》という、数ならばレパント以前と同じ規模の艦隊の編成に成功していた。

それでいながらセリムは、トルコ海軍総司令官に任命したウルグ・アリに、通常の海賊行為以上のことを命じていない。レパントでの敗北は、セリムの、父スレイマンを越えることをしたいという想《おも》いに、冷水を浴びせたのではなかったか。

ヴェネツィア共和国との単独講和は、レパントの海戦の二年後の、一五七三年に調印されている。その翌年、スルタン・セリムは死んだ。酔って浴室ですべり、タイルの床で頭を打ったのが原因だった。その後を継いでトルコのスルタンになったのが、ムラード三世である。

新スルタンの生母は、これまでのトルコ帝国のスルタンたちのように、ロシアやグルジアやコーカサスに生れた女ではなかった。ハレムの女という身分では同じだったが、ヴェネツィア共和国の貴族の娘であったのだ。

ハレムのヴェネツィア女

ヴェネツィアの旧家の一つバッホ家の娘チェチリアは、十二歳だった年に、父親のもつクレタ島の荘園に滞在した後で本国に帰るために、父と兄に連れられて船でヴェネツィアに向っていた。

その船が、海賊に襲撃されたのである。父と兄は迎え撃つ中で死に、少女は他の人々とともに海賊の捕虜になった。

海賊の首領は、栗色《くりいろ》の巻き毛に緑色の眼をしたこの美少女を、スルタンに献上した。もしも他の人と同じにコンスタンティノープルの奴隷《どれい》市場で売りに出されていたら、ただちにこの地駐在のヴェネツィアの商人たちの眼にとまり、このような場合では常のことになっている救済システムが作動して、買いもどされていただろう。だが、スルタンのハレムに入れられてしまっては、たとえ大使が動こうと何もできなかった。

それでもヴェネツィア政府は、拉致《らち》から一年と過ぎない一五三八年、元老院で、チェチリア・バッホがヴェネツィア貴族の娘であるという証明書を、トルコの宮廷に送ることを決議し実行している。トルコ人は、捕えた人でも地位の高い者には、特別待遇を与える傾向があったのだ。

また、献上されたスルタン・スレイマンは、このヴェネツィアの美少女を自分のハレムに入れず、息子のセリムに譲っている。この時期はまだ、スレイマンの後は長男のバヤゼットが継ぐことを誰もが疑っていなかったから、父親としては一生部屋住みになる次男に、格好の遊び相手を贈ったつもりであったのかもしれない。セリムはチェチリアの、四歳年上だった。

しかし、ヴェネツィア共和国は、証明書を送ったことで義務は果した、と考えるような国ではない。

トルコの首都コンスタンティノープルに駐在する歴代のヴェネツィア大使の秘めたる仕事の一つに、ハレムの中にいるチェチリア、トルコ風にヌール・バヌーという名に変えられたチェチリアとの連絡をとりつづけることが加わったのである。男性禁止のハレムなので、仲介役には、ユダヤ人の女の宝石商を買収したのだった。

初めの頃は、母国ヴェネツィアを思い出させる、ヴェネツィア特産の繊細なレースや金糸模様の浮ぶガラスの香水入れであったかもしれない。ハレムの女たちの間で噂《うわさ》にのぼりそうな高価な品は、目立つので厳禁だった。

栗色の巻き毛の少女は、異なる環境への適応能力にも優れていたようである。二年ほどして、セリムの子を、しかも男子を産んだ。その頃ではチェチリアは、セリムの愛妾《あいしょう》ナンバー・ワンと言われるようになる。

そして、父スレイマンに反旗をひるがえしたバヤゼットが斬首《ざんしゅ》されたことから、セリムは突如、スレイマンの後継者に躍り出る。さらにこの二年後、スレイマンの死でスルタンの座に就いた。チェチリアも、ハレム生活三十年の後に、トルコのスルタンの四人いる正妃の中でも第一の妃になったことになる。かつての美少女も、四十歳を越えていた。

ヴェネツィアの一貴族の娘が大帝国の専制君主の寵妃《ちょうひ》になったのだから、玉の輿《こし》ではないかと思うと完全にまちがう。十六世紀のトルコも最盛期にあったが、ヴェネツィア共和国も繁栄の絶頂期にあったのだ。

二十一世紀の現在のヴェネツィアの街をおおっている、眼に見えない薄いグレーのヴェールをとりはずし、ていねいに洗って磨きあげたとすれば、その下から現われるのは、燦然《さんぜん》と輝く華麗で豪華な十六世紀のヴェネツィアである。当時のヴェネツィアは、ヨーロッパの宝石箱であったのだ。そして、華やかなのは街だけでなく、そこに住む女たちも生を謳歌《おうか》していた。ヴェネツィア共和国では、他国の元首を主賓にして元首公邸で催される舞踏会の花は、統治者階級に属す貴族の女たちであった。ヨーロッパの女の流行は、このヴェネツィアから発していたのである。

一方、同時代のトルコでは、富も豪奢《ごうしゃ》も、男たちだけに集中していた。ハレムの女たちの外出は、特別なとき以外は許されなかった。その場合でも、四方を厚い幕がおおう輿《こし》の中か、舟遊びでも、よろい戸式の窓を通してでしか外を見ることはできない。宝飾品だけは豊富だったが、それらで身を飾っても人に見せることは許されなかった。数百人もいる女たちと去勢された男奴隷だけが、スルタンを除いたハレムの住人なのである。よほどの適応能力でもなければ、自由を謳歌し豪奢ならば男以上のヴェネツィアの上流の女には、耐えられる環境ではなかったのである。

八年におよんだセリムの治世の間、チェチリアに何ができたかは、実際は疑わしい。この間セリムは、キプロス島の攻略を決めただけでなく実行し、敗れたとはいえレパントの海戦を命じた人であったのだから。

しかし、種を蒔《ま》きそれを大切に育てていく作業は、いずれは実を結ぶときが来る、と思うからできることである。諜報《ちようほう》活動とは意外にも、地道な忍耐を必要とする。一五七四年、レパントの海戦の三年後、ヴェネツィアがトルコと友好通商関係を再開してから一年後、実はついに結んだのであった。

チェチリアの息子が、ムラード三世の名でスルタンの座に就いたのだ。女ならば選り取り見取りのスルタンも、母親は一人しかいない。トルコの首都に駐在するヴェネツィア大使からの、極秘裡《ごくひり》ということでは変わらなくても届けられる、要請というか提案というかも、以前に比べれば格段に具体的になったことだろう。

スルタンのハレムで最も権勢をふるえる女は、スルタンの寵妃ではない。世継ぎを産んだということも、決定打にはならない。ハレムの真の女主人は、現スルタンの実母なのである。四十九歳になっていたかつての巻き毛の美少女は、その状況を徹底して活用した。

トプカピ宮殿の中にあるハレムの一番奥にあった自分の居室を、出入口に最も近い場所に移したのだ。以後この一郭は、母后用のアパルトマンとして定着することになる。

この場所を占めるようになると、そこから始まって奥につづく長い廊下に沿って並ぶ、スルタンの四人の妃《きさき》や愛妾たちの部屋を監視下に置くことができる。また、それらと近接しているスルタンのアパルトマンから、大臣たちと閣議を行う「ディヴァン」と呼ばれるハレムのすぐ外にある広間に向うのにも、どうしても母親の居室の前を通らないでは済まないようになっていた。

こうして、政事を行うためにハレムを出たり、それが終わってハレムにもどってくるたびに、儀礼上にしても母親にあいさつを欠くわけにはいかないスルタンは、必ずチェチリアの許《もと》に立ち寄るようになったのである。これではチェチリアが、トルコ帝国で起るあらゆることに通じるようになったのも当然だ。それどころか、母后は別室で閣議を傍聴しているとまで噂されるようになった。

しかし、このように上手《うま》く進んでいたヴェネツィアとトルコの関係に、一人だけ、障害になりそうな人物がいた。宰相のソコーリで、スレイマン以来三代のスルタンに仕えてきたこの宰相は、セリムに一時遠ざけられたことがあったが、有能かつ清廉《せいれん》な官僚として知られていたのである。トルコ人にしては狂信的なところは少しもなく、合理的で現実的でしかも有能で、ヴェネツィアの諜報機関による色分けでは、ヴェネツィアに好意的な高官の一人になっていた。だが、宮廷官僚の中では珍しくトルコ民族出身のこの人は、トルコの利害がヴェネツィアのそれとぶつかろうものなら、迷うことなくトルコの利を守る人でもあった。

いつ頃から、母后がスルタンの耳に、宰相の排除をささやき始めたのかはわかっていない。だが、このような場合ではトルコでは常に使われる、裏切りの罪だけはかぶせることはできなかった。三代のスルタンに仕えてきたソコーリの忠誠には、誰一人疑う人はいなかったからである。

それで、スルタンの専売とされていた火薬の独占販売に、ソコーリが秘《ひそ》かに関係しており、それによって巨富を築いたと吹きこんだのである。しかも、それを実証する取引書まで示したので、スルタンも母の言うことを信じたのだった。このように芸の細かいことを、ハレムの中にいてできるはずはない。誰か外部の者の手で用意され、秘かに母后の許に届けられたのにちがいない。だがこれで、宰相の死は決まった。

恒例の閣議の席上、何も知らない宰相や大臣たちが議事を討議しているとき、突如扉が開かれ、一人の黒人奴隷が駆けこんできた。黒人は、短剣を手にしたまま、中央に坐《すわ》っていたソコーリにぶつかって行った。

宰相は、声をあげる間もなく殺されていた。大臣たちは大声で、護衛を呼んだ。だがそのとき、次の部屋から姿を現わしたスルタンが、宰相の罪状を説明したのである。大臣たちは、半信半疑ながらも納得するしかなかった。

しかしこれは、しばらくして冤罪《えんざい》であったことが判明する。コンスタンティノープルの庶民は、母后の権勢欲が産んだ悲劇だと噂しあった。コンスタンティノープルに駐在するヨーロッパ諸国の商人たちも、この事件とヴェネツィアとのつながりを疑わなかった。しかし、ヴェネツィア側の史料は、極秘あつかいの文書でさえも、この関連を匂《にお》わせたものはまったく残っていないのである。

ところが、それからしばらくの時が過ぎた一五八二年の六月になって、ヴェネツィア政府の最高決定機関である「十人委員会」は、スルタンの母后への贈物の購入費用として、二千ドゥカートもの大金の支出を決めている。ソコーリ殺害と、この大金支出との間には、なんとなく、ほとぼりが冷めて、という感じの期間が置かれているのだ。宰相の殺害と母后との関連を想像させる史料は、これ以外には一つとして残っていない。

このように真偽は今なお闇《やみ》の中だが、一五八三年にチェチリアが死ぬまで、いや、母は死んでもその息子のムラードがスルタンの座に就いていた一五九五年までの四分の一世紀を通じて、トルコとヴェネツィアの間の平和が破られたことはなかったのである。十二歳でトルコのハレムに入れられた巻き毛の美少女は、ハレムの中にいてもヴェネツィアの女でありつづけたのであろうか。

一五八三年の冬のある一日、ヴェネツィアの庶民は、聖《サン》マルコの寺院から鳴り響く沈んだ音色の弔鐘が、誰のためであるかを知らなかった。聖マルコ寺院も、「十人委員会」が依頼してきたので鳴らしたのだが、それが誰の死のためであるのかまでは、告げられてはいなかったのである。

騎士と海賊

レパントの海戦の後も、海賊たちの横行が減ったのではまったくなかった。トルコ海軍総司令官に任命されたウルグ・アリは有能な組織者でもあったらしく、量だけならばトルコ海軍は、レパントの敗北後たちまちにして再建されたのである。それに、レパントでの勝利の原動力であったヴェネツィア海軍は、ヴェネツィア・トルコの友好通商関係の再開によって、トルコにとっては敵ではなくなっていた。

にもかかわらず、レパント以後のトルコ海軍の西欧への脅威は、明らかに減少したのである。トルコのヨーロッパ征服への意欲が、ヴェネツィア女を母にもつスルタンの登位によって低下したからであろうか。

いずれにせよ、これまでトルコ海軍の先兵役を果してきた北アフリカの海賊たちにとっては、強大だった資金を始めとするあらゆる面での援助が、先細りし始めたのは事実であった。

ただし、西欧側も、台頭する一方であったイギリスも交えての、ヨーロッパ大陸を舞台にした覇権闘争で、地中海世界への関心が薄らいでいる。この、一種の空白状態では、数は少なくても精鋭のみで固めている集団にも、表舞台に躍り出る余地が生れる。レパント以後に、海賊を主産業にしてきたためにそれをつづけるしかなくなっていた海賊と地中海で対決したのは、マルタ島を本拠にする聖ヨハネ騎士団と、中部イタリアのリヴォルノが基地の聖ステファノ騎士団の二つであった。マルタ騎士団の団旗が赤地に白の十字ならば、聖ステファノ騎士団の旗は、白地に赤の十字ではあったが。

十字軍時代から生き残った唯一《ゆいいつ》の騎士団であるマルタ騎士団は、創立当初からの医療活動を今なお旗印にしていたが、長い歴史の中で自然に貯《たくわ》えられた、イタリア半島を始めとするヨーロッパ各地の所有地からの収益を、主たる財源にしている。団員も、フランスを中心にしたヨーロッパ各国の貴族の子弟の志願者が、修道騎士団として「修道士《フラ》」つきで呼ばれる騎士たちを構成していた。

一方、十六世紀初めに創設された聖ステファノ騎士団のほうは、創設者が初代のトスカーナ大公のコシモ・デ・メディチであり、代々の騎士団長もトスカーナ大公が就任することになっている。言ってみれば根っからのトスカーナ男だけで構成されていた騎士団である。こちらは貴族の血を引くことは資格条件ではなかったが、フィレンツェを中心にした、気の強いことならばイタリア一のトスカーナ男の集団で、ルネサンス発生の地だけに、宗教的な色彩は強くない。団員も、独身を神に誓う「修道士」になる必要はなかった。

だが、この二つの騎士団とも、一度として十隻以上の船をもったことがなかった。それゆえに、少数精鋭主義で通すしかなかった。

ただし、弱小戦力で闘う場合でも、有効な戦略はある。それは、敵と同じ戦法で闘うことだ。襲い、奪い、物だけでなく人の拉致もするという海賊の戦法を、両騎士団ともが踏襲していたのである。

リヴォルノの港には、「浴場」もあった。しかし、北アフリカ各地の「浴場」が拉致してきたキリスト教徒に強制労働をさせるための収容所であったのに対し、リヴォルノの「浴場」は、北アフリカの「浴場」に収容されているキリスト教徒と交換するまでの間、イスラムの捕虜を収容しておく施設であったのだ。マルタ騎士団では、捕虜はガレー船の漕《こ》ぎ手に使ったが、聖ステファノ騎士団のガレー船の漕ぎ手は、実に少ない例外を除けば、常にキリスト教徒の志願者だった。

それでも、リヴォルノでは、鎖につながれたイスラムの海賊の姿は、珍しくはなかったのだろう。今でも町の中に、四人のイスラムの海賊の姿を模した、対海賊の戦勝記念碑が残っている。

アフリカに近いマルタと中部イタリアのリヴォルノが本拠地なのだから、騎士団はそれぞれ、アフリカ近海とティレニア海という海域を分担したかというと、そのようなことはなかった。敵対はしなかったが、法王の提唱するキリスト教諸国の連合艦隊でもないかぎりは、共闘戦線を組んだこともない。お互いに独自に、対イスラムで暴れまわっていたようである。しかも、トルコの海とされている東地中海にまで遠征したりしたのだから、暴れまわると言ってもまちがいではなかった。

聖ステファノ騎士団の船の指揮官には、フィレンツェの名家の男たちの名が連なる。海に囲まれているマルタ騎士団ならまだしも、海に面していないフィレンツェの男がなぜ、と思ってしまうが、そう思うほうがおかしいのだ。考えてみれば、新大陸への遠洋航海に乗り出し、アメリカに名を残したアメリゴ・ヴェスプッチはフィレンツェ市民であり、今なおニューヨークのハドソン河にかかる橋の名に残っているヴェラッツァーノも、フィレンツェ近郊のキアンティ地方の生れであった。

二つの騎士団とも、通常は七隻から八隻のガレー船しか保持していない。聖ステファノ騎士団では、それを二分し、一隊はトスカーナ近海の守りを、もう一隊は敵を求めて遠出する。これが、航海に適した春から秋までの間で幾度か交代するのだった。

一五七九年には、リドルフィ率いる聖ステファノ騎士団の三隻は、東地中海まで遠征し、そこで、西地中海域での海賊行からもどる途中の四隻の海賊船の捕獲に成功した。捕われていた二百人を奪い返し、海賊船の漕ぎ手をさせられていたキリスト教徒も、二百人以上解放して、その全員を乗せてリヴォルノに帰還したのである。

同じ年、今度は別の隊が、西地中海で六隻の海賊船と渡り合う。一隻は撃沈、五隻は捕獲し、三百人ものキリスト教徒の漕ぎ手たちを連れ帰った。

次の年は、聖ステファノ騎士団にとっては当り年であったようである。

まず、三隻でアルジェ近くの城塞《じようさい》を攻撃し、捕われていたキリスト教徒たちを奪い返しただけでなく、四十人ものアルジェリア人を捕虜にしてリヴォルノに凱旋《がいせん》した。

その次に出港した四隻は、当時ではレヴァンテと呼ばれていた東地中海にまで遠征し、トルコの大型帆船を襲って、大量の物資に三十人のトルコ人の捕虜とともに帰港した。

騎士団の船は、イスラム船と見れば襲ったので、それが海賊船か、それとも商船か、のちがいは問題ではなかった。実際に、海賊船でも、黒地に白いどくろの旗をかかげているわけではなく、しばしば普通の船を装《よそお》っているので、見分けはつきかねたのである。

とはいえ、トルコ帝国の内海のつもりでいる東地中海にまで遠征してきては暴れまわる聖ステファノ騎士団には、トルコのスルタンも放置できなくなる。母がヴェネツィア女であるスルタン・ムラードは、トスカーナ大公のメディチに、ヴェネツィアとの間で結んでいるのと同じ、友好通商条約を結びたいと提案してきたのである。要するに、トルコの商船は攻撃するな、というわけだ。

しかし、同じイタリア半島に位置してはいても、ヴェネツィアと、フィレンツェを中心にしたトスカーナはちがった。

ヴェネツィア共和国は、自国の製品やとくにドイツ製が有名だった鋼鉄製の武具をオリエントに持って行き、オリエントから西欧へは、胡椒《こしょう》を始めとする香辛料を運んでくる交易国である。一方のトスカーナ地方は、フィレンツェ共和国であった時代は経済立国だったが、トスカーナ大公国になった十六世紀以降は、主産業を農業に転換している。ヴェネツィアほどは、トルコとの関係に神経を使う必要はなかったのである。

トスカーナ大公とトルコのスルタンとの間に友好条約は結ばれず、あいも変わらず大公が騎士団長を務める聖ステファノ騎士団の活躍も、いっこうに変わらなかったのであった。

ちなみに、キアンティ地方がトスカーナ産の葡萄酒《ぶどうしゅ》の中心になるのは、トスカーナ大公が振興に力を入れたことから始まっている。また、これも余計なことかもしれないが、現代国家イタリアの海軍兵学校は、リヴォルノにある。ただし、イタリア海軍の海兵隊の本営はヴェネツィアにあり、海兵隊旗には今でも、かつてのヴェネツィア共和国の国旗が使われている。

聖ステファノ騎士団が地中海を股《また》にかけて暴れまわれば、マルタ騎士団のほうも負けてはいなかった。マルタ騎士団の船による海賊船の襲撃とそれによる収獲を列記した史料を一見するだけでも、当時のマルタ騎士団の特別な立場が想像できる。

マルタは、リヴォルノとはちがって、イスラム一色の北アフリカに全身をさらしている状態にあった。リヴォルノ港の要塞化は、ミケランジェロを始めとするトスカーナの建築技師たちにまかせたので堅固そのものだが、マルタ島の要塞化に至っては、当時ではこの面での先進国であった、イタリアの建築技師たちを総動員した見事さに変貌《へんぼう》していた。最前線基地ということが、城塞の作り方を見ただけでも納得がいく。

農産物の輸出港でもあったリヴォルノとちがって、マルタ島の首都ヴァレッタは、混

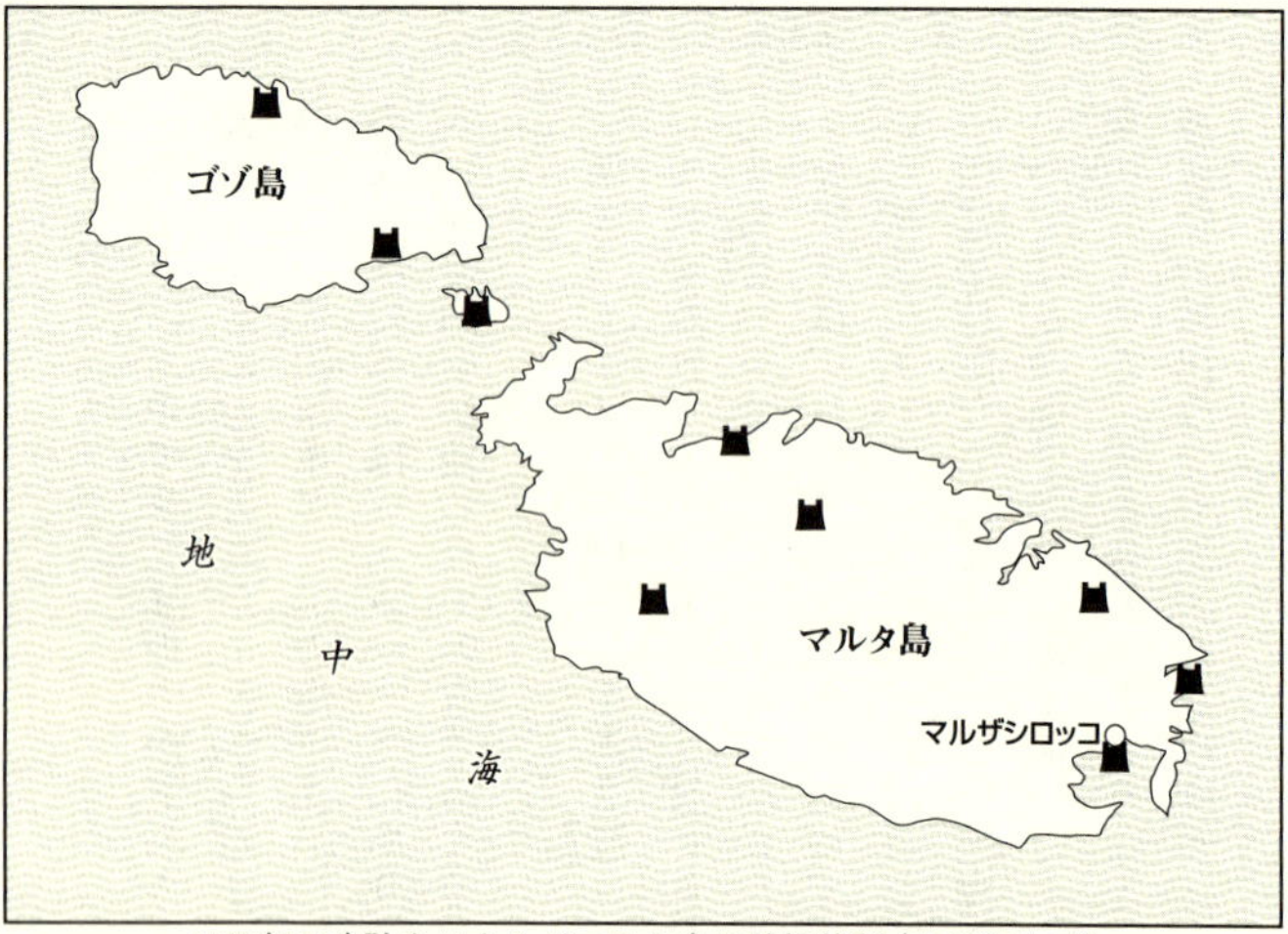

1565年の攻防をはさんだマルタ島の監視体制（1620年まで）

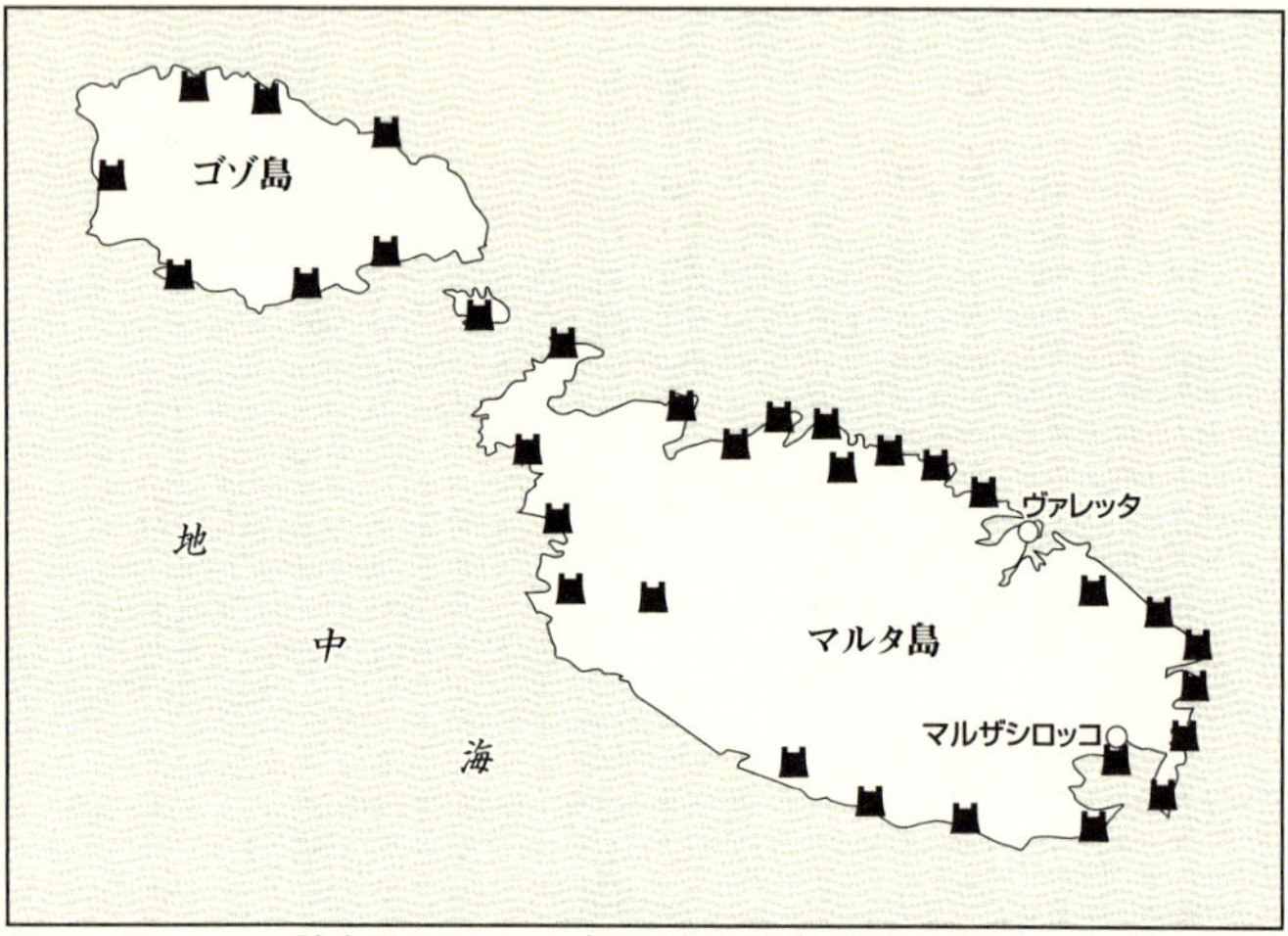

騎士団下のマルタ島の監視体制（1620年以降）

じり気なしの軍港。一つ一つの城塞の強化ではなく、ヴァレッタの名で定着した首都の都心すべてを要塞化したのがマルタ騎士団の本拠で、それ一つで、イスラムへの最前線にあるという、マルタ騎士団の存在理由を示していたのである。

また、島中に城塞が点在するマルタ島全体が、海に浮ぶ城塞であった。

マルタ騎士団も、聖ステファノ騎士団と同じに、交代制を採用している。いや、後続の聖ステファノのほうが、先輩格のマルタを模倣したと言うべきだろう。

両騎士団とも、二分した一隊は近海警備にあたり、別の一隊が遠出して海賊船を追いまわすというやり方だが、これは、十隻にも満たない数のガレー軍船しか持っていない組織にとって、やむをえず選択した道でもあった。

しかし、このやり方で一貫したことで、三隻か四隻の船団にしても、航海の季節にあたる春から秋にかけては、常に敵を追いまわしているということになる。迎え撃つのではなく、追撃するのだ。このやり方は、海上での衝突を嫌う海賊にとっては、無視できない脅威になるのだった。

レパント後の地中海では、この両騎士団は互いに競争でもしているかのように、赤

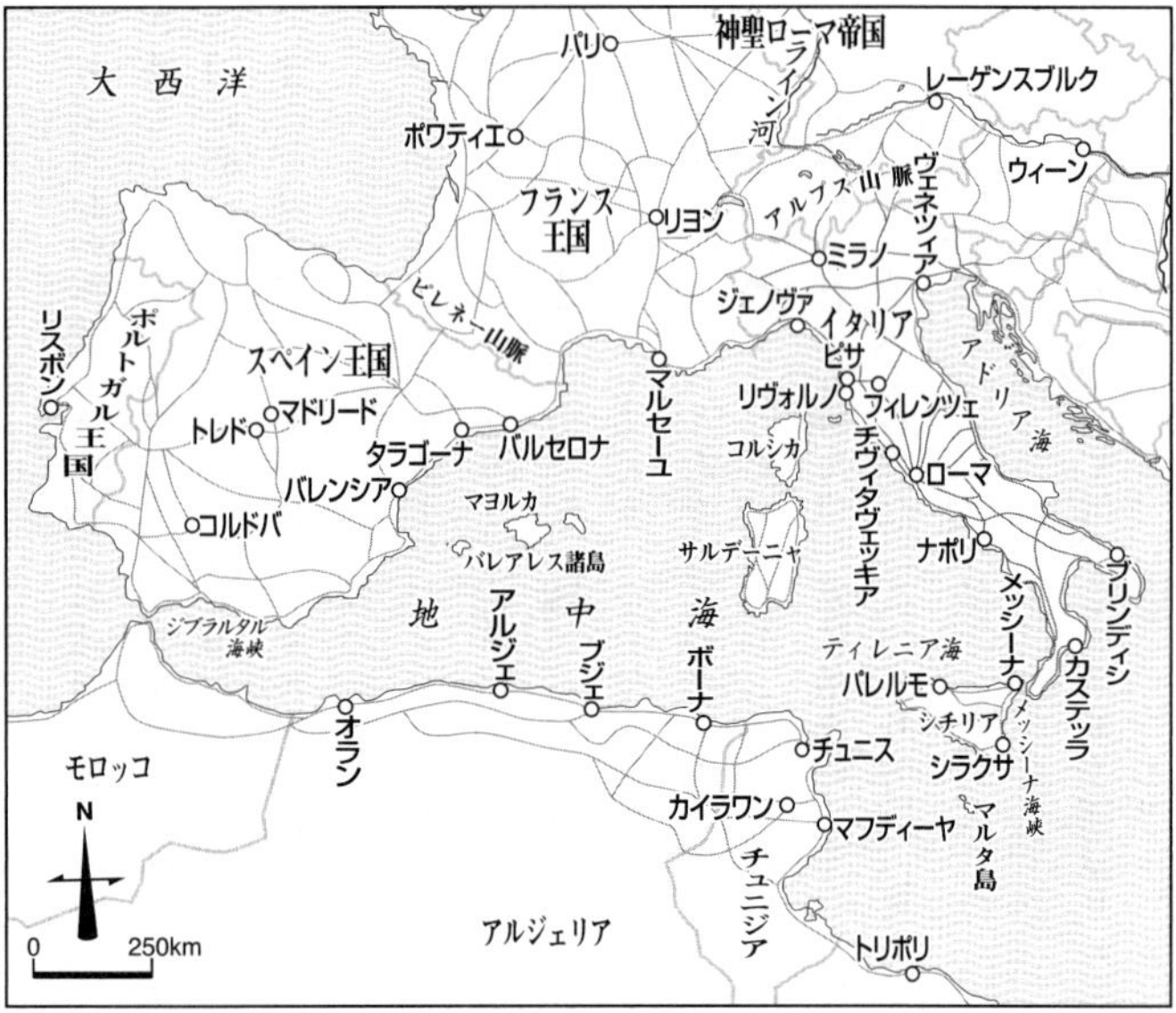

西地中海とその周辺

地に白の十字の旗をかかげたマルタの船と、白地に赤の十字の旗をかかげるトスカーナの船が暴れまわるようになる。そして、こうなると、南イタリアやシチリアの領主たちまでが、これまでのように逃げないようになった。ナポリやパレルモからも、海賊船には積極的に向っていくようになったのである。

　その一方で、北アフリカの海賊たちのほうが、守勢にまわり始めていたのであった。

　トルコ海軍の総司令官に就

任しているウルグ・アリは、アルジェリアの総督にも任命されていた。だが、この元キリスト教徒の海賊の首領は、レパントでの経験からも、二度と海戦には訴えなくなっている。

それでいて、北アフリカでのイスラム勢力の維持は、絶対に怠ってはいなかったのだ。チュニスも、もはや名実ともにイスラム側にもどっていた。そして、トリポリも、もちろんのこと彼自らが総督の任にあるアルジェも、マルタ騎士団も聖ステファノ騎士団も、近づくことさえもできなかったのである。

ときどきは存在を証明するかのように攻撃はしかけても、奇妙な形での棲《す》み分け、とでもいう感じの状態が、地中海世界に広がりつつあったのだった。

地中海世界の夕暮

歴史は、個々の人間で変わるものではないと、歴史学者たちは言う。私も、半ば、というのならば賛成だ。だが、残りの半ばならば、変わる可能性はあるのではないか。今なお私の頭には、一昔前のイタリアの経済学者の書の中にあった一句が、忘れられない。

「今日に至るまで人類は、ありとあらゆる政体を考えついてきた。王政。貴族政とも言われる寡頭政《かとうせい》。民主政。そして共産主義体制と。しかし、指導者のいない政体だけは、考え出すことはできなかった」

今なお、要人暗殺への対策はつづけられている。ということは、個としての人間の考えが国の方向を決める、かもしれないと、人々が思っているからではないだろうか。

「レパント」以後の、地中海方面でのトルコ帝国の陣容はなかなかに興味深い。

トルコのスルタン・ムラードは、母親がヴェネツィアの女。トルコ海軍の総司令官を務めるウルグ・アリは、もちろんイスラムに改宗はしていたが、もともとは南イタリアのプーリア地方に生れたイタリア人である。そして、老齢による引退以後はトルコの首都コンスタンティノープルに住んで静かな余生を送るようになったウルグ・アリに代わって、スルタン・ムラードがトルコ海軍の総司令官に任命し、地中海世界を担当させることになった人物も、シチリアで生れたイタリア人なのであった。

「シナム・パシャ」とは、トルコ帝国での名であって、この人物のもともとの名は、スキピオ・チカラである。

ジェノヴァの市民であったのが、ジェノヴァ特有の国内での権力抗争に敗れてシチリアに移り住み、そこでひとかどの領主になって長い歳月が過ぎたという家の出だが、領主ともなれば、領民の安全を守る義務がある。それでこの一家も、二、三隻ではあってても自前のガレー船を持ち、領地を襲ってくる北アフリカからの海賊との闘いが、チカラ家の男たちの伝統になっていた。

一五六一年、マルタ攻防戦の四年前、レパントの海戦の十年前になるが、チカラ家の当主はその年も、海賊を迎え撃つために出港する。長男だったスキピオも、まだ十歳であったのに同行した。

だが、その年は相手が悪かった。音に聞こえたドラグーであったのだ。チカラ船団は敗北を喫し、捕虜になったチカラ家の当主は、ドラグーの虫の居どころでも悪かったのか牢《ろう》に投げこまれ、そこで死ぬ。しかし、同時に捕えられた息子のスキピオは、ドラグーがスルタンに献上することにしたので、コンスタンティノープルに送られた。

その時期のスルタンは、大帝と言われたスレイマンである。スレイマンは、生れの良さからくるこの少年の品位の高さが印象に残ったのか、シナムという名に改めさせ、トプカピの宮殿の自分のそば近くで養育させた。もちろん、イスラム教に改宗させてではあったが。

シナムは、スレイマンの期待どおりの青年に成長した。金髪に蒼《あお》い眼のシナムは黒い髪と眼のトルコ宮廷ではやはり目につく存在だったが、トルコ人は地位の高い人の息子というだけで一目置く。スレイマンもこの若者には、少年の頃に強制的に連れて来られた、他の多くの元キリスト教徒とはちがう待遇を与えた。トルコ宮廷の官僚でもなく、イェニチェリ軍団の兵士でもない。イェニチェリ軍団には入れたが、トップ候補生という感じで、初めから一隊の長として入団させたのである。

シナムは順調に出世し、イェニチェリ軍団の軍団長になった。「アガ」(aga)とは「トップ」の意味らしいが、シナム・アガ、になったのだ。

その後の昇進も目ざましく、スルタンからペルシア地方全域の統治をまかせられ、ペルシア担当の大臣になる。ユーフラテスとティグリスの両河にはさまれたメソポタミア地方には、イスラム・アラブが聖都のつもりで建設したバグダッドがあった。オスマン・トルコの興隆によってイスラム世界の首都は、コンスタンティノープル(今のイスタンブール)に移ってはいたが、イスラム世界の首都はバグダッドであるべきと考えるイスラム教徒はいまだに多く、この地方ではしばしば、中央政府に対する反乱が起っていたのだ。このように、ペルシア全域の統治の良し悪《あ》しはトルコ帝国には直接の影響をもたらすがゆえに、ペルシアを担当する大臣には、スルタンが誰よりも信頼する人材を送るのが通例になっていた。

シナム・パシャ、この時期より「パシャ」の尊称つきで呼ばれるようになる昔のスキピオ・チカラは、この大任を見事に果す。大酒飲みのスルタン・セリムがキプロス島攻略に野心を燃やしているのを知ったヴェネツィア政府が、東のペルシアで反乱を起すことでセリムの西への野望をくじこうと策略をめぐらせたのだが、それが不発に終わったほど、シナム・パシャが統治していた時期のペルシアは安定していたのだった。

責任を見事に果してコンスタンティノープルに帰任したシナム・パシャは、時を置かずという感じで、ドナウ河に派遣される。トルコが苦労の末にようやく征服した、ハンガリーの統治をまかされたのだった。これが、何年つづいたのかはわかっていない。だが、このシナム・パシャがヨーロッパ側の記録に登場するのは、一五九四年、スルタン・ムラードが、引退したウルグ・アリに代えてトルコ海軍の総司令官に任命した年からである。ガレー船七十隻と輸送船三十隻から成る大艦隊を率いたシナム・

パシャは、九月、地中海の中央に浮ぶ、シチリアの沖合に姿を現わした。スキピオ・チカラの名であった頃から、三十三年の歳月が流れていた。

春にコンスタンティノープルを出港した艦隊は、まずエジプトに向う。東地中海がトルコ帝国の海であることを再確認するのを、シナムは優先したからである。それを終えて船首を西に向け、イオニア海を通ってシチリア沖に現われたときは、すでに九月に入っていた。それでも東に引き返さなかったのは、ある情報を得ていたからだ。

シチリアを「副王」の名で統治していた当時の総督は、上司でもあったスペイン王のフェリペ二世の意に沿うことだけを考えるあまりに、まだ存命していたシナムの母のルクレツィアと、チカラ家を継いでいた弟とその一家を、シナムがトルコ海軍の総司令官に任命されたと知るや、牢に投げこんでいたのである。牢と言っても地下牢のような酷《ひど》い環境ではなかったらしいが、投獄ということでは変りはなかった。これをすることでトルコの総司令官の行動を牽制《けんせい》できると思っていたとすれば、浅はか、というしかなかった。

シナム・パシャは、百隻の船とともに、メッシーナ海峡に入ってきた。そしてそこから、シラクサにいる「副王《ヴィーチェ・レ》」に、一通の手紙を送ったのである。自筆の手紙は、イタリア語で書かれてあった。

内容は実に簡単明瞭《めいりょう》で、母親と家族に会いたい、この要請が拒否されようものなら、シチリアの各港町を火の海にする、とだけである。手紙は、イスラムに改宗した元キリスト教徒でシチリア生れの男が持参して、「副王」の許に届けられた。

拒否など論外だ。スペイン王の家臣にできたことは、体面を保ちながらの受諾しかない。シチリア総督が要求した、チカラ一家の人々がシナムの船で過ごす一日の間、シナムの部下二人が人質となって総督の官邸に留めおかれるという条件を、シナムはただちに承諾した。

シナムの送った小型ガレー船からは、まずこの二人のトルコの武将が上陸する。入れ代わって、今では老いた母と弟一家が乗船し、その船は、沖合に停泊していたトルコ海軍の旗艦に横づけになった。旗艦から降ろされた階段をとぶように降りてきた一人の中年の男が、船上の母とひしと抱き合った。母と息子の、三十三年ぶりの再会であった。

その日の夕陽がシチリアの山なみの向うに沈もうとする頃になって、旗艦から再び階段が降ろされた。息子は母をささえながらそれを降り、老いた母を船上に坐らせた後で、旗艦にもどって行った。小型のガレー船は、旗艦上で見送るシナム、その一日だけはスキピオ・チカラ、の視界を遠ざかって行った。

チカラ家を継いでいた弟は、もう一通の、シナムから「副王」にあてた手紙を持たされていたのである。それには、母ルクレツィアとチカラ一家にもしものことがあれば、そのときはシチリア中を焦土にする、と書かれてあった。

シナム・パシャは、そのまま東に船首を向け、トルコ艦隊は去って行った。

ウルグ・アリも、他の地方への海賊行には躊躇《ちゅうちょ》しなかったが、生れ故郷のカステッラの周辺を荒らすことはなかった。シチリアも、シナム・パシャがトルコ海軍の総司令官であった時代、目立った被害は記録されていない。これが、「レパント」以後の地中海を、おおい始めていた空気であった。

しかし、次の疑問をいだく人はいるかもしれない。なぜ、ウルグ・アリもシナム・パシャも、もう一度キリスト教徒にもどろうとはしなかったのか、と。

確かにキリスト教側からの、誘いは成されたのである。敵側の有能な人材を引き抜くのは、どの国でもどの組織でも考えることなのだから。

しかし、それは一度も成功しなかった。私がもしも彼らの母であったとしても、帰ってくるな、と言ったろう。

時代は、反動宗教改革の先兵を自負した宗教裁判が、猛威をふるっていた時代である。そして、異端審問であるこの宗教上の裁判は、もともとからの異教徒を裁くのを目的にしてはいなかった。キリスト教徒でも、その信仰が正しいか誤っているか、が問題にされたのである。また、異教徒であったのにキリスト教に改宗した人を、その信仰心がホンモノであるか否《いな》かを裁くのが、イタリア語では「インクイジツィオーネ」(inquisizione) と呼ばれた異端裁判所の目的であった。イタリアではガリレオ・ガリレイが槍玉《やりだま》にあげられ、スペインでは、「マラノス」と呼ばれた、キリスト教に改宗したユダヤ人に弾圧が集中している。

そしてこれは、常に「サンタ」(Santa) がついて「聖なる異端裁判所」と呼ばれ、ローマ法王の公認を受けた機関であったが、正義を成すと思いこんでいる人特有の残忍な拷問《ごうもん》が行われて、心ある人々からは忌《い》み嫌われていたのである。

しかし、いかに忌み嫌おうと、この時代のイタリアは、ヴェネツィア共和国以外は、スペイン王の支配下にあったのだ。スペインとは、スペインを征服したナポレオンによって禁止されるまで、異端と疑われた人々の詮索《せんさく》をやめなかった国である。それどころか、ナポレオンが失脚したとたんに、異端の詮索を再開した国である。要するに信仰となるとしつこい国なのだが、このスペインの支配下にあった時代のイタリアは、一度はイスラムに改宗した人にとって、もどって来られる地ではなかったのである。

キリスト教徒として生れながらイスラムに改宗した人は、この二人以外にも、イスラムの海賊が猛威をふるっていた一千年の間には、何百万といたにちがいない、と研究者たちも言っている。

ウルグ・アリとシナム・パシャの二人は著名な例であったから歴史に遺《のこ》ったのであって、著名ではなかった多くの人々は、歴史に遺らなかっただけである。そして、無名のままで、イスラム社会に溶けこんでいったのだろう。

しかし、「イスラムの寛容」とは言ってもそれは、個人的には何を信仰していようと問題にしなかった、「カエサルの寛容」とは同じではない。イスラム世界での「寛容」とは、キリスト教徒でもイスラム社会で生きることは認める、というだけであり、キリスト教徒でありつづけながら、アラブやトルコ等のイスラム教徒を統率する立場には絶対に就けなかった。イスラム社会の要職は、あくまでもイスラムに改宗した者にしか開かれていなかったのである。つまり、イスラム教以外の信仰を持ちつづけていたければ、イスラム世界では二級の市民として生きることを覚悟しなければならなかった。一神教とは他の神々を認めないところに存立の名分がある以上、これも論理的には正しい。それでもなお、イスラム教徒だったら住むことさえ許されなかったキリスト教世界、中世・近世のキリスト教世界に比べれば、条件はついたにしろよほど寛容ではあったのだが。

それにしても、「レパント」以後の地中海世界が、激突をくり返してきたそれ以前に比べれば、少しにしても穏やかに変わったのは事実であった。

その主たる要因が、いずれもイタリアの血を引く、トルコ側の三人の男にあったとまでは、とても言うわけにはいかない。なぜなら、このような状態になった真の要因は、東のトルコ帝国の西への進攻の関心の低下と、西のヨーロッパ各国の関心が地中海から大西洋へ移って行ったことにあったからである。衝突とは、当事者の双方に関心があるから起るものなのだから。

ゆえに、激突はなくなったからと言って、記録される価値もないと見られていた、普通の庶民の拉致《らち》までが消滅したわけではなかった。

中世に創設された、イスラム世界に連れ去られて強制労働に苦しむ人々の救出を目的にした、「救出修道会」も「救出騎士団」も、この間もなお活動をつづけていたのである。国や組織による防衛から抜け落ちる人は、いつの世にもいるのだ。つまり、海の近くに一年中安心して住むことは許されない時代が、まだこの後も、百五十年はつづいたということである。拉致され身代金《みのしろきん》も払えない人々の救出を願って設立されたこれらの組織が解散するのは、一七九九年になってからなのだ。フランス革命が勃《ぼっ》発《ぱっ》し、それも十年が過ぎた頃になってからであった。

しかし、それでもなお、地中海の波が洗う地方に住む人々の住み方は、少しずつにしても改善されてきていたのである。それは、「サラセンの塔」と呼ばれた監視塔の建設にも示されていた。

海辺に立つ塔から、白煙をあげれば見える距離の奥地に、もう一つの塔を建てる。そしてそこからまた内陸に、白煙の見える距離をはさんで三番目の塔を建てる。これが、四番目か五番目の塔になった地が、海賊の来襲が激しかった時代には、人々が隠れ住んでいた土地であった。このシステムが、海賊の来襲が減少していくにつれて、ただ逃げるだけでなく、いつ海岸近くにもどれるかを知るためにも使われるようになる。

海の近くに住む人々は、こうして、山奥に安住の地を求めた住み方から、海辺と山地を往復する住み方に変わってきた。夏期には山地に、秋から翌年の春までは海の近くに、というように。以前ならば、海近くに居をかまえるのは堅固な城塞の中で大勢の兵士に囲まれて住む領主でもなければ不可能であったのが、少しずつにしても、庶民にも可能になり始めたのである。

「ボルゴ」(borgo) というイタリア語がある。ローマ帝国末期のラテン語の「burgus」に由来する言葉だが、防壁で囲まれた町の外にある村、とでもいう意味で、もともとは北方蛮族の言語であったゲルマン語が起源であるらしい。

だが、中世に入って以後の「ボルゴ」は、それもとくに地中海に面した地方に住む人々にとっての「ボルゴ」は、北アフリカの海賊から逃げて隠れ住む村、のことであった。

そこから少しずつ、海辺にもどり始めたのが、一六〇〇年代に入って以後なのである。それでもまだ、海辺と山奥を、航海に適した季節が移り変わるごとに、行ったり来たりをくり返しながらではあったのだが。今ならば、避暑と避寒をくり返して優雅ではないかと思いそうだが、当時は生死がかかっていたから、真剣な話であったのだ。

今でも南イタリアやシチリアやサルデーニャの海近くの村では、夏の盛りに村祭りを行うところが多い。海外に移住している人々も帰ってきて参加するほど、住民が一体になって祝う村祭りだ。

その祭りでは、町の教会に安置されている、多くは海賊の難から人々を救ったとされている聖人か聖女の像を先頭にした祭列が、町からボルゴまでの山道を行き、そこでミサをあげた後にまた海近くの町にもどってくる。この祭りでは、この種の祭列行が欠かせない。今では海賊に襲われることもなくなったから意味も失われたはずだが、夏の地中海沿岸の村祭りだけはこの形のままでつづいているのである。

遠い昔ではあっても海に出た歴史をもつ町となると、海賊が守勢にまわり始めた時期をより活用したにちがいない。

アマルフィは、中世の地中海世界で活躍したイタリアの四大海洋都市国家の、それも一番走者であった。海沿いの美しいこの小さな町は、今では完全に観光地化しているが、旧市街を注意深く見てまわれば、海賊を迎え撃っていた時代にもどる気分になる。

まず、「サラセンの塔」が、海近くと崖《がけ》の中腹にそれぞれ立っている。そして、オリエントまで進出し手広く交易していた時代の豊かさを偲《しの》ばせる華麗なファサードの主教会《ドゥオーモ》からでも、すでに複数の逃げ道が発している。また、狭く曲がりくねって走る小路はカスバを思い出させるが、アルジェのカスバのような造りではない。狭く暗く家々の下を通って走る小路を進むと、突如として眼の前に小さな空地が現われる。その空地にはもう一本の小路しか通っていず、周囲は高く窓も小さい家々に囲まれている。この二本の小路の入口ともに鉄の扉でもすべり落とせば、侵入者はたちまち袋のネズミになったろう。

そして、いずれも複線で走る小路も、町の外に出ると、葡萄畑の間をぬって山奥まで逃げられるようにできている。

独自の海軍を持って積極的に外に打って出る海洋都市国家から脱落して以後のアマルフィは、ライヴァルだったピサや、それよりも何よりも、イスラムの海賊の来襲にそなえての防御を最大目的にした町づくりにならざるをえなかったのだろう。そしてそのままで現代までつづいてきたことが、今のアマルフィの魅力の一つになっているのだ。

このアマルフィにも、「ボルゴ」と呼べる地はいくつかあったが、そのうちでも最も理想的な「ボルゴ」は、今では最高級の避暑地になっているラヴェッロではないかと思っている。

作曲家のワグナーが訪れた時代にはろばの背にゆられて行くしかなかったという山道も、今では自動車で行くことができる。しかし、今のように、山をくり抜いてトンネルを通すまでのラヴェッロに変わる前は完全に孤立した地であったことは、町づくりを見るだけでもただちにわかる。防御を第一としていたアマルフィとちがって、ラヴェッロでは家も小路も実に開放的に出来ている。

伝承によれば、北方蛮族から逃げる帝国末期のローマ人たちが、隠れ住んだのがラヴェッロの起源とされている。だが、中世に入るやアマルフィの支配下に入り、外敵を避けるアマルフィの人々の避難先になったのだった。

曲がりくねった山道を登って行った先の山間の地であるラヴェッロは、それでも海を望む高い崖の上にあるために、海賊から隠れ住むには理想的であったろう。なぜなら、海上からでは絶対に人が住んでいるとはわからないが、崖のふちに立って下をのぞくだけで、アマルフィの港とその近海が手にとるように見えるのだ。海賊が去って行くのも、ラヴェッロから見ていれば、塔を伝わっての報告に頼らなくてもわかったにちがいない。安全で海上からは見えないこの「ボルゴ」が、後になって北ヨーロッパの芸術家たちを魅了するようになる前の、ラヴェッロの存在理由なのであった。

地中海をヨットなり客船なりでまわれば一目瞭然だが、スペインの東岸からフランスの南をまわってイタリア半島に入り、そこを西岸沿いに南下し、これ以外にコルシカ、サルデーニャ、シチリアの島々も視界に入れれば、昔と今のちがいの大きさは衝撃的でさえある。

地中海の波が洗うすべての地方がいずれも観光地に変貌している現状からは、それらの地のほとんどが、かつては海賊に荒らされ人も住まない地であったとは、想像できないかもしれない。

だが、そのほとんどの地の建物が、古くてもバロック時代、一般的には十九世紀以降、であるのを知れば、なぜそれ以前の建物は少ないのか、という疑問が自然にわいてくるだろう。

バルセロナやマルセーユ、ジェノヴァ、ピサ、ナポリ、シラクサ、パレルモには古い建物が残っているのは、これらの海港都市は自衛力を持っていたからである。これら以外の町や村では、海賊による被害を心配しなくてもよくなった時代以後に建てた、建物が占めているとしてもしかたがなかった。なにしろ、七世紀から始まって十八世紀までの一千年を越える歳月、地中海世界の歴史は、北アフリカから来襲してくるイスラムの海賊なしには物語ることもできなかったからである。

海上からこれらの観光地を眺めるたびに、そして今では、レストランやナイトクラブに使われていたりする「サラセンの塔」に出会うたびに、「パクス」（平和）とは、所詮は普通の庶民の安全を保障することである、と思わずにはいられなくなる。そして、こみあげてくる苦笑とともに思う。人間とは、安全さえ保障されれば、けっこう自分たちでやっていける存在なのだ、と。

一七四〇年、トルコは、海賊行為を全面的に禁じた「海賊禁令」に、国として調印した。

この段階で、海賊は、公的な支援を受けていた「コルサロ」ではなくなったことになる。ゆえにこれ以後の海賊は、私的な利益のみで海賊をする「ピラータ」にもどったことになった。

一八一六年、トリポリ、チュニス、アルジェでも、つまりかつては海賊の三大基地であった北アフリカの主要都市でも、海賊禁止法が実施に移される。

一八三〇年、フランスによる、アルジェリアの植民地化が始まる。

西欧諸国による、モロッコ、チュニジア、リビア、エジプトへの、植民帝国主義の時代に入ったのであった。

一八五六年、「コルサロ」であろうが「ピラータ」であろうが、あらゆる海賊行為の厳禁を宣言した、「パリ宣言」が成立。

海賊禁令は、国際的な合意になったのである。

こうして、少なくとも地中海世界からは、海賊は姿を消して今に至っている。

――完――

附録一　民族によって異なる海賊対策

ローマ帝国

ローマは、『ローマ人の物語』第Ⅲ巻に述べたように、帝政に移行する前の紀元前六七年に早くも、地中海に横行していた海賊相手に大手術を敢行している。海賊を物理的に絶滅すると同時に、彼らの本拠地を占領し、海賊業に関係していた人の全員を内陸部に移住させ、農地を与えて農耕の民に変えることによって、この難問を解決したのであった。

ヴェネツィア共和国

ローマとちがって強大な軍事力を持っていなかったヴェネツィアは、自国の船の航行にとって死活の問題になるアドリア海の制海権の確立を、まず海軍を送ることで海賊そのものを激減した上で、同時に海賊たちの本拠地のすべてをガレー船の漕《こ》ぎ手の

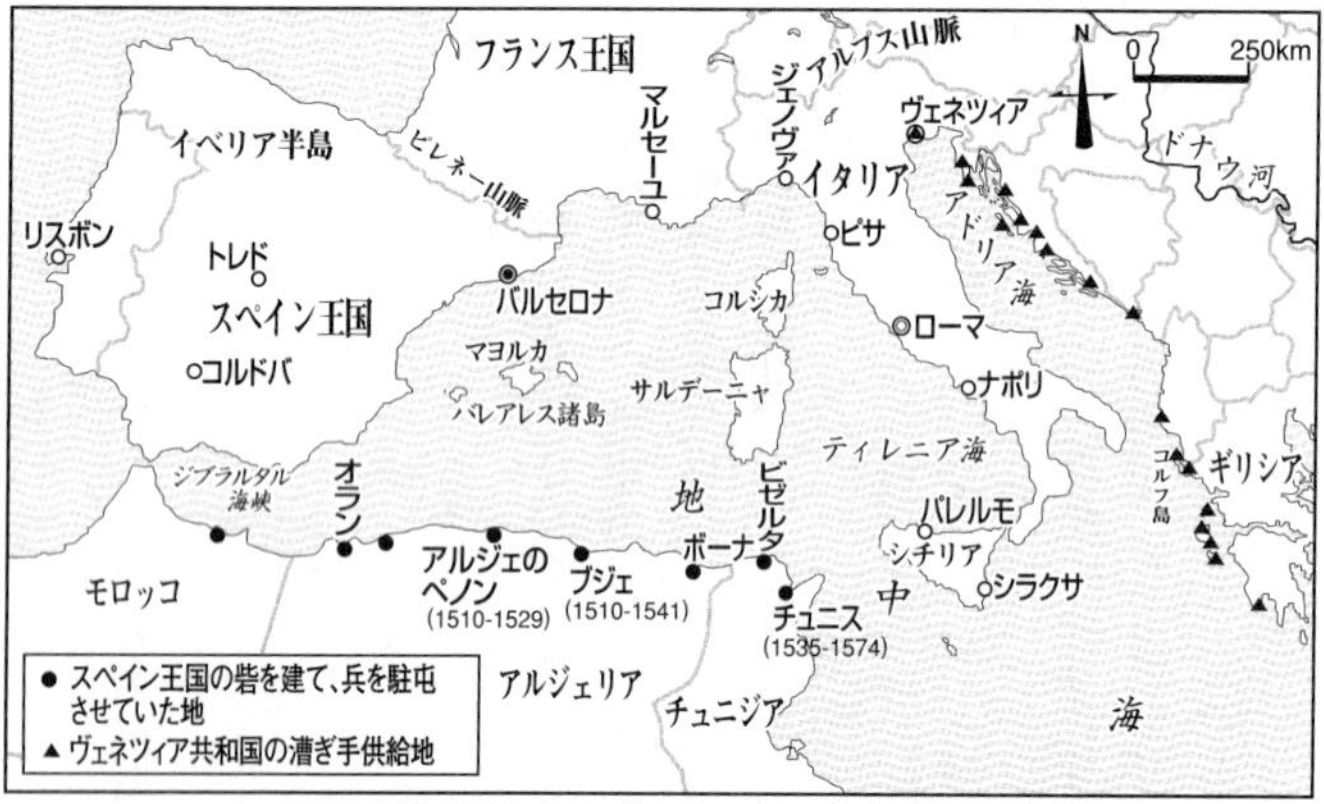

スペイン王国の砦の所在地とヴェネツィア共和国の漕ぎ手供給地

供給地にすることで若者には雇傭《こよう》を確保し、生鮮食料を買い、船の修理所も建てることで中高年の雇傭も保証するというやり方で、運命共同体にもって行ったのである。

このヴェネツィアのやり方については、この書でも述べているが、詳しくは『海の都の物語』上巻の、「海へ！」と題した章で書いている。

スペイン王国

スペインの海賊対策は、この書でも述べたように、海賊の本拠地である北アフリカの港のすぐ外の岬の上に砦《とりで》を建設し、そこにスペイン兵の一隊を駐屯させるのがもっぱらの彼らのやり方だった。ただし、図に記した地のすべてを、同時期に維持したわけではない。

また、維持できた期間が最も長かったチュニスでさえも、四十年間ずっとスペインが支配しつづけたのでもなかった。

そして、港外の岬の上に立つ砦からの海賊船の出入りの監視が事実上役に立たなかったのは、その間この地から発《た》ってキリスト教国を襲う海賊による被害が、少しも減少しなかったことが証明している。

ゆえに、この三民族の海賊対策を有効期間で比較すれば、次のようになる。

ローマ帝国――前一世紀後半より後六世紀前半までの、六百年間。

ヴェネツィア共和国――十一世紀初めより十八世紀末までの、八百年間。

スペイン王国――右に述べた事情によって、実際上の有効期間ならば、ほとんどなし、としてよいと思う。

附録二　関連する既刊書

『海の都の物語』　上下二巻

これはもう、『ローマ亡き後の地中海世界』と対を成す作品。舞台は地中海。時代も、古代ローマ滅亡後の一千年と同じ。

ちがうのは、「海の都」はヴェネツィアに立って地中海を見ているのに対し、「亡き後の地中海」のほうは、地中海の中央にいて東西南北に視線をめぐらせていることのみである。中世、ルネサンス、近世を通しての地中海世界という色とりどりの寄木細工の、北を占める大ぶりの寄木が「海の都」なのだ。

『コンスタンティノープルの陥落』
『ロードス島攻防記』
『レパントの海戦』

この三作とも、地中海を舞台にして闘われたキリスト教世界とイスラム世界の代表的な戦闘《バトル》を描いた作品で共通している。

この三戦闘《バトル》対戦成績ならば、キリスト教側の一に対し、イスラム側は二になるが、『ローマ亡き後の地中海世界』第4巻で描いたマルタ島の攻防を加えると、対戦成績は、二対二になる。


『ルネサンスの女たち』

「ローマ掠奪《りやくだつ》」についての詳細は、イザベッラ・デステを描いた第一章で。ヴェネツィア共和国の外交の勝利であったキプロス併合に関してならば、第四章の「カテリーナ・コルネール」で詳述している。


『チェーザレ・ボルジアあるいは優雅なる冷酷』

トルコの亡命王子をトルコの侵略の牽制《けんせい》のカードに使ったことにふれたのが、第一部の「緋衣」の部分。同時に、中世を振り切った時代のイタリアを、一人の若者の生涯を通して描いたのがこの作品。

『神の代理人』

ルネサンス精神は、キリストの地上での代理人であるローマ法王まで変えた。十字軍に対する考え方でも、プロテスタントという、カトリックから見れば異端の信仰に対しても。

その中でも、関連の強いのは、ピオ二世とレオーネ十世について叙述した二つの章。

『ルネサンスとは何であったのか』

『わが友マキアヴェッリ』

ルネサンスという精神上の運動は、何よりも先に中世末期の人々が、自分たちのこれまでの生き方に疑いをいだいたことから始まった、と私は考えている。

そして、この意味のルネサンスを持ったか持たなかったかが、キリスト教世界とイスラム世界の最大のちがいではないか、とも考えている。

レオナルド・ダ・ヴィンチやマキアヴェッリに該当する人を、イスラム世界は産んだのであろうか。

もしいたとしても、その人々を連記していくのは私の力の及ぶことではないので、イスラムの専門家に待つしかないのである。誰かがそれを実現してくれれば、私が真先に読むだろう。

『愛の年代記』

海賊ウルグ・アリを登場させた小品が、この中の一文の「エメラルド色の海」。

『サイレント・マイノリティ』

この中の一文「ある脱獄記」は、異端裁判所とはどういうものであったのか、にふれた作品。「凡なる二将」は、ヴェネツィア共和国の性質に想《おも》いを馳《は》せていた頃の一文。

『イタリア遺聞』

いわゆる歴史のこぼれ話、という感じの一書だが、西欧とトルコの関係ならば、第六話の「ハレムのフランス女」。第九話の「大使とコーヒー」。それに、「後宮からの便り」と「奴隷《どれい》から皇后になった女」では、当時でもヨーロッパ人の好奇心を刺激すること大であった、トルコのスルタンのハレムの実態を述べている。

『聖マルコ殺人事件』

ヴェネツィア共和国の現職元首の息子でいながらイスラム教徒になった男、を通して描いた、最盛期のトルコとヴェネツィアの、一筋縄ではいかなかった複雑な関係を描いたもの。

とは言っても、書きたかったのはティツィアーノ時代のヴェネツィアだったから、書いている間も、ティツィアーノ描くヴェネツィアの男たちが頭から離れなかったものだった。

『法王庁殺人事件』

法王パオロ三世時代のローマを描いた作品。

西暦	地中海西	地中海東	その他の世界
四七六	蛮族出身の将軍オドアケルが叛旗を翻し、皇帝軍に勝利。皇帝ロムルス・アウグストゥスを退位させ、西ローマ帝国滅亡		（中国）蕭道成、宋を滅ぼし、斉朝を開く（四七九）
五六五		ユスティニアヌス帝、三十七年におよぶ治世の後、死去	（中国）陳覇先、梁を滅ぼし、陳を建国（五五七）
五六八	ロンゴバルド族、南下しイタリアに侵入		
五七〇		マホメッド、メッカで誕生	（中国）陳が滅亡し、隋が建国され、中国全土統一（五八九）
六一三		マホメッド、布教を開始	
六三二		マホメッド死去	（日本）遣唐使の派遣、開始される（六三〇）
六三四		マホメッドの後継者カリフ、アラビア半島を完全制覇	
六三五		イスラム勢、ダマスカスを征服し首都を移転	
六三六		シリアがイスラム化される	

六四二		イスラム勢、アレクサンドリアを征服。エジプトをイスラム化	
六四四	イスラム勢、トリポリを征服。キレナイカ地方（現リビア）をイスラム化		
六五一		ササン朝ペルシア滅亡。メソポタミア地方がイスラム化される	（中国）イスラム教が伝わる（六五一）
六五二		アレクサンドリアを発った海賊船、シチリアの首都シラクサを襲う。以降、海賊のキリスト教世界への侵入が始まる	
六七〇	チュニスの南百五十キロの地に北アフリカ初のアラブ人による都市カイラワンが建設される		
六九八	イスラム勢、カルタゴを征服。北アフリカ全域がイスラム教の支配下に		（中国）武則天、帝位につき、周を建国（六九〇）
七〇〇	ランペドゥーザとパンテレリアの二島、サラセンの海賊に襲われる		（日本）藤原京に遷都（六九四）
七〇四	カイラワンの地方長官、「ジハード」（聖戦）		

	を宣言し、シチリア南岸を襲う	
七〇五	カイラワンを出発したサラセンの海賊、シラクサを襲撃	
七一〇	イスラム勢、ジブラルタル海峡を渡りイベリア半島に侵攻	（日本）平城京に遷都（七一〇）
七二七	北アフリカを出発したサラセンの海賊船、シチリア南岸一帯を略奪し、住民を拉致	
七二八	シラクサのビザンチン軍、サラセンの海賊を迎撃するも、敗北	
七三二	サラセン人、ピレネー山脈を越えてフランスに侵入するも、ポワティエの平原で撃退される	
七三四	チュニスにイスラムの造船所が建設される	
七四四	パヴィアを拠点としたロンゴバルド族の王リユートプランドが死去。以降、ロンゴバルド族は再び以前の分散勢力に戻る	（中国）唐の将軍の高仙芝、タラス河畔でイス

七六二		イスラム勢、新都バグダッドを建設し、ダマスカスから遷都	ラム軍と戦い、敗北（七五一） （日本）平安京に遷都（七九四）
八〇〇	フランク王国の王シャルル、アルプスを越えてイタリアに進軍。ローマにて法王レオ三世により神聖ローマ帝国皇帝の冠を授けられる		（日本）最澄、唐より帰朝し、天台宗を開く（八〇五）
八一四	シャルル・マーニュ死去		
八一六	法王レオ三世死去		（日本）空海、唐より帰朝し、真言宗を開く（八〇六）
八二七	イスラム軍、シチリアに上陸し、マザーラ・デル・ヴァーロ近くの平原でビザンチン軍と戦闘し勝利。この年より北アフリカのイスラム教徒によるシチリア征服行始まる		
八二八	法王の命を受けたボニファチオ伯、カイラワンに進軍し、勝利。拉致されていたキリスト教徒を解放		

八二九	イスラムの大軍がチュニスを発ち、ローマの北五十キロにある港チヴィタヴェッキアに上陸し、占拠。以降、中伊、北伊も海賊の標的となる
八三〇	トスカーナ地方で冬越ししたイスラム勢、ローマに進軍するも攻略には失敗 北アフリカがイスラム化されて以来最大のイスラム軍が編成され、アラブ人が中心の第一隊がパレルモを襲撃。ビザンチン軍は救援に向かわず
八三一	パレルモ陥落。その後イスラム勢はシチリアの西半分を完全に征服し、シチリア島東部へと勢力を拡大。海賊による南伊への襲撃の拠点とする
八三五	カンパーニア地方のナポリ、パレルモにいるイスラムの地方長官と友好同盟条約を結ぶ。以降、サラセンの海賊はプーリア地方に標的を移す
八四〇	ヴェネツィア海軍、ターラント港外でサラセンの海賊に大敗

八四三	イスラム勢の攻撃によりメッシーナ陥落。シチリア北部がイスラムの支配下に
八四六	北アフリカ各地のイスラム勢がシチリアに集結し、南伊経由でローマに進軍。再びローマの城壁に阻まれるも、城壁外の教会を略奪。これに対しローマ、中伊、南伊の各都市が決起、イスラム勢をはさみうちにする
八四七	シチリアと北アフリカからサラセンの援軍が到着。フランク王でイタリア王でもあるルドヴィーコ率いる防衛軍と陸上で戦う。しかし、決戦の前にガエタ港外の海上で嵐が起き、サラセン軍を直撃、ローマ征服は失敗に終わる
八四九	春、サラセンの海賊がトスカーナ地方北端のルーニに上陸して徹底的に略奪。その後も北行を続け、ジェノヴァを中心とするリグーリア地方の海岸から南仏までを荒らす 法王レオ四世、イタリア各都市に呼びかけて防衛軍を結集。オスティア港外でイスラム船団を迎えたが、猛烈な南西風がイスラム船団を襲い、多数の捕虜を得る（「オスティアの海戦」）

八六〇　ローマ法王の要請を受けた神聖ローマ帝国皇帝ルドヴィーコ二世、南伊でサラセン軍に惨敗

八七七　法王ヨハネス八世、カプア、ガエタ、ナポリ、アマルフィ各都市の代表者と会い、イスラムと同盟を結ばないよう説得するも、実を結ばず
ヨハネス八世、一年間イタリア半島西岸部への略奪をしないことを条件に、サラセンの海賊に銀貨二万五千枚を支払う
シチリア首長、パレルモからシラクサに進軍

八七八　春、イスラム勢がシラクサ進攻を再開。九ヵ月の攻防の末にシラクサが陥落し、シチリア全島がイスラムの支配下となる

八七九　サラセンの海賊、イタリア半島の略奪を再開。ヨハネス八世はイタリア王、フランス王、ドイツ王に救援を要請するも無視される。また、すでにイスラム勢と通商関係を持ちつつあったガエタ、ナポリ、アマルフィ、ソレントにも共闘の申し入れを断られる

八八二	ヨハネス八世死去 サラセンの海賊、聖ヴィンチェンツォ修道院を襲撃・破壊	
九一五	ビザンチン帝国摂政の皇后ゾエがパレルモの首長と協約。カラーブリアとプーリア地方を攻撃しないことを条件に、二万二千枚のビザンツ金貨を支払うも、協定の範囲外であった北アフリカから出発する海賊による襲撃が続く	（中国）唐が滅亡し、後梁成立。以後、五代十国時代が始まる（九〇七）
九一六	チヴィタヴェッキアをイスラム勢から奪回するも、ガリリアーノを失う 法王ヨハネス十世、ガエタ、ナポリ、アマルフィに呼びかけ、ガリリアーノをイスラム勢から奪回するために軍を編成。三ヵ月の戦闘の末、中伊から南伊にかけてのティレニア海岸から、イスラム勢を一掃	
九二五	サラセンの海賊、プーリア地方のオーリアを襲撃。六千人が殺害され、一万人が北アフリカに拉致される	
九三四	サラセンの海賊、ジェノヴァを襲撃	

九四八	サラセンの海賊、南伊のレッジョを征服		
九六三		ビザンチン帝国皇帝フォカ、サラセン軍に敗北。ビザンチン帝国はこの後、二度とサラセンの海賊との対決を試みなくなる	（中国）宋成立（九六〇）
九七五	フランス王、サラセンの海賊を、根城となっていた南仏サントロペから一掃		
九八二	神聖ローマ帝国皇帝オットー二世、ドイツやサクソンの兵からなる軍勢を率いてイタリアを南下し、サラセン軍と対決するも惨敗		
一〇〇二	アマルフィの軍船団、ベネヴェントやナポリを攻撃するサラセン軍を撃退		
一〇〇四	ヴェネツィアの軍船団、アドリア海側の海港都市バーリを襲撃中のサラセン軍を撃退		
一〇〇五	ピサの軍船団、カラーブリア地方を荒らす海賊船団を撃退		
一〇一一	ピサとジェノヴァの海軍、共闘して海賊ムシ		

	エットを撃退
一〇一六	巡礼行の帰途のノルマン人騎士ら、プーリア地方のガルガノ山中に逃げ込んでいたプーリア地方の有力者たちに、南伊からビザンチン勢とイスラム勢を排除するよう要請される
一〇一七	ノルマン人騎士ら、プーリア地方のイタリア人とともに南伊からのビザンチン勢の一掃に着手
一〇二四	聖ヨハネ騎士団設立
一〇三七	ノルマン人、南伊からのビザンチン勢とイスラム勢の一掃を完了
一〇三八	南伊を征服したノルマン勢、シチリアに進攻開始
一〇六一	ルッジェロ率いるノルマン勢、シチリアに再度進攻
一〇六六	ノルマン人、イングランドを征服

一〇七二	ノルマン勢、パレルモを攻略		
一〇八六	ノルマン勢、シラクサを攻略し、シチリアを完全支配		
一〇八七	法王ヴィクトル三世、アマルフィ、ピサ、ジェノヴァに呼びかけ、対イスラム軍を編成。カイラワン外港のマフディーヤを攻撃し、キリスト教徒の救出に成功		
一〇九六	第一次十字軍、東方へ出発		
一〇九九		第一次十字軍、イェルサレム攻略に成功	
一一四七	第二次十字軍、東方へ出発。ドイツ皇帝コンラッド三世とフランス王ルイ七世が参戦		（日本）保元の乱（一一五六）
一一七四		テンプル騎士団設立	（日本）平清盛、太政大臣となる（一一六七）
一一八七		クルド族出身のサラディンがイスラム世界を再統合。アラブ民族とトルコ民族間の闘争が終結する	
一一八九	第三次十字軍、東方へ出発。神聖ローマ帝国		（日本）壇ノ浦

	皇帝フリードリッヒ一世、フランス王フィリップ・オーギュスト、イギリス王リチャードが参戦	の戦いで平氏一門滅亡（一一八五）
一一九七	修道士ジャン・ド・マタら、法王インノケンティウス三世の支援のもと、キリスト教徒救出修道会を設立	（日本）源頼朝、征夷大将軍となる（一一九二）
一一九九	キリスト教徒救出修道会、チヴィタヴェッキアから出発してモロッコに向かう。百八十六人のキリスト教徒の救出に成功し、マルセーユ経由でパリに帰還	
一二〇二	第四次十字軍、東方へ出発。ヨーロッパ諸国の王はインノケンティウス三世の呼びかけには応じず、フランドルやフランス領主が参加	
一二一〇	キリスト教徒救出修道会、チュニスの奴隷収容施設内に病院を設立	
一二一三	修道士ジャン・ド・マタ死去	
一二一八	スペイン人騎士ドン・ペドロ・デ・ノラスコ、キリスト教徒救出騎士団を設立	（日本）北条氏の執権政治が始

	イェルサレム王ブリエンヌ率いる第五次十字軍、エジプトのダミエッタへ上陸するも、一二二一年、ナイル河の氾濫に遭い撤退		まる（一二一九） （日本）承久の乱（一二二一）
一二二一	法王庁、キリスト教徒救出騎士団を認可。アルジェへキリスト教徒救出行に出発		
一二二三	ヴェネツィア、海上法を制定		
一二二七		シチリア王で神聖ローマ帝国皇帝でもあったフリードリッヒ二世、第六次十字軍を召集してイェルサレムを訪れ、イスラム勢と講和	（日本）道元、宋より帰朝し、曹洞宗を開く（一二二七）
一二三〇	ピサ、チュニスの首長との間で、チュニスでの交易の安全、商館と教会の設置を協約。ジェノヴァもすぐさま追随し、ほぼ同じ内容の協約を結ぶ		
一二三一	フリードリッヒ二世、イスラム勢に対して、シチリア人の安全と交易の自由を認めさせる内容の協約を更新		
一二三二	ローマ法王庁、宗教裁判所を設立		

一二四八	フランス王ルイ九世、第七次十字軍を召集。エジプトへ向かうも惨敗。ルイ自身も捕虜となり終結		
一二五一	ヴェネツィア、チュニスの首長との間で、チュニスでの自国民の安全と行動の自由、領事館と商館の設置を協約 ジェノヴァ、ジェノヴィーノ金貨の発行を開始		
一二五二	フィレンツェ、チュニスの首長との間で交易の安全、商館と教会の設置を協約 フィレンツェ、フィオリーノ金貨の発行を開始		(日本)日蓮、法華宗を開く(一二五三)
一二五六	キリスト教徒救出騎士団のノラスコ死去		
一二五八		バグダッド、モンゴル軍の猛攻の前に陥落	
一二六二	ローマ法王庁、ジャン・ド・マタを列聖		(朝鮮)高麗、蒙古に服属(一二五九)
一二六六	ノルマン・ホーエンシュタウヘン王朝滅亡。ルイ九世の弟シャルル・ダンジューが新たな		

	支配者となる		
一二七〇	ルイ九世、第八次十字軍を編成し、チュニジアに向かうも、ルイ九世自身が疫病で死去し、終結		（中国）蒙古、元朝を開く（一二七一）
一二八四	ヴェネツィア、ドゥカート金貨の発行を開始		（日本）元軍、高麗軍を率いて日本に遠征するも失敗（一二七四）
一二九一		パレスティーナのキリスト教勢の側の最後の砦アッコンが陥落。十字軍時代が終焉	
一二九七	法王ボニファキウス八世、ルイ九世を列聖		（日本）元軍が再び侵入するも失敗（一二八一）
一四三二		マホメッド二世、生れる	
一四五一		マホメッド二世、スルタンに即位	
一四五三		ビザンチン帝国、マホメッド二世率いるトルコ軍にコンスタンティノープルを攻め落とされ、滅亡。以後、コンスタンティノープルはトルコ帝国の首都となり、イスタンブールと名を改める	（朝鮮）李澄玉の乱

一四五五		トルコ、セルビアを征服	
一四五六		トルコ、ボスニアを征服	
一四六〇		トルコ、南下してペロポネソス半島に進攻	(日本) 太田道灌、江戸城を築く（一四五七）
一四六一		トルコ、小アジアに進攻し、トレビゾンドを征服	
一四六三		トルコ、ジェノヴァ共和国領レスボス島に八万もの大軍で進攻	
一四七〇		トルコ海軍、二百五十隻の船団でダーダネルス海峡より出陣し、ネグロポンテを攻略	(日本) 応仁の乱（一四六七～七七）
一四七九		トルコ軍、ヴェネツィア領レウカス島に上陸し、占拠	
一四八〇	法王シスト四世、キリスト教徒救出修道会とキリスト教徒救出騎士団に寄附をした者への罪の軽減を廃止 キリスト教徒救出騎士団、百九十五回目の救	トルコ、ロードス島に進攻するも、聖ヨハネ騎士団（のちのマルタ騎士団）に撃退され、敗戦	(日本) 足利義政、銀閣を建立（一四八二）

	出行としてアルジェに向かうも、寄附金の激減により、連れ帰ったキリスト教徒の数は五十六人に留まる		
一四八一	キリスト教徒救出騎士団の代表ルイス・デ・ロスリオス、法王シスト四世に寄附者への特典廃止撤回を求める	マホメッド二世、死去	
一四九二	アラゴン王とカスティリア女王、イスラム教徒を一掃し、イベリア半島の再征服（レコンキスタ）が完了		（アメリカ）ジェノヴァ出身のコロンブス、アメリカ大陸を発見
一五〇〇	法王庁、海軍を設立		
一五〇二	法王ボルジア、各国に呼びかけて連合艦隊を結成。法王庁のほか、ヴェネツィア共和国、聖ヨハネ騎士団、フランスが参加	キリスト教国連合軍、レウカス島を攻撃し、トルコより奪回	（日本）徳政令を発布（一五〇四）
一五〇八		海賊クルトゴル、スルタンの命を受けてチュニスに赴き、ビゼルタの港を拠点として略奪行を開始	
一五〇九	クルトゴル率いる海賊、ローマの外港オステ		

	ィアで停泊中の法王庁海軍を攻撃し、旗艦を奪取 スペイン軍、モロッコやアルジェリアの港町を攻撃。その後、アルジェの港に要塞（エル・ペノン）を建設		（朝鮮）三浦の乱（一五一〇）
一五一三	ミケランジェロ、システィーナ礼拝堂の天井画を完成		
一五一五	法王レオーネ十世、法王庁海軍の再建に着手 フランソワ一世、フランス王に即位		
一五一六	レオーネの呼びかけにより、神聖同盟が発足。法王庁海軍のほか、ジェノヴァやヴェネツィア、フランスが参加 ジェノヴァの海将アンドレア・ドーリアと司令官パオロ・ヴェットーリ率いる神聖同盟、クルトゴルを捜し求めてティレニア海へ出航。ビゼルタを攻撃 カルロス一世、スペイン王に即位		
一五一七	クルトゴル、トスカーナとラツィオの境に広がるマレンマの平原に上陸し、レオーネの拉致を企てるも、未遂に終わる	トルコ、シリアとエジプトを征服し、名実ともにイスラム世界の盟主となる	（中国）ポルトガル人が広東に渡来

一五一八	法王庁海軍、エルバ島付近でイスラムの海賊船団と戦闘。司令官ヴェットーリが拉致される	トルコのスルタン、クルトゴルをトルコ海軍の総司令官に任命	
一五一九	ドーリア率いるジェノヴァ海軍、ピアノーザ島近海でイスラムの海賊船団と戦闘し、勝利 法王、六万ドゥカートの身代金を支払い、ヴェットーリを奪還。ヴェットーリは海軍司令官に復帰 スペイン王カルロス、カール五世として神聖ローマ帝国皇帝に即位		
一五二〇		トルコ海軍、ロードス島侵略作戦を進めるも、キリスト教国連合軍に阻まれる スレイマン、スルタンに即位	（中国）タタールが大同に進攻 （アメリカ）ポルトガルのフェルディナンド・マゼラン、マゼラン海峡を通過
一五二一	レオーネ十世、死去		

一五二二		スレイマン、ロードス島に進攻し、占領。聖ヨハネ騎士団はロードス島を去り、法王の庇護下に入る
一五二三	レオーネ十世のいとこのジュリオ・デ・メディチ、クレメンテ七世としてローマ法王に即位	
一五二四	ヴェットーリ率いる法王庁海軍と聖ヨハネ騎士団、チヴィタヴェッキア近海でイスラムの海賊と戦闘し、勝利	
一五二六	ヴェットーリ、病死。法王庁海軍司令官の後任には、その年六十歳のドーリアが就任ドーリア率いる法王庁海軍と聖ヨハネ騎士団、海賊赤ひげと戦闘して勝利。奴隷となっていたキリスト教徒を救出するも、赤ひげの捕獲には失敗	
一五二七	ローマの掠奪。カルロス、ローマに進軍し、七日間にわたり全市を破壊。親フランスであったクレメンテ七世に路線変更を迫る	

一五二八	ドーリア、法王庁海軍司令官の職を辞し、いったんはフランスに向かうも、翻意してスペイン海軍総司令官に就任		
一五三〇	赤ひげ、オランからチュニスにかけての主要な港町を占拠。北アフリカ一帯の実質上の支配者となる カルロス、聖ヨハネ騎士団に駐屯地としてマルタ島を与える。以後、聖ヨハネ騎士団の通称はマルタ騎士団に	赤ひげ、北アフリカ一帯をスレイマンに献上し、コンスタンティノープルでトルコ海軍司令官に任命される	（日本）一向一揆起こる（一五三一）
一五三二	カルロス、ウィーンにはハンガリー王の弟フェルディナンドを、地中海にはドーリア率いる連合海軍を配置し、迎撃態勢をとる ドーリア、トルコ領となっていたモドーネの城塞を奪回し、レパントを攻略。イオニア海の制海権を握る	スレイマン、カルロスの領土ウィーン攻略に着手。同時に地中海に海軍を進める	（中国）大同の兵乱（一五三三）
一五三四	クレメンテ七世、死去。パオロ三世が法王に即位	赤ひげ、トルコ海軍の総司令官に昇格	
一五三五	法王庁の呼びかけで結成された神聖同盟海軍、		

	赤ひげ率いるトルコ海軍とチュニス港を守るゴレッタ城塞で戦闘となり、勝利。赤ひげはアルジェに逃れる 赤ひげ、海賊を再編し、イタリア半島の港町への攻撃を再開
一五三六	フランソワ、スレイマンに働きかけ、軍事同盟を結ぶ
一五三七	赤ひげ、イタリア半島南端の港町カストロに上陸、城塞を築く。反撃に出たドーリア軍が海戦では勝利を収めるものの、カストロは奪回できず
一五三八	パオロ三世、ヴェネツィアとスペインに呼びかけ、神聖同盟結成を提唱。各国の軍船団がコルフ島に集結することが決定 五月、フランスとスペイン、十年間の休戦に調印 九月、合計百五十隻の神聖同盟軍船が出揃い、コルフ島を出発。サンタ・マウラ島で赤ひげとその右腕、海賊ドラグー率いるトルコ軍と出会するも、形勢不利とみたドーリアが、全軍に撤退を命じる

一五四〇	ヴェネツィア、トルコとの講和を実現 カルロスの命によりドーリア、対トルコ軍勢を編成。法王庁海軍とマルタ騎士団が参加し、ドラグーを標的とした海戦に臨み、完勝。ドラグーも捕縛したが、ドーリアはドラグーを解放	
一五四一	カルロス、自ら軍を率いてアルジェに進攻。十月、スペイン配下の南伊やドーリア自前の軍勢、法王庁海軍、マルタ騎士団を加えて、アルジェ近郊の浜辺に上陸 カルロス軍、豪雨のため消耗し、苦戦。大量の犠牲を出した末に撤退	
一五四三	フランソワ、トルコとの関係強化を図り、赤ひげを国賓としてマルセーユに招く。赤ひげは一年以上にわたりマルセーユに滞在。その後イスタンブールに戻り、引退する。代ってドラグーがトルコ海軍総司令官に就任	（日本）ポルトガル人が種子島に渡来
一五四七	フランソワ、死去。子のアンリ二世がフランス王に即位 ドーリアの後継者と目されていたジャンネッ	（日本）武田信玄、分国法「甲州法度」を発布

	ト・ドーリア、ジェノヴァ国内の内乱で落命	
一五四九	パオロ三世、死去	（日本）フランシスコ・ザビエルが鹿児島に渡来
一五五〇	カルロス、聖年にローマを訪れる巡礼者の安全を守るため、八十四歳になっていたドーリアに軍船団の結集を命じる ドーリア率いる連合軍、ドラグーが本拠地としたマフディーヤを海上から攻撃し、陥落させるも、ドラグーは取り逃がす	（中国）ザビエル、上川島で死去（一五五二）
一五五八	カルロス、死去。子のフェリペ二世がスペイン王に即位	（朝鮮）倭寇が全羅道に侵入（一五五五）
一五五九	トルコ軍と組んでスペイン配下の国々を攻撃していたアンリ二世、フェリペ二世のスペインと講和を結ぶ	
一五六〇	ドーリア、死去 フェリペ二世、リビアのトリポリ奪回を企図し、軍勢を結集	（日本）桶狭間の戦い

一五六一	フェリペ二世の命を受けた連合軍、統率がとれず苦戦。トリポリからジェルバ島に標的を移して攻略 マルタ騎士団、戦線を離脱 連合軍、イタリア出身の海賊ウルグ・アリ率いるトルコ兵の攻撃を受け、玉砕	
一五六五	トルコ軍、マルタ島の聖エルモ城塞への攻撃を開始 ドラグー、自前の軍船とともにトルコ軍の応援に到着するが、戦闘中に死亡。マルタ騎士団は砲撃で対抗し続けるも、トルコ軍の攻撃の前に聖エルモ城塞が陥落 トルコ陸上軍の司令官、騎士団長のジャン・ド・ラ・ヴァレッテに降伏を勧めるも、ラ・ヴァレッテは拒否 苦戦が続くマルタ騎士団への、フェリペ二世が約束したシチリアからの応援は届かず トルコ海軍、湾内に侵入し、聖アンジェロ、聖ミケーレ両城塞に総攻撃を仕掛けるが失敗し、撤退。マルタ騎士団側の被害も甚大	マルタ島攻略のためにスレイマンが結集した大軍勢、イスタンブールを出発

一五六六		スレイマン、死去。子のセリムがスルタンに即位	
一五六八	攻防戦ののち、マルタ島の城塞建設に尽力したラ・ヴァレッテ、死去		（日本）織田信長、上洛
一五七〇	フェリペ二世、ピオ五世の再三の要求に応じ、ドーリアの後継者ジャンアンドレア・ドーリアをスペイン軍とともに派遣	トルコ軍、ヴェネツィア領キプロス島への攻撃を開始。法王ピオ五世はフェリペ二世に連合艦隊結成を促すが、フェリペは態度を保留 ヴェネツィアからの救援戦力がクレタ島に到着 スペイン軍、ヴェネツィア軍とともにキプロス島へ出発。直後にキプロス島の首都ニコシア陥落の報が届き、また海賊の抵抗と厳冬に行く手も阻まれ、連合艦隊は解散	
一五七一	スペイン・ヴェネツィア連合艦隊、前年と同様に統率がとれないが、フェリペ二世の異母弟を総司令官とすることで合意。各国軍船がシチリアのメッシーナに集結。トルコ軍を求めて東方へ向う	キプロス島の都市ファマゴスタがトルコ軍の攻撃の前に陥落 レパントの海戦。連合艦隊とトルコ軍、ギリシア西部のパトラス湾外の海上で戦闘。結果	

	セルバンテス、レパントの海戦に従軍したのち、スペインに戻る際に海賊に拉致される	は連合艦隊の勝利に終わる	
一五七二	ヴェネツィア、弱体化しつつあったトルコを攻撃するため、連合艦隊の再編成をスペインに呼びかけるも、スペインは応じず		
一五七三	ヴェネツィア、トルコと単独講和を結ぶ		（日本）室町幕府、滅亡
一五七九	聖ステファノ騎士団、西地中海で六隻の海賊船と戦闘し、三百人の人質を奪回	聖ステファノ騎士団、東地中海で四隻の海賊船の捕獲に成功。捕らわれていた数百人の人質を奪回	
一五八〇	聖ステファノ騎士団、アルジェ近くの城塞を攻撃、拉致されていたキリスト教徒を奪回し、四十人のアルジェリア人を捕虜とする	聖ステファノ騎士団、レヴァンテでトルコの大型帆船を攻撃し、三十人のトルコ人を捕虜とする	（日本）天正少年使節団をローマに派遣（一五八二）
一七四〇		トルコ、海賊行為を全面的に禁じる「海賊禁令」に国として調印	
一七七九	キリスト教徒救出騎士団、最後の救出行		（アメリカ）十三の植民地がイギリスからの独立を宣言（一七七六）

一七八九	フランス革命勃発
一七九七	ヴェネツィア共和国滅亡
一八一六	トリポリ、チュニス、アルジェで、海賊禁止法が実施される
一八三〇	フランス、アルジェリアに進攻。植民地とする
一八五六	あらゆる海賊行為の厳禁を宣言した「パリ宣言」が成立

参考文献

《原史料（同時代人の記述ないしは著作）》

AL-NUWAYRI, *Historie des Berberes par ibn-Khaldoum*, Algeri, 1852.

AMMIRATO, S., *Storie fiorentine*, Firenze, 1641.

ANONIMO SALERNITANO, *Chronicon.*

《ASV（Archivio di Stato, Campo dei Fari), Arsenale》

BARBARO, N., *Giornale dell'assedio di Costantinopoli, 1453*（E. Cornet 編), Wien, 1856.

BEMBO, P., *Opera omnia, Epistolae Leonis X Pont. Max. nomine conscriptae,* Venezia, 1729.

BENEDETTO DA S. ANDREA, *Chronicon, apud Georgium Henricum Pertz,* 《Monumenta Germaniae Historiae》, Hannover, 1839.

BERTRAND, H.G., *Batailles de Napoleon,* Paris, 1847.

Bullarium Romanorum, Epistola XI papae Innocentii III ad Miramolinum, 1199.

CAFFARO, *Annali Genovesi*（C. Roccatagliata, Ceccardi & G. Monteleone 翻訳, Municipio di Genova 編), 1923-30.

CENNI, C., *Codex Carolinus,* Roma, 1760.

CALEPIO, A., *Vera et fedelissima narratione del successo della espugnatione et defensione del regno di Cipro,* Venezia, 1580.

Chronicum Volturnense.

CONTARINI, G.P., *Historia delle cose successe del principio della guerra mossa da Selim ottomano ai Venetiani fino al dì della gran giornata vittoriosa contra i Turchi,* Venezia, 1572.

CONTI, N., *Historie dei suoi tempi,* Venezia, 1589.

DAN, P.F.P., *Histoire de Barbarie et des ses Corsaires,* Paris, 1649.

DANDOLO, A., *Chronica per extensum descripta*（E. Pastorello 編), 《Rerum Italicarum Scriptores》 vol. XII, part I, Bologna, 1938-40.

DE BOURDEILLE BRANTÔME, P., *Mémoires contenans les vies des hommes illustres et grands capitains françois de son temps,* Leyde, 1665.

DE SALAZAR, P., *Historia de la guerra y presa de Africa con la destruccion de la villa de Monastir,* Napoli, 1552.

Destructio Monasterii Farfensis, Chronicon Farfense.
DIACONO, G., *Chronicon Venetum,* Roma, 1890.
DINAR, I.A., *Histoire de l'Afrique,* Tunis, 1286.
DORIA, A., *Compendio delle cose di sua notizia et memoria occorse al mondo nel tempo dell'imperatore Carlo Quinto,* Genova, 1571.
EGIARDUS, *Annales fuldenses,* 806-07.
FERUA, A., KIRSCHBAUM, E., GHETTI, E.J. & APOLLONI, B., *Tipografia poliglotta vaticana,* 1950.
FAZZELLO, T., *De rebus Siculis,* Catania, 1753.
FESTA, N., *Le lettere greche di Federico II,* 《Archivio storico italiano》 serie V, vol. XIII, 1894.
FONTANA, A., *Le glorie immortali della Sacra ed Illustrissima Religione di S. Stefano,* Fano, 1708.
GIOVIO, P., *Historie del suo tempo* （L. Domenichi 翻訳）, Venezia, 1608; *Vita di Leone X.*
GIUSTINIANI, A., *Annali di Genova,* 1537.
GOUSSANCOURT, F.M., *Les Martyrologe des Chevaliers de Saint-Jean de Jérusalem dits de Malte,* Paris, 1643.
GUAZZO, M., *Storie,* Venezia, 1549.
JOANNIS VIII, *Epistolae ad Carolum imperatorem; Epistolae imperatori et imperatrici.*
LEONE OSTIENSE, *Chronicon; Vita Leonis.*
LIUTPRANDO, *Antapodosis.*
MALIMPIERO, D., *Annali veneti dell'anno 1497 al 1500,* 《Archivio storico italiano》 serie I, vol. VII, Firenze, 1843.
MARANGONE, *Cronache Pisane,* 《Archivio Storico Italiano》.
Muratori, L. A., *Annali d'Italia; Antichità italiche; Rerum Italicarum Scriptores.*
NUCULA, H. （Orazio Nocella da Terni）, *De bello Afrodisiensi,* Roma, 1552.
L'Ordine dei Trinitari e l'Africa, Spunti Storici, 1940.
PALERMO, F., *Documenti sulla storia del Regno di Napoli,* 《Archivio storico italiano》, Firenze, 1846.
PALMERS, P.R., *Libro delle redenzioni,* 1199.

RAYNALDUS, *Annuarium Ecclesiasticum.*
ROSEO, M., *Storie del mondo, Venezia,* 1598.
ROUSSEAU, A., *Annales Tunisiennes,* 《*Traites entre les Puissances de l'Europe et la Tunisie-Époque anterieure a l'etablissement de la Régence*》, Alger, 1864.
S. ANTONINO, *Chronicon,* Lugd., 1586.
SIGONIO, C., *Della vita et fatti di Andrea Doria, principe di Melfi, libri due, tradotti nella nostra volgar lingua da Pompeo Arnolfini, appresso Giuseppe Pavoni,* Genova, 1598.
TEODOSIO MONACO, *Chronicon.*
ULLOA, A., *Vita di Carlo V,* Venezia, 1566.
VASARI, G., *Vite,* Firenze, 1906.
VENTURA, A.（編）, *Relazioni degli ambasciatori veneti al Senato,* vol. I-II, Biblioteca degli Scrittori d'Italia degli Editori, Arti Grafiche Gius. Laterza & Figli, Bari, 1976.

《後世の研究著作》

著者多数, *Atti del Convegno internazionale di studi federiciani, e Studi ezzeliniani,* Roma, 1963.
AGRICOLA, G., De Re Metallica, book XII.
AL-ATHIR, A.I., *Annales du Maghreb & de l'Espagne: Traduites et annotes par Edmond Fagnan*（原著作1231年頃）, Adamant Media Corporation, 2001.
ALMAGIÀ, R., *Planisferi, carte nautiche e affini dal secolo XIV al XVII esistenti nella Biblioteca Apostolica Vaticana, Monumenta cartographica Vaticana,* I, Città del Vaticano, 1944.
AMARI, M., *La Guerra del Vespro Siciliano,* Firenze, 1876; *I Musulmani in Sicilia,* Catania, 1933.
AMICO, V. & DI MARZO, G., *Dizionario topografico della Sicilia,* Palermo, 1855.
ANDERSON, R. C., *Naval Wars in the Levant, 1559-1853,* Princeton University Press, Princeton, 1952.

ANNOVAZZI, V., *Storia di Civitavecchia,* Roma, 1853.
《Archivio Veneto》
ARBORIO MELLA, F.A., *Gli arabi e l'Islam,* Mursia, 1992.
ASTUTI, G., *L'organizzazione giuridica del sistema colonial e della navigazione mercantile delle città italiane nel Medioevo,* 《CHM》, 1962.
BABINGER, F. *Due ritmi ed una narrazione in prosa di autori contemporanei intorno alla presa di Negroponte fatta dai Turchi, 1470* （F.L. Polidori 編）, 《Archivio storico italiano》, appendice, vol. IX, 1953; *Maometto il Conquistatore,* Einaudi, Torino, 1957.
BADUEL, C., *L'ordine di Malta nell'assistenza ospedaliera,* 《Bollettino Stor. Ital. Art. Sanit.》 XIV, 1934.
BENVENUTI, G., *Storia della Repubblica di Pisa,* Pisa, 1962 & 1982; *Storia della repubblica di Genova,* Milano, 1977.
BESTA, E., *Il Senato veneziano (origini, costituzione, attribuzioni e riti),* 《Miscellanea di storia veneta》 serie II, vol. V, 1899.
BILIOTTI, C., *Tunisi e la sua storia,* 1868.
BOGNETTI, G.P., *La nave e la navigazione nel diritto pubblico mediterraneo dell'Alto Medioevo,* 《CHM》, 1962 (= *Méditerranée et Ocean Indien: Travaux du Sixième Colloque International d'Histoire Maritime,* （M. Cortellazzo 編）, no. 23, Civiltà veneziana, Studi della Fondazione Giorgio Cini, Venezia, e parte della Bibliothéque generale della ÉPHÉ （École Pratique des Hautes Études）, 6 Section, Sevpen, Paris, 1970）.
BOISGELIN, L., *Ancient and modern Malta,* London, 1804.
BOLANI, D.S., *Storia di Reggio Calabria,* Napoli, 1857.
BONOLIS, G., *Diritto marittimo medievale dell'Adriatico,* Pisa, 1921.
BORSARI, S., *Il dominio veneziano a Creta nel XIII secolo,* Napoli, 1963; *Il commercio veneziano nell'Impero bizantino nel XII secolo,* 《Rivista Storica Italiana》 LXXVI, 1964.
BOTTARELLI, G., *Storia politica e militare del Sovrano Ordine di S. Giovanni di Gerusalemme detto di Malta,* Milano, 1940.
BOUWSMA, W.J., *Venice and the Defence of Republican Liberty,* University of California Press, Berkley, 1968.
BOWEN, F.C., *The Sea, Its History and Romance* I-IV, London.

BOWNESS, E., *The Four-Masted Barque,* London, 1955.
BRANCA, V.（編）, *Umanesimo Europeo e umanesimo veneziano,* vol. II della serie *Civiltà europea e civiltà veneziana: aspetti e problemi,* Centro di Cultura e Civiltà della Fondazione Giorgio Cini, San Giorgio Maggiore, Sansoni, Venezia, 1963.
BRAUDEL, F., *La Méditerranée et le monde Méditerranéen a l' époque de Philippe II,* 2 vols., Paris, 1962; 同伊語訳, Einaudi, Torino, 1976; Il Mediterraneo, Mondadori, 1990.
BROWN, H.F., *The Venetian Printing Press,* London, 1891.
BROWNE, E.J., *La medecine arabe,* Paris, 1933.
BRUNETTI, M. & VITALE. E（編）, *La corrispondenza da Madrid dell'ambasciatore Leonardo Donà, 1570-73,* Istituto per la collaborazione culturale Venezia-Roma, Firenze, 1963.
CADDEO, R. 他（編）, *Storia marittima dell'Italia,* Garzanti, Milano, 1942.
CALEGARI, M., *Navi e barche a Genova tra il XV e XVII secolo,* 《Consiglio Nazionale Delle Ricerche, Centro Per La Storia Delle Tecnica in Italia》.
CALISSE, C., *Storia di Civitavecchia.*
CALIXTE DE LA PROVIDENCE, P., *Trinitarie, Corsaires et Rédempteurs,* 1884.
CALLISTO DELLA PROVVIDENZA, *P., Vita di S. Giovanni de Matha,* Roma, 1894.
Cambridge Medieval History（J.B. Bury 監修）, 8 vols., Cambridge, 1911-36.
CAMOLIETI, G., *Guida a Venezia e ai Veneziani sconosciuti,* Sucarco Edizioni, Milano, 1978.
CANALE, M.G., *Nuova Istoria della Repubblica di Genova*（初版1797）, Firenze, 1858.
CAPASSO, C., *Barbarossa e Carlo V,* 《RSI》 XLIX, 1932.
CAPITANI, O., *Storia dell'Italia medievale,* Laterza, 1986.
CAPPELLETTI, G., *Storia della Repubblica di Venezia,* 13 vols., Venezia, 1850-55.
CASSANDRO, G., *La formazione del diritto marittimo veneziano,* 《Annali della Storia del Diritto》 XII-XIII, Giuffrè, Milano, 1968-69.
CASSAR, P., *Psycological and Medical Aspects of the Siege of 1565,* Malta,

1929; *Medical History of Malta,* London, 1964; *A medical service for slaves in Malta during the rule of the Order of St. John of Jerusalem,* 《Med. Hist.》 vol. XII, 3, 1968.
CESSI, R., *La Regolazione delle entrate e delle spese,* 《Documenti finanziari della Repubblica di Venezia》 serie III, vol. I, Padova, 1925; *Problemi monetari veneziani,* 《Documenti finanziari della Repubblica di Venezia》 serie IV, vol. I, Padova, 1937; *Storia della Repubblica di Venezia,* 2 vols., Milano-Messina, 1944-46; *La Repubblica di Venezia ed il problema Adriatico,* Napoli, 1953.
CESSI, R. & ALBERTI, A., *Rialto: l'isola, il ponte, il mercato,* Bologna 1934.
CHAFFANJON, A., *Les Grands Ordres de Chevaliere,* Paris, 1970.
CHALANDON, F., *Histoire de la Domination normande en Italie et en Sicilie,* 2 vols., Paris, 1907.
CHAMBERS, D.S., *The Imperial Age of Venice, 1380-1580,* 《History of European Civilization Library》 (G. Barraclough 編), New York-London, 1970.
CHARANIS, P., *Piracy in the Aegean during the reign of Michael VIII Paleologus,* 《Annuaire de l'Istitut de Philologie et d'Histoire Orientales et Slaves》 vol. X, Université Libre, Bruxelles, 1950.
CILENTO, N., *Le incursioni saracene in Calabria,* 《Atti del IV congresso storico calabrese》 (Fiorentino 編), Napoli, 1969.
CONTARINI, G.P., *Historia delle cose successe del Principio della guerra mossa da Selim l'ottomano a Venetiani fino al di della gran Giornata vittoriosa contra Turchi,* Venezia, 1572.
DA MOSTO, A., *I Dogi di Venezia nella vita pubblica e privata,* Aldo Martello, Milano, 1960.
D'AJANO, R. B., *L'industria della seta a Venezia,* 《Storia dell'economia italiana》 (C.M. Cipolla 著) vol. I, Einaudi, Torino, 1959.
DAVIS, J.C. (編), *Pursuit of Power: Venetian Ambassador's Reports,* Harper Torchbooks, 1970.
DE BLASIIS, *Insurrezioni Pugliesi.*
DE CESARE, F., *Le antichità di Pestum, disegnate e incise dall'architetto Fr. De Ces.,* Napoli, 1834.

DE PIERREDON, G.M., *Les Oeuvres Hospitalieres Francaises de l'Ordre de Malte (1927-1998),* 《Societé de l'histoire et du patrimoine de l'Ordre de Malte》, Paris, 1999.

DE ROOVER, R., *The Commercial Revolution of the Thirteenth Century,* 《Bulletin of the Business Historical Society》 vol. XVI, 1942.

DEGUIT, D., *Quand Malte defendait l'Occident,* 《Miroir de l'Histoire》 164, 1961.

DELAVILLE-LEROULX, E., *Les Hospitaliers à Rhodes,* Paris, 1913.

DUCAUD-BOURGET, F., *La spiritualite de l'Ordre de Malte,* Roma, 1955.

DUDAN, B., *Il dominio veneziano di Levante,* Bologna, 1938.

ENGEL, Cl.E., *L'Ordre de Malte en Méditerranée,* Paris, 1956; *Les Chevaliers de Malte,* Paris, 1972.

ERCHEMPERTO, *Chronicon Cass.*

FAGLIA, V., *La difesa anticorsara in Italia dal XVI secolo: Torri costiere, edifici rurali fortificati,* Istituto Italiano dei Castelli, Roma, 1974.

FEDELE, P., *La battaglia del Garigliano dell'anno 915,* 《Archivio della Società Romana di Storia Patria》 vol. XXII, Roma, 1899.

FERRARO, M.S., *Memorie religiose e civili della città di Gaeta,* Napoli, 1903.

FILIPPINI, A.P., *Storia di Corsica,* Tournon, 1594.

FINLAY, R., *Politics in Renaissance Venice,* New Brunswick, New Jersey, 1980.

FINLEY, M.I. & Smith, D.M., *The History of Sicily,* Viking Press, 1987.

FOLENA, G., *Cultura e poesia dei siciliani,* 《Storia della letteratura italiana》 (E. Cecchi & N. Sapegno 監修), vol. I, Milano, 1965 & 1987.

FORMENTINI, U., *Genova nel basso Impero e nell'alto Medioevo,* 《Storia di Genova》 (Istituto per la storia di Genova 編, M.M. Martini 監修), vol. II, Milano, 1941.

GALIBERT, L., *Storia di Algéri.*

GATTO, L., *Storia di Roma nel Medioevo,* Newton.

GATTOLA, *Historia Cassinensis, accessiones, Venetiis,* 1731.

GAY, J., *L'Italie Méridionale et l'Empire Byzantin,* Paris, 1904.

GAZZANO, *Storia di Sardegna,* Cagliari, 1777.

GEANAKOPLOS, D.J., *Emperor Michael Paleologus and the West, 1258-82:*

a Study in Byzantine-Latin Relations, Cambridge, 1959.

GEROLA, G., *I plastici di fortezze venete al Museo storico navale di Venezia,* Venezia, 1931.

GIBBON, E., *Decline and Fall of the Roman Empire,* 7 vols, (J.B. Bury 編), London, 1896.

GIGLIO, C., *La Barberia dalla invasione araba alla conquista turca* (*VII-XVI*), 《Storia dei Popoli》.

GIOVINI, A.B., *Sulla dominazione degli Arabi in Italia,* Il Vespro, Palermo, 1979.

GOSSE, P., *Storia della Pirateria,* Sansoni, 1962.

GREGOROVIUS, F., *Storia di Roma nel Medioevo,* Einaudi, 1973.

GRENDI, E., *Traffico portuale, naviglio mercantile e consolati genovesi nel Cinquecento,* 《RSI》 vol. LXXX, 1968.

GUARNIERI, G.G., *I Cavalieri di S. Stefano,* Pisa, 1960.

GUERRAZZI, F.D.,*Vita di Andrea Doria,* Milano, 1864.

GUGLIELMOTTI, A., *La Squadra permanente (1573-1644),* (*Storia della Marina Pontificia* 分冊), Roma, 1882; *Storia della Marina pontificia,* Roma, 1866-93.

GUGLIELMOTTI, P.A., *Storia delle Fortificazioni nella Spiaggia Romana,* Roma, 1887; *Dizionario marino e militare,* Milano, 1967.

HALDUN, I., *Historie de l'Afrique et de la Sicilie.*

HEERS, J., *Types de navires et spécialisation des trafics en Méditerranée a la fin du Moyen-Age, in Le Navire et l'économie maritime du Moyen-Age au XVIII siècle principalement en Méditerranée,* 《Travaux du Colloque International d'Histoire Maritime, 1957》, ÉPHÉ, 6 Section, Bibliothèque générale, Sevpen, Paris, 1958 ; *Genes au XV siècle,* ÉPHÉ , 6 Section, 《Affaires et gens d'affaires》 vol. XXIV, Sevpen, Paris, 1961.

HEIBERG, J. L., *Les sciences greques et leur transmission II. L'Oeuvre de conservation et de transmission des Byzantins et des Arabes,* 《Scientia》 vol. XXXI, 1922.

HESS, A.C., *The Battle of Lepanto and its place in Mediterranean History,* 《Past and Present》 vol. LVII, 1972.

HEYD, W., *Le colonie commerciali degli italiani in Oriente nel Medioevo,* 2

vols., Venezia, 1866-68; *Historie du commerce du Levant,* II.
HIBBERT, A. B., *The Cambridge Economic History of Europe,* vol. III, Cambridge, 1963; 同伊語訳, Einaudi, Torino, 1977.
HILL, *G., History of Cyprus,* vol. III, cap. XIV, Cambridge, 1948.
HOLMES, G.C.V., *Ancient and Modern Ships,* 2 vols, London, 1916.
HOPPEN, A., *The Finances of the Order of St John of Jerusalem in the sixteenth and seventeenth centuries,* 《European Studies Review》 vol. III, 1973; *The fortification of Malta by the Order of St John,* 1530-1798, 1979.
HUGHES, J.Q., *The Building of Malta during the Period of the Knights of St John of Jerusalem, 1530-1795,* 1956.
HUME, E. E., *Medical Work of the Knights Hospitallers of Saint John of Jerusalem,* Baltimore, 1940.
JARDIN, P. & GUYARD, P., *I Cavalieri di Malta* (M. Gabbi 翻訳), Edizioni San Paolo, Cinisello Balsamo, Milano, 2004.
JOANNE, A., *Tunis et ses environs,* Paris, 1896.
JORDAN, E., *Les Origines de la Domination Angevine en Italie,* Paris, 1909.
KING, J.W., *War-Ships and Navies of the World,* Boston, 1880.
LA VARENDE, J., *Chevaliers de Malte,* Paris, 1970.
LADAGE, J.H., *Merchant Ships,* Cambridge, 1955.
LAFONTAINE-DOSOGNE, J., *Monuments venetiens de Chypre, Venezia e il Levante fino al secolo XV,* Firenze, 1974.
LANDSTRÖM, B., *La Nave* (A. Fraccaroli 翻訳, A. Martello 編), Milano, 1962.
LANE, F. C., *Economic Consequences of Organized Violence,* 《Journal of Economic History》 vol. XIII, 1958; *Le vecchie monete di conto veneziane ed il ritorno all'oro,* 《Atti dell'Istituto Veneto di Scienze, Lettere ed Arti》 vol. CXVII, 1958-59; *La marine marchande et le trafic maritime de Venise à travers les siècles,* 《*Les Sources de l'histoire maritime en Europe, du moyen age au XVIII siècle*》, Actes du Quatrième Colloque International d'Histoire Maritime, 1959, ÉPHÉ, 6 Section, Bibliothéque generale, Sevpen, Paris, 1962; *Economic Meaning of the Invention of the Compass,* 《American Historical Review》 vol. XVIII, 1963; *Venetian Merchant Galleys, 1300-1334,* 《Speculum》 vol. XXXVIII, 1963; *Tonnages, Medieval and Modern,*

《Economic History Review》 serie II, vol. XVII, no. 2, 1964; *Navires et constructeurs à Venise pendant la Renaissance,* ÉPHÉ, 6 Section, Sevpen, Paris, 1965; *Maritime Law and Administration, 1250-1350, Venice and History: The Collected Papers of Frederic C. Lane,* Johns University Press, Baltimore, 1966; *Pepper Prices before De Gama,* 《Journal of Economic History》 vol. XXVIII, no. 4, 1968; *Venetian Seamen in the Nautical Revolution of the Middle Ages, Venezia e il Levante fino al secolo XV,* Fondazione Giorgio Cini, 1968; *The Enlargement of the Great Council of Venice,* 《Florilegium Historiale: Essays presented to Wallace K. Ferguson》 (J.C. Rowe & W.M. Stockdale 監修), University of Toronto Press, 1971; *Storia di Venezia* (Giulio Enaudi 編), Torino, 1978; *Naval Actions and Fleet Organization, 1499-1502,* 《Renaissance Venice》.

LATTES, A., *Diritto marittimo privato nelle carte liguri dei secoli XII e XIII,* Roma, 1939.

LATTES, E., *La libertà delle banche a Venezia dal secolo XIII al XVII,* 1869.

LEPORE, E., *Mediterraneo e popoli italici nella transizione del V secolo,* 《Storia di Roma》.

LEVI, C.A. *Navi da Guerra costruite nell'Arsenale di Venezia,* Venezia, 1896.

LEWELLYH, L., *Roma nei secoli oscuri,* Laterza, Bari, 1971.

LOMAX, D.W., *The Reconquest of Spain,* London, 1978.

LONGO, F., *Guerra di Selim,* 《Arch. Storico Italiano》.

LOPEZ, R., *Il principio della guerra veneto-turca nel 1463,* 《Archivio Véneto》 serie 5, vol. XV, 1934; *Storia delle colonie* genovesi, Bologna, 1938; *Venezia e le grandi line dell'espansione commercial nel secolo XIII,* 《*La civiltà veneziana nel secolo di Marco Polo*》, Sansoni e Fondazione Giorgio Cini, Venezia, 1955.

LUTTRELL, A.T., *Venice and the Knights Hospitallers of Rhodes in the Fourteenth Century,* 《Papers of the British School at Rome》 vol. XXVI, London, 1958.

LUZZATO, G., *Il debito pubblico della Repubblica di Venezia,* 《Documenti finanziari della repubblica di Venezia》, Padova, 1929; *Studi di storia economica veneziana,* Cedam, Padova, 1954; *Tasso d'interesse ed usura a Venezia nei secoli XIII-XV,* 《Miscellanea in onore di Roberto Cessi》,

Roma, 1958; *Storia economica di Venezia dall'XI al XVI secolo,* Centro Internazionale delle Arti e del Costume, Venezia, 1961; *L'economia veneziana nei secoli XV e XVI,* 《Bergomum》 vol. LVIII, no. 2, 1964; *Per la storia delle costruzioni navali a Venezia nei secoli XV-XVI,* 《*Studi*》.

MANFRONI, C., *Storia della marina italiana dal trattato di Nonfeo alla caduta di Costantinopoli,* vol. II, Livorno, 1902.

MACONI, G., *Gli schiavi redenti,* Livorno, 1877.

MAGGIOROTTI, L.A., *Architetti e architetture militari,* 《*L'opera del genio italiano all'estero*》, Roma, 1933.

MANDICH, G., *Forme associative e misure anticoncorrenziali nel commercio marittimo veneziano del secolo XV,* 《Rivista delle società》 vol. VI, Milano, 1961.

MANFRONI, G., *Genova,* Roma, 1929.

MARMORA, A., *Della Historia di Corfù,* Venezia, 1672.

MARCHESI, P., *L'castelli, Fortezze Veneziane, 1508-1797,* Rusconi Libri S.P. A., Milano, 1984.

MARTINI, P., *Storia dell'invasione degli Arabi in Sardegna,* Cagliari, 1861.

MATTINGLY, G., *Renaissance Diplomacy,* Boston, 1955.

MAZZAOUI, M.F., *The Cotton Industry of Northern Italy in the Late Middle Ages, 1150-1450,* 《Journal of Economis History》 vol. XXXII, 1972.

MEURSIUS, G., *Creta, Ciprus, Rhodus,* Amsteldam, 1675.

《Miscellanea storica ligure》, *Guerra e commercio nell'evoluzione della marina genovese tra XV e XVII secolo,* 《n.s.》 vol. II, Genova, 1970.

MOCENIGO, M. N., *Storia della marina veneziana da Lepanto alla caduta della Repubblica,* Roma 1935.

MOLMENTI, P., *La storia di Venezia nella vita privata,* vol. 3, Bergamo, 1927.

MONTERISI, *Storia del S.M.O. di Malta, Milano,* 1940.

MORGHEN, R., *Il tramonto della potenza sveva in Italia,* Roma, 1937.

MOUSNIER, R., *Le trafic des offices à Venise,* 《Revue historique de droit français set etranger》 serie IV, vol. XXX, 1952.

MUMFORD, L., *The City in History,* New York, 1961.

MUSSET, L., *Les Invasions, Le second assaut contre l'Europe chretienne* (VII-XI siècles), 1965.

NEGRI, T.O., *Storia di Genova,* Milano, 1968.

NORWICH, J.J., *I Normanni nel Sud: 1016-1130,* Mursia, 1974.

Ordine S.M.H. di Malta, *A Modern Crusade,* Pubblicazione dell'Ordine di Malta, Roma.

PADULA, V., *Calabria prima e dopo l'Unità,* Laterza, 1977.

PANETTA, R., *I Saraceni in Italia,* Milano, 1973; *Pirati e corsari turchi e barbareschi nel Mare Nostrum,* Milano, 1981.

PAPADOPOLI, N., *Le Monete di Venezia,* 4 vols, Venezia, 1893-1919.

PASANISI, O., *La costruzione generale delle torri marittime oridinata dalla R. Corte di Napoli nel sec. XVI,* 《Studi di storia napoletana in onore di Michelangelo Schipa》, I.I.T.E.A., Napoli, 1926.

PASTOR, L., *Storia dei Papi,* Roma, 1911; *Geschichte der Papste,* vol. XII, Freiburg im Breisgau, 1928.

PERTUSI, A., *Venezia e l'Oriente, vol.IV della serie Civiltà europea e Civiltà veneziana: aspetti e problemi,* Centro di Cultura e Civiltà della fondazione Giorgio Cini, San Giorgio Maggiore, Sansoni, Venezia, 1966.

PIERI, P., *Intorno alla politica estera di Venezia al principio del Cinquecento,* Tipomeccanica, Napoli, 1934.

PINELLI, A., *Codice per la veneta mercantile marina,* Venezia, 1786.

PISTARINO, G., Faina, G., *Fasti del più grande porto italiano,* Tuttitalia, Sansoni-De Agostini, 1962.

PRETO, P., *Venezia e i Turchi,* Firenze, 1975.

PROMIS, C., *Memorie dell'antica città di Luni,* Massa, 1857; *Biografie di ingegneri militari italiani,* 《Miscellanea di Storia Italiana》 vol. XV, 1874.

QUELLER, D.E., *Early Venetian Legislation on Ambassadors,* Droz, Genova, 1966; *The Office of Ambassador in the Middle Ages,* Princeton University Press, Princeton, New Jersy, 1967; *The Civic Irresponsibility of the Venetian Nobility, in Economy, Society and Government in Medieval Italy: Essays in Memory of Robert L. Reynolds,* The Kent State University Press, Kent, Ohio, 1969.

RICINIELLO, S., *Codice Diplomatico Gaetano,* vol. I, La Poligrafica, 1987.

ROMANIN, S., *Storia documentata di Venezia,* 10 vols, Venezia, 1853-61（再版1912年, 第３版1972年）.

ROMANO, R., *La marine marchande venitienne au XVI siècle,* 《Les Sources de l'histoire maritime en Europe, du moyen age au XVIII siècle》, Actes du Quatrième Colloque International d'Histoire Maritime, 1959, ÉPHÉ, 6 Section, Sevpen, Paris, 1962.

ROMEO, F.G., *Pirati e Corsari nel Mediterraneo, lo scontro tra cristiani e saraceni tra il IX e il XVII sec.,* Capone Editore, Lecce, 2000.

ROSCOE, *Vita di Leone X,* Milano, 1817.

ROSSI, E., *Una missione di Redentori a Tripoli di Barberia,* 《Rivista degli studi orientali》 vol. X, Roma, 1907.

Ruddock, A.A., *Italian Merchants and Shipping in Southampton, 1270-1600,* Southampton Records Serie, Oxford, 1951.

RUIZ, F. M., *The Battle of Lepanto and the Mediterranean,* 《Journal of European Economic History》 vol. I, Roma, 1972.

SACERDOTI, A., *Venise et les Régences d'Algér, Tunis et Tripoli (1699-1760),* 《Revue africaine》 vol. CI, 1957; *Note sulle galere da mercato veneziane nel XV secolo,* 《Bollettino...veneziano》 vol. IV, 1962.

SANTORO, R., *Le antiche torri costiere della Sicilia,* 《Rivista Marittima》, Roma, 1976.

SASSI, F., *La guerra di corsa e il diritto di preda secondo il diritto veneziano,* 《Rivista di storia del diritto italiano》 vol. II, 1929.

SCHAUBE, A., *Handelsgeschichte der romanischen Völker des Mittelmeer-gebiets bis zum Ende der Kreuzzuge,* Munchen-Berlin, 1906.

SCIALOJA, A. (Antonio Scialoja 編), *Le galee grosse della Repubblica Veneta, I: Un precedente medioevale dei "Pools" marittimi, Saggi di storia del diritto marittimo,* Roma, 1946 (《Studi in Memoria di Bernardino Scorza (Università di Bari 編, Roma, 1940)》初出).

SELLA, D., *Commerci ed industria di Venezia nel secolo XVII,* 《Studi》 no. 11, Fondazione Giorgio Cini, Civiltà veneziana, Venezia, 1961; *The Rise and Fall of the Venetian Woolen Industry, Crisis and Changes in the Venetian Economy* (B. Pullan 編), Methuen, London, 1968.

SERENO, B., *Commentari della guerra di Cipro,* Montecassino, 1845.

SESTIER, J.M., *La Piraterie dans l'antiquitè,* Paris, 1880.

SFORZA, G., *La distruzione di Luni nella leggenda e nella storia,* Misc., F.lli

Bocca, Torino, 1922.

SHAW J.S. *L'Impero ottomano dopo il 1453,* 《Storia dei Popoli》, Utete; *History of the Ottoman Empire and Modern Turkey,* vol. I, 1976.

SHUSTER, I., *L'Imperiale Badia di Farfa,* Roma, 1921.

SINGER, C. 他, *A History of Technology,* 5 vols, Oxford, 1955-60; 同伊語訳, Boringhieri, Torino, 1966-68.

SISMONDE DE SISMONDI, J.C.L., *Historie des Républiques Italiennes du Moyen Age,* Bruxelles, 1838.

SKINNER, P., *Family Power in Southern Italy: The Duchy of Gaeta and its Neighbours,* Cambridge University Press, 1995.

SLESSAREV, V., *"Ecclesiae Mercatorum" and the Rise of Merchant Colonies,* 《Business History Review》 vol. XLI, no. 2, 1967.

SMITH, V. H., *The Mediterranean, a memoir physical, historical, and nautical,* London, 1854.

SORBELLI, A., *La lotta tra Genova e Venezia per il predominio del Mediterraneo, I, 1350-1355, Memorie della R. Accademia delle Scienze di Bologna,* 《Classe di scienze morali, Sezione di scienze storico-filologiche》 serie I, vol. V, 1910-11 (再版1921).

SOTTAS, J., *Les messageries maritimes de Venise au XIV et XV siècles,* Paris, 1938.

SOUBIRAN, A., *L'islam, conservatoire de la medecine,* 《Aesculape》 vol. 48, 1965.

Storia delle Civiltà Veneziana, 9 vols., Sansoni, Firenze, 1955-65 (講義録：於 Centro di Cultura e Civiltà della Fondazione Giorgio Cini, Isola di San Giorgio Maggiore, Venezia).

SURDICH, F., Genova e Venezia tra Tre e Quattrocento, 《Collana storica di Fonti e Studi editi da G. Pistorini》, Fratelli Bozzi, Genova, 1970.

TAYLOR, E.G.R., *The Haven-Finding Art,* London, 1956; *Mathematics and the Navigator,* 《Journal of the Institute of Navigation》, London, 1960.

TENENTI, A., *Naufrages, corsairs et assurances maritimes á Venice, 1592-1609,* ÉPHÉ, 6 Section, Sevpen, Paris, 1959; *Venezia e i corsari,* Bari, 1961; *Cristoforo da Canal: La marine venitienne avant Lepant,* Paris, 1962; *Piracy and the Decline of Venice, 1580-1615* (J. & B. Pullan 翻訳・用語集),

Berkley, 1967.
TOTI, O., *La città medioevale di Centocelle,* Allumiere, 1958.
TUCCIAONE, R., *I Saraceni nel ducato di Gaeta e nell'Italia centromeridionale,* Gaeta Grafiche, 1991.
VALENTE, G., *Vita di Occhiali, Casa Editrice Ceschina,* Malino, 1960; *Calabria, Calabresi e Turcheschi nei secoli della pirateria,* Edizioni Frama's, 1973.
VIVOLI, G., *Annali di Livorno dalla sua origine sino all' anno 1840,* Livorno, 1845.
VON HAMMER, J., *Storia dell'Impero Ottomano,* Paris, 1830; *Storia ottomana volgarizzata,* Venezia, 1830.
VON NORMANN FRIEDENFELS, E., *Don Juan de Austria als Admiral der Heiligen Liga und die Schlacht bei Lepanto,* Pola, 1902.
WATSON, A.M., *Back to Gold-and Silver,* 《Economic History Review》 serie II, vol. X, 1967.
ZENO, R. (Vallo), *Storia del diritto marittimo italiano nel Mediterraneo,* 《Pubblicazioni della Fondazione Vittorio Scaloja per gli Studi giuridici》 vol. III, Giuffrè, Milano, 1946.

《美術館》
Museo Navale, Genova
Museo Storico Navale, Venezia

図版出典一覧

カバー	ドゥカーレ宮殿（ヴェネツィア／イタリア） アンドレア・ヴィチェンティーノ画 © Bridgeman Art Library, London
p.36	イスタンブール海軍博物館 作者不詳 © Istanbul Naval Museum
p.37	ドーリア・パンフィーリ美術館（ローマ／イタリア） アーニョロ・ブロンズィーノ画 © Alinari Archives-Anderson Archive, Firenze
p.51	ドーリア・パンフィーリ美術館（ローマ） セバスティアーノ・デル・ピオンボ画 © Bridgeman Art Library, London
p.67	フランス国立図書館（パリ） ティツィアーノ画 © AKG-images
p.85	（右）ケンブリッジ大学フィッツウィリアム美術館（ケンブリッジ／イギリス） 作者不詳 © Bridgeman Art Library, London （左）ルーヴル美術館（パリ） ジャン・クルーエ画 © Bridgeman Art Library, London
p.120	パラッツォ・ドーリア・パンフィーリ（ジェノヴァ／イタリア） 作者不詳 © Alinari Archives, Firenze
p.173	（右）Ian C. Lochhead, The Siege of Malta, 1565（『マルタ島の攻防、1565年』), 1970より （左）アメリカ下院議場 ジョセフ・キゼレウスキー

作　Trustees of The Architect of the Capitol

p.191　作画：峰村勝子

p.193　王立軍事博物館（リーズ／イギリス）　© Heritage images, London

p.194　Cesare Vecellio, "Habiti antichi et moderni"（『服装今昔』）, 1860より

p.230　プラド美術館（マドリッド／スペイン）　ティツィアーノ画　© Scala Archives, Firenze

地図作製：綜合精図研究所

この作品は上・下巻として二〇〇八年（平成二〇年）十二月、
二〇〇九年（平成二十一年）一月新潮社より刊行された。